十字軍「聖戦」秘譚

対立と融合の真実

伊藤敏樹
ITO Toshiki

原書房

十字軍「聖戦」秘譚

対立と融合の真実

第二部　ビザンツ、エジプト、チュニジアに矛先を向ける西欧十字軍

キエフ
ドン川
ドニエプル川
ビザンツ帝国
ボスポラス海峡
黒海
カフカス山脈
アルメニア
マンツィケルト
コンスタンティノープル
ニカイア
クゼイ・アナドール山脈
エフェソス
イコニウム
エデッサ伯領
エデッサ
エーゲ海
アッタリア
アンティオキア公国
アレッポ
アンティオキア
ロードス島
キプロス島
クレタ島
トルトサ
トリポリ伯領
トリポリ
チグリス川
シリア
シドン
ダマスカス
バグダッド
地中海
ナイル川
ティール
アッコン
ハッティン
ユーフラテス川
ヤッファ
エルサレム
ディムヤート
ガザ
エジプト
カイロ
エルサレム王国

プロローグ

エルサレム。その名は「平和到来」を意味する。「万人にとり、ここは神の館」。一二世紀後半、イスラムの英雄サラディンは、こんな言葉を遺した。

一一世紀末、西方から押し寄せた第一回十字軍が当地で目にしたのは、イスラム教徒だけではない。キリスト教徒も大勢住み着いていたのだ。それも西欧人ではない。アルメニア人、シリア人、ギリシア人がそれぞれの居住区で独自の教会をもち、聖職者たちは各々独特の祭服を纏《まと》って独自の典礼具を用い、朗々と響く祈唱《きしょう》の節回しも、さまざまであった。

またすぐ近くに、イスラム教のモスクやユダヤ教のシナゴーグがあり、キリスト教ほぼ一色の西欧から初めてこの地を訪れた人間には、見るもの聞くものどれも物珍しく、視界が、急に白黒から極彩色に変わり、さながら宗教展示場を見て回るようであったという。どんな出自であれ、統治者に納税すれば、誰も居住権を与えられたのだ。

十字軍より以前、西欧からの巡礼は、聖都の民にごく当然のように迎えられていた。多様と寛容が根づく成熟した町だったのだ。そこへ突如、武力集団と化した西欧勢が乱入し、イスラム教徒やユダヤ教徒、そればかりか現地キリスト教徒にも見境なく手当りしだいに襲いかかった。一週間後には、「聖墳墓教会」を掌握、また「神殿の丘」に建つ「アル＝アクサ・モスク」では、避難していた一般人や僧侶ら七万人を手にかけたという。内部は血の海と化した。あまりに惨い所業に人々は茫然とし、息を呑んだ。

巡礼から戦士への変身。それには理由があった。トルコ系セルジュク勢力の台頭である。彼らは小アジア、メソポタミア、ついでシリア内陸部を席巻し、一〇七〇年にエルサレムを征すると、キリスト巡礼者を捕えては持ち物を奪い、その身を樹木に縛りつけ急所をいたぶった。現地から届くこうした迫害の報告に、西欧キリスト教徒は激怒したのである。

征服した聖都保全のため、西欧勢力は、エルサレムを囲むように地中海沿岸から内陸にかけてエルサレム王国を打ち建て、国王を擁立した。大部分のキリスト軍士は、それなりに事を果すと帰欧した。が、ある者は領地を得て異教の風土に馴染み、いわば帰化して「若駒」となった。またある者は、常駐戦士団の一員となって聖地の保安、巡礼の身辺保護、西欧キリスト教徒の所領・権益擁護にあたった。テンプル、ホスピタル両騎士団が、それである。西欧人は現地の人々からフランク人と呼称されたが、なかでも、帰欧せず、居残った「若駒」たちは、パレスティナの深奥に分け入り、隠れた現地事情をあばき、イスラム側史家の叙述と呼応するさまざまな事象を後世に語り伝える。

パレスティナに居座り、当初その威を示したフランク勢力は、イスラム側の反発をくらい血みどろの交戦を重ねるいっぽうで、予期せぬ異教神からの挑戦にさらされた。それは、数千年来、近東に広く深く根を張る「豊穣の神」バアル、これに随伴する「多産の女神」アスタルテ。これらが、はるばる西方からイエスや聖母マリアゆかりの古跡を訪れ、涙して浄化された魂に、執拗《しつよう》な惑乱をかたわらから仕掛けてきた。それは、まさに「魂の戦い」であった。

聖都エルサレムは一〇〇年足らずで英将サラディンにより奪還され、以後、再征服はならなかった。西欧キリスト教徒は、さらに一〇〇年間、パレスティナ・シリアの若干の地に踏み留まり、矛先を北のビザンツ、南のエジプトに向ける。その間に、世界帝国樹立を標榜し中央アジアから伸してきたモンゴル勢力が、真意不明の協力を申しいれる……。

イスラムとの間に重ねた熾烈《しれつ》な戦い。抗《あらが》いがたいバアル・アスタルテ世界からの誘引。

本心のつかめきれぬ遠来勢力への不安、恐怖。その痛痒《つうよう》の記憶は今なお西欧の心にうずく……。そうしたなか、諸々《もろもろ》を止揚して新たな世界観に到達する者たちが現れるのである。

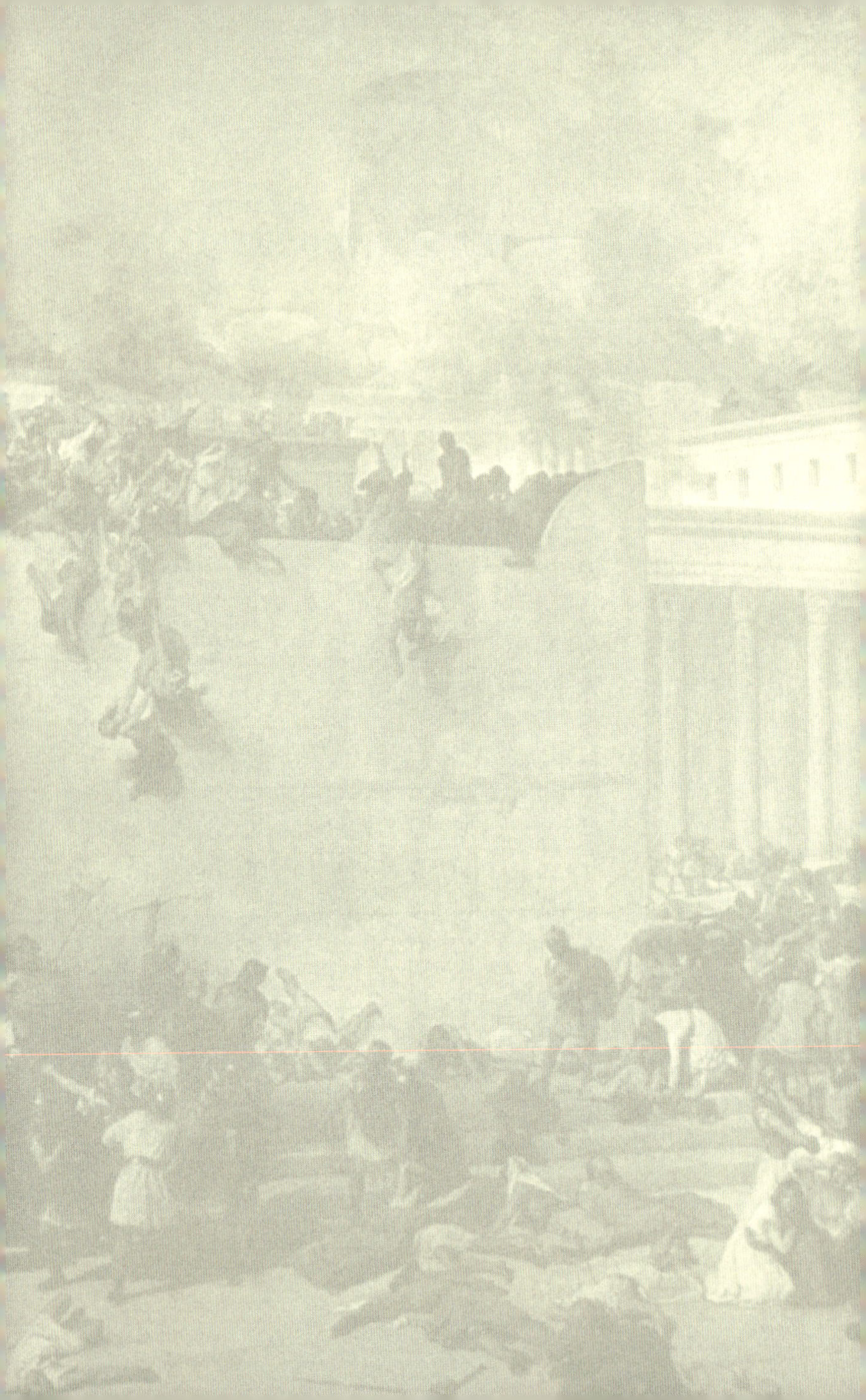

第一部 パレスティナ、シリアで

†

第一章

近東に根をおろす西欧キリスト教徒

◉エルサレム征服とエルサレム王国建国

初回遠征軍は、途中メソポタミアのエデッサ、シリアのアンティオキアを征服、聖都に到達し、さっそく征服した聖地の防りを確保しようと、キリスト教徒の王国建国を決意した。国王には、真っ先に入城したロレーヌ公ゴドフロワ・ド・ブイヨンを推した。が、本人はそれを固辞し「聖墳墓の防人《さきもり》」を名乗る。それが己の務めと信じたのだ。公のもとで西欧勢はエルサレム周辺の内陸各地、ベツレヘム、ナザレ、ラムラ、ナーブルスなどを掌握した。ほどなく公は身罷《みまか》った。一年後、世俗人主導の王国建国が提唱され、公の弟ボードゥワンが王位に即いた。以後エルサレムに総大司教座、他の主要城市に大司教座が設けられる。

当時、近東イスラム世界では、バグダッドにアッバス朝カリフ（スンニ派）、エジプト・カイロにファティマ朝カリフ（シーア派）がいて、両者が覇権を二分していた。エルサレムは一〇七〇年以来、荒ぶるセルジュク勢力が制していた。

一一九八年、十字軍がアンティオキアを奪取、アッバス勢力が愕然としてひるむ隙に、カイロからファティマ勢が出張っていき、地中海沿岸地一帯、内陸のダマスカス、そしてさらにエルサレムをも押さえた。そこへ西欧勢が襲来したわけである。

ボードゥワン王は、今後、西欧と近東を結ぶのは海運であり、地中海沿岸の城市を征して海港地を獲得することが必須と見た。となれば、抜群の艦船建造・運用能力を備えるイタリア交易都市の協力が不可欠だ。この方面に商機ありと確信する彼らは、要請を快諾した。

ピサは、エルサレムへの玄関口ヤッファに港を築き要砦化した。またアンティオキアに通ずる海港地ラタキアを押さえ、さらに最重要の着港地となるアッコンに占有地を得た。

ヴェネツィアは、自国艦隊で英仏独の増援部隊をヤッファに運んだ。協力の代償は、今後攻め取る各城市の三分の一自治権と市場用地の取得であった。またシドンとティールの攻略に加勢し、見返りに銀行開設の認可を獲得した。

ジェノヴァは、カエサレア、ベイルート、シドン、アッコン（アクレ）などの攻略に海側から協力、それぞれ三分の一を自治区として獲得し関税免除の特典を得た。ヤッファやエルサレムでは市場開設用地を与えられ、加えてエルサレム王国内での自由な商業活動を許可された。他にも、ガレー船七〇隻をアンティオキアのラタキア港に配し、制海権を確保した。

†

これらイタリアの三交易都市は、地中海沿岸の城市攻略を、エルサレム征服後、一一〇年少々でやりおおせていた。以後、彼らの通商活動は飛躍的に発展する。

当時、沿海地一帯の支配者であったファティマ朝のカリフは、フランク人がアンティオキア方面でアッバス朝勢力と闘いを交えたため、西欧勢に対し敵視一本やりではなかった。が、さすがに事態を見過ごせず、反撃に出た。だが、キリスト勢が迎撃するとファティマ勢はたちまち退散し、その脆弱《ぜいじゃく》ぶりをさらけ出した。

なおまた南フランスの一封建領主が単独で海路より到来、一一〇九年にボードゥワン王勢とともに、シリアの富める町トリポリを征し、トリポリ伯領国を起ち上げたことも、記しておかねばならない。

西欧からは、十字軍士とは別途、信仰一途の巡礼がどんどん聖地へ押し寄せる。防備の手薄な巡礼はあちこちで待ち伏せされ襲われた。とくに危険なのは、着港地ヤッファからエルサレムへ向かう道中で、水場がいちばん危なかった。襲われた人の亡骸や遺骨を見かけることも稀《まれ》ではなかったという。

またイスラム勢は、エルサレムの城門まで襲来、キリスト教徒は城壁の外へ迂闊《うかつ》に出られなかった。いっぽう、西欧キリスト教徒はイスラム教徒だけでなく、ユダヤ教徒も敵視し、カエサレアではユダヤ人住民をシナゴーグに閉じ込め建物ごと炎上させた。

◉常駐戦団創設のいきさつ

次に、聖地に常駐したキリスト教徒の戦闘組織、テンプル騎士団について語ろう。

西欧から地中海の波をのりこえて着港地ヤッファに到来し、内陸へ六〇キロ。いよいよ丘陵を背景に連なるエルサレムの城壁・城塔を目の当たりにし、城門から都入りして聖墳墓教会に到達した巡礼たちの清らかな高揚は、想像するに難くない。そこは、今や我がものとなった「魂の故郷」だ。なかには帰欧せず、そのまま居着く者もいた。一〇〇〇年前に生きたイエス、聖母、聖使徒らの足跡を方々にとどめる聖地である。

沿岸の城市群を平定しておよそ五年。聖都に居留する騎士のなかに、こう唱える者が現れた。

「我らは、国を棄《す》て朋友を棄て、この地で神の教えを称え輝かせんとはるばる到来した。しかるにたいした務めも果さず、無為徒食、浪費を重ね、一大事の際にも武器はとらずじまい。今は聖墳墓の守護司祭に従い武器を取らぬが、許しを得て、仲間の一人を総帥とし、有事には戦の采配を委ねようではないか」

仲間の騎士は九人おり、聖墳墓教会に寄食し、立場上は教会参事であったが、治安保持のため自ら武器を取って闘う戦士団結成を決意、「キリストの貧しき騎士団」を名乗った。代表格は東フランス・シャンパーニュ伯領内の中堅領主、ユーグ・ド・パイヤンであった。

イスラム側の巻き返しは、アッバス朝配下の諸勢力が結集し激化していった。聖地における「多様、寛容」は忘れられ、イエス洗礼の聖なるヨルダン川を訪れた巡礼七〇〇人中、三〇〇人が討たれるという惨事も起きた。またエルサレムの城門にまでアッバス配下を率いるセルジュク勢が来襲するなど、キリスト教徒にも気の休まる時はなかった。

襲うのはサラセン人とは限らなかった。川辺の葦《あし》の野原では、ライオンが多く棲息し、巡礼をたびたび襲った。

今や、事あるごとに西欧から援軍や遠征団を呼ぶのでは間に合わない。常駐戦団が不可欠なのだ。第二代エルサレム王ボードゥワン二世は、聖墳墓教会の守護司祭があずかる健《けな》気《げ》な九人の騎士に常駐戦団をやらせてみようと腹をきめた。エルサレム総大司教など現地の高位聖職者や有力諸侯も、全員がこれに賛同した。

九人は国王、総大司教らへ、巡礼警護、街道警備、敵勢撃退に当たる旨、厳かに宣誓し、聖墳墓教会守護司祭から独立し、その際に若干の領地、城砦、城外地を与えられた。

さて、テンプル騎士団の名の源となる古のソロモン聖堂創建は紀元前一〇世紀に遡るが、前六世紀後半、アッシリア勢に攻撃され崩壊してしまい、半世紀後に再建されるも、紀元七〇年、ローマ帝国の軍勢によりまたもや破壊された。

イスラム時代の七世紀後半、その跡地にアル＝アクサ・モスクが築造された。それから四〇〇年後、聖都を征服した西欧十字軍はこれを接収し、エルサレム王の館に模様替えした。建物の周りには大理石を敷き詰めた広大なテラス（パーヴマン）が拡がり、これと階段でつながる下層も居住空間となった。ボードゥワン王は気高い志をもつ騎士らを慈しみ、彼らに上・下層全体を開放して、自らはダヴィデ門脇の王宮に移った。

騎士らは上層の館に総本部をおき、両側に家屋を増築、また下層を騎士たちの宿舎とした。その東側に大厩舎がもうけられ、軍馬数千頭がいなないた。

こうして彼らは、改めて「テンプル（聖堂）戦士」もしくは「テンプル戦団の騎士」を名乗った。当初は、もっぱら「施し」に頼って生活し、現実に「極貧」であったことから、「貧しきテンプル騎士たち」とも称し、一一二〇年にはエルサレム総大司教の管轄に入った。また聖墳墓教会のしきたりに倣《なら》い、「貞潔」「服従」「清貧（私財所持せず）」を誓った。

テンプル騎士団の紋章。

新テンプル総本部の真正面には、イスラム教の開祖ムハンマドが昇天したといわれる岩場があり、それを覆う建物のドームが金色に輝いている。イスラム教徒にとっては貴い聖地である。キリスト教徒はそれを「主の神殿」と呼び、岩に大理石の板をかぶせて教会とした。また上層テラスには「テンプル教会」も建てられた。聖墳墓教会に則り、内陣が円形である。

バグダッドのカリフを始めとするイスラム教徒には屈辱の極みであった。

†

◉テンプル騎士団、聖地常駐戦団に

西欧が、健気な九人を盛り立てる。遠征してくる十字軍と異なり、現地に常駐してイスラム勢力の攻撃に即応する態勢が、こうして整った。寄進が彼らの活動を支えていた。

西フランスから聖地に到来した大領主アンジュー伯フルク五世は、年間金三〇リーヴル（牛三〇頭に相当）の義捐金《ぎえんきん》支給を申し出た。彼がエルサレム入りして真っ直ぐに足を運んだ先は、テンプル騎士団であった。彼は後年、エルサレム王となる。

ここで、テンプル騎士団と双璧をなすホスピタル騎士団に触れておこう。

その前身は、第一回十字軍遠征より二〇年前、ベネディクト派修道会の肝煎りで聖地に設営された巡礼用医療舎であった。また、南フランスのサンジル、南イタリアのバリ、北イタリアのピサに、聖地へ船で向かう巡礼の体調を診る施設が設けられ、一一一三年に両者が統合してホスピタル騎士団の結成をみた。テンプル騎士団は巡礼の身辺警護と戦闘行為を本分としたが、やがてホスピタル騎士団も同様の戦闘組織となった。総本部は、エルサレム市内の総大司教通り沿いに設けられた。

イスラム側の大反撃はあちこちで続く。エルサレム王ボードゥワン二世は、シリアのアンティオキアでイスラム勢を迎え撃つも捕虜となり、一年四カ月にわたって獄舎にあった。結局、身代金を支払って解放されたが、痛感させられるのは、戦力の不足である。

パレスティナに常駐戦団は欠かせない。だがパレスティナだけでは、必要な頭数も資金も確保できない。西欧からの補給体制造りが必須なのだ。

エルサレム王は、その工作をも健気なテンプル騎士団に委ねることにした。イスラム側も一枚岩でなかった。カイロとバグダッドが一体となれば、イスラムの大義は峻烈《しゅんれつ》な力を生むはずだ。ところがイスラム側は内輪の争いに躊躇せずキリスト教徒へ加勢を要請したし、また捕虜となったボードゥワン王が身代金を支払えば、それで満足した。いっぽうで征服者として現地に住みついたキリスト教徒も、戦々恐々とするばかりではなかった。入手した領地からの徴税を糧に、シリア人サラセン女性を改宗させて妻としたり、アルメニア教会に所属するキリスト信徒の女性を娶《めと》ったりし、また祖国では味わえない、召使いのいる優雅な暮らしを楽しむ者もいた。

◉トロワ宗教会議でのテンプル騎士団公認

人員と資金の補充確保のため西欧での組織づくりをエルサレム王から命じられ、テンプル騎士団のうち六人が西欧に赴いた。ユーグ・ド・パイヤンは正式に総帥を名乗っていたが、すでに高齢であった。

エルサレム王の働きかけでテンプル騎士団の存在意義が認知されはじめると、一行が西欧に向かうまでに騎士団加入希望者の数は騎士だけで約三〇〇人と膨れあがり、他に騎士に仕える従者、傭兵たる従士らが加わる。護教の華と方々から期待され、彼らは志気を高めていった。なかには、夫婦や女性の入団志望者もいた。

ボードゥワン王も、西欧に向け聖地からさまざまな手をうつ。王は、当代キリスト教宗教界の実力者たる聖ベルナール（クレルヴォーのベルナール）に、テンプル騎士団設立に力添えを乞う書簡をパイヤン一行に託した。

聖ベルナールは、新しくフランスで創設されたシトー派修道会の開祖で、強い発言力をもっていた。修道会とは、司教区・教区から成る教会組織とは別に、修道僧らが農耕と祈りに明け暮れる修道院の組織体である。シトー派は、先行したベネディクト派修道会が生産活動に励んで富を得て、忘れてしまった「清貧」に回帰しようと志し、第一回十字軍のエルサレム征服と同じ頃、有志の僧が東フランス・ブルゴーニュ地方シトーに庵《いおり》をくんで発足した。その発展ぶりは目覚しく、所属修道院の数は三〇年後、数百にまで激増する。

さて当の聖ベルナールは、エルサレム王からの強い要請にもかかわらず、はじめは乗り気ではなかった。自分が推し進めるシトー派修道会と競合するからだ。そんな彼の考えを、ある存在が変えさせた。それは、全ては神の御ためと身辺整理し、一一二六年頃にパレスティナに渡ったシャンパーニュ伯領々主ユーグである。フランス王国きってのこの大領主は、後にシトー派の中心地となったクレルヴォーを聖ベルナールに与えた人で、聖ベルナールはユーグに「どうか我が修道会の一員に」と乞うほどであった。その伯からテンプル騎士団の件で協力を、と頼まれた聖ベルナールは、騎士団総帥ユーグ・ド・パイヤンにも心を開いた。そして「親愛なるユーグ」と呼ぶまでになった。

彼は、西欧におけるテンプル騎士団の認知と拠点造りを実現させるべく、教皇やフランス王国の二大総司教（ランスとサンス）に宗教会議開催を要請した。

宗教会議の開催につき、場所はシャンパーニュ伯領の府トロワ、時は一一二九年一月と決まった。なおまたアンジュー伯フルクとエルサレム王ボードゥワン二世の娘の婚儀を取り計らう王の使節も同行していた。王には継嗣がなく、評判のよいフルク伯を娘婿にして王位を継がせる算段であった。パイヤンたちはローマに立ち寄り、教皇から西欧における騎士団活動承認のお墨付きを得た。

資金、要員をつのる組織網作り。六名は、大いなる使命感に燃えていた。これに西欧も、待ちかねたように反応する。

パイヤン自身、所領のあるシャンパーニュで私財を騎士団に寄進した。主君であるシャンパーニュ伯ユーグは、家屋、納屋、草地など動産・不動産を贈与した。

それから彼らは西欧各地に散った。

◉イングランド、スコットランド

パイヤンは、シャンパーニュ伯領を出てアンジュー伯領に赴き、フルク伯と会ってボードゥワン二世の娘との婚儀を打ち合わせた。ついでパイヤンはノルマンディーに入り、ノルマンディー公領を治めるイングランド王ヘンリー一世（征服王ウイリアムの継嗣）に会見する。イングランド王は彼を励まし、多額の金銀を与えた。そして、「イングランドへ、さらにスコットランドまでも足を延ばし、大規模支援を得るように」と説いた。

一一二八年夏、パイヤンは海を渡ってロンドンに向かい、貴族たちに最高の礼をもって迎えられさまざまな金品を献じられた。

ロンドンのホルボーン地区には、イングランド・テンプル騎士団本部の館と、さらにエルサレムの総本部脇にあるテンプル教会を模した八本の柱で円形内陣を囲う教会が築造されると決まっており、パイヤンは、館の工事現場に礎石の一つを自らの手で置いた。ノルマンディー公領の府、北フランス・カーンから運ばれたものである。ちなみに教会の傍《かたわら》には、一頭の馬にふたりの騎士がまたがる像も現存、「倹《つつま》しさ」を標榜するものといわれる。スコットランドまで足を延ばしたパイヤンに、国王デイヴィッド一世はエディンバラの南にある所領を与えた。

一一二九年、パイヤンはいよいよトロワの宗教会議で、テンプル騎士団設立の趣旨を訴え、認可された。テンプル支持の声は王侯貴族ばかりか民人の間でも大きく、各国各地に広まった。春、彼はアンジュー伯フルクとともにエルサレムへ戻った。伯とボードゥワン王の娘との婚儀は六月上旬に執り行なわれた。いっぽう、西欧に留まる同志五名は、イン

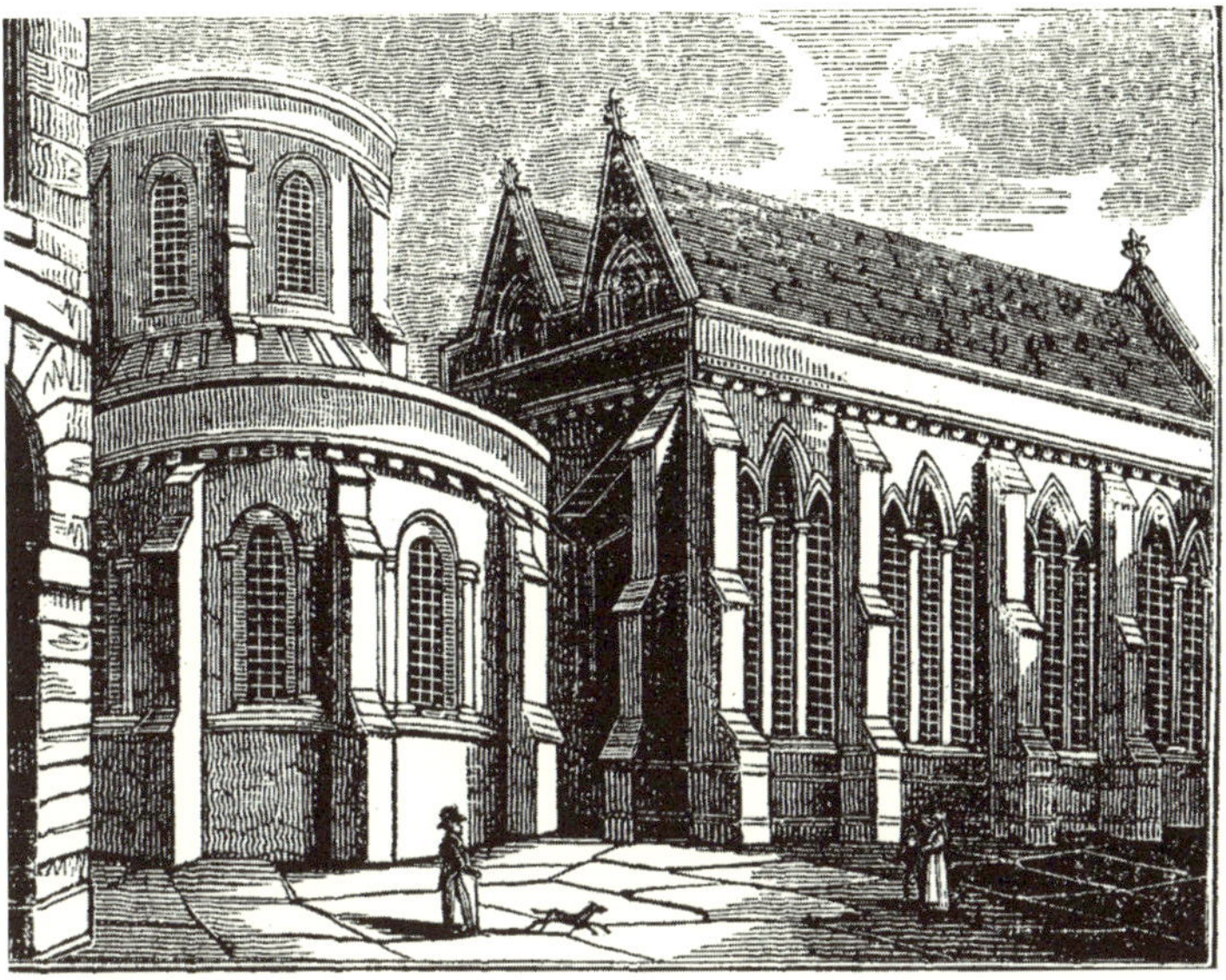
ロンドンのテンプル教会。

グランド、フランス、スペイン各地へ赴き、拠点造りを進めた。

　イングランドでは寄進が飛躍的に増大し、開設後三〇年も経ぬ間に、ウエストミンスター王宮とテームズ河畔の間に広大な土地を得て、新本部「ニュー・テンプル」が築造された。イングランド王ヘンリー一世は、自分の亡骸をニュー・テンプル聖堂に埋葬せよと遺言する。

　フランスでは同志たちが、まずロワール河以北、フランドル（現ベルギー）、ラングドック（南フランス）で拠点造り、資金と入団希望者集めに奔走した。その成果はさまざまで、フランドルでは領主が多額の年金を支給したり、城主に家臣が納める封地相続税や領民が地元教会に納める十分の一税の一部をテンプル騎士団へ寄進として回すことを城主や教会に認めさせた。北フランスのピカルディーやボーヴェなどでも、多額の寄進、多数の入団希望者を取りつけた。

ラングドックの中心地トゥールーズで催されたテンプル騎士団支援集会では、豪華に着飾った貴族や商人らの前で、騎士団創設の由来、大義、生活の厳しさ、武具・衣類の不足、夏冬の厳しいパレスティナの気候などが説かれた。

たちまち次々と、領内無料通行権の授与だの、馬や武具だの、種々の寄進の申し出があった。女性たちからは、「パンツを縫ってあげる」「綻びがあれば直してあげたい」「外套もあげる」などなど熱い心情が寄せられた。貧しげな民人がわずかながら小銭を差し出す光景も見うけられた。自ら世を捨てテンプル騎士になる、という声もあった。南フランスでは女性のやさしさ、普通人のささやかながら真摯な気持ちが、この新騎士団を鼓舞した。

◉イベリア半島

さらに同志の一人はピレネー山脈を越えて、スペインとポルトガルで工作に当たった。これらの地は八世紀以来、イスラム教徒であるムーア人と熾烈な領土争奪戦を演じてきた舞台である。

まずスペインのカタルーニャ王国の首府バルセロナでは、領主ラモン・ベレンゲー三世伯から、「自らの身をテンプル騎士団にあずける」、さらに城一つ、グラニェナ城を譲る、とまで誓わせた。そこは、敵勢を間近に睨む最前線の大城砦である。ベレンゲーはまた、なんと全財産をテンプル騎士団に差し出したい、自分が逝ったら、ぜひテンプルのしきたりに則り、同志として追悼をと望んだ。ミサ、同志による「主の祈り」一〇〇遍詠唱、貧者一人に四〇日間の食事提供などである。ベレンゲーの他にも、自分の居城をテンプル騎士団に、と申し出る領主がいた。

カスティリア王国首府トレドでは、国王アルフォンソ七世が、先頃ムーア勢からカラトラバ城砦を奪回していた。これはトレドを守る一大要塞で、領有者はトレド大司教だが、この城砦をテンプル騎士団が代わって掌握し、敵の襲来に備えると決まった。「レコンキスタ」の英雄エル・シドが没して三十有余年を経ていたが、攻防は決着を見ていない。

またアラゴン王国では一一三一年、アルフォンソ一世が、豪気にも、自らが亡き後、アラゴン王国の三分の一をテンプル騎士団に寄贈するとまで遺言書に明記、残る三分の一はホスピタル騎士団、別の三分の一はエルサレムの聖墳墓教会守備団に遺すとしたためた。王は死の三日前、遺言書を有効と認めるが、テンプル騎士団側は、ムーア勢との攻防が先々重荷となると見越して一切を辞退する。王国は、王の弟ラミーロ二世に引き継がれた。

ムーア勢力があちこち残存・散在するスペインでは、防衛上、発足したばかりのテンプル騎士団が対ムーア戦力として、レコンキスタの片棒を担がされるわけだ。

†

スペインだけではない。むしろスペインより早く、隣国ポルトガルもテンプル騎士団を呼びこもうとした。トロワ宗教会議二カ月後、女王テレサから王国最南部のソゥレ城砦を譲与されたテンプル騎士団は、ムーア支配下の地域を激戦の末に解放、三都市を築造し、教会も建立して領有した。三都市の一つコインブラは、今日も名高い学都である。

イベリア半島のイスラム勢力は、第一回パレスティナ遠征より一〇年前、南フランスのトゥールーズから出征したキリスト教軍と戦い、勢力を弱めながらも方々に残存し、グラナダ王国などは一五世紀末まで存続した。テンプル騎士団は戦闘と引き換えに、アンダルシア南部に土地を拝領、一三世紀後半、その面積は二五〇〇平方キロに達した。が、それはグラナダ王国圏にあり、戦い取らねばならないわけだ。

テンプル騎士団には、東西広域にわたるテンプル拠点を通じ夥《おびただ》しい件数の土地・建物、そして金銭の寄進寄付が納められ、莫大な総額となる。貧しいどころか、創設後わずかで極めて裕福な組織体となりおおせたのだった。パイヤンやその配下による西欧での組織構築は、戦闘員と資金の確保を図る「聖戦」活動であった。

省みれば、七世紀半ば、預言者ムハンマドが世に現れると、イスラム教はアラビア半島から東西両方面へ瞬く間に凄まじい勢いで伸展し、西は北アフリカからイベリア半島にまで伝播、八世紀前半には、その軍勢はピレネー山脈を越え、西フランスのポワティエまでも押し寄せた。それをフランク王国のシャルルマーニュ（カール大帝）が撃退したのであった。

ムーア人は、スペイン人との戦いを「聖戦－ジハド」とし、それを教えるべく、神学校「リバト」をいくつも設立した。このジハド思想が、近東のイスラム教徒に伝わる。エルサレムを牛耳るキリスト教徒を駆逐したい彼らには大いなる励ましであった。しかし、それはキリスト勢にも「聖なる暴力」のあり得ることを教えたのだった。

†

第二章　キリスト常駐軍のありかたを定める三つの規約

◉聖ベルナールが綴らせた「戒律集」

テンプル騎士団同志六名の広宣活動とともに、エルサレム王国を防衛する栄光の常駐キリスト教戦団への期待は西欧中に行き渡り、各地で入団者はどっと増えた。騎士団とはいっても全員が騎士ではない。給金をもらって血みどろで闘う従士の数は、騎士の一〇倍で、領地収益のない領主の次男三男には有難い働き口であった。

この新組織に必要なのは、規律・指針、そして権威あるものの後ろ盾である。すでにエルサレム王ボードゥワン二世から書状で懇願され、またトロワで顔を合わせたパイヤンの願い出もあって、聖ベルナールが、「貧しきソロモン・テンプル・キリスト戦士団の戒律集（レグラ）」の作成をジャン＝ミシェルという学僧に指示した。それはシトー派修道会戒律を土台に、前置きと日常生活に関わる七二項目からなり、トロワ宗教会議の議事録に付随している。

「戒律集」はまず、「テンプル騎士は、唯々、キリスト信仰を護るために戦い、領地や金品略奪はせず、命令者に絶対服従し、崇高なる大志に一身を捧げる」と謳う。

はじめの諸項目では、宗規と「聖都エルサレム（聖ベルナールの言に由来）」の慣わしに遵《したが》い「マルトゥティヌス（朝の祈り）」を敬虔《けいけん》に傾聴し、戦いを恐れず栄冠を目指せ（当日戦死もあり得る）、東方の戦場で戦う同志のため時課の祈りを唱え、戦いに斃《たお》れた者のため同行する騎士団司祭が所定のミサを行ない、その魂をキリストに献じよ、また同志たちは、彼の魂が救われるよう訃報を受けた日から七日目まで夜間一〇〇回祈りを復唱して彼を偲び、さらに四〇日間、彼の分の飲食物を貧者一名に与えよ」とある。

瞑想と祈りに明け暮れる修道僧ではない。常に死と隣り合わせの戦士なのだ。

次いで食事に関連して、食事は二人一組で摂り、とくにクリスマス、復活祭主日（三月下旬）、聖母マリア被昇天の祝日（八月一五日）、万聖節の祝日（一一月一日）を除き、週三回、肉食させ（二騎士が同じ一皿から給仕し合う）、日曜日のみ摂取量を倍にすること（一騎士一皿。従士・従者には適用なし）、食事中は静粛にし諍《いさか》いをおこさぬこと、土曜日を含む三日は、野菜皿二、三種から一皿を鍋物（一つ椀を二人で使えぬ）とともに摂り、また毎日、糧とするパン一〇分の一を貧者に施しとして与えること、食事は、全員が揃って会食し、総帥もしくは総長、分団長らの判断で、時に応じ、ワインの摂取量などを決めることなどが説かれる。

†

衣装については、とりわけ夏冬、白衣着用は騎士（名家出身の者）のみ、白衣は貞潔・清廉を表すが、先頃、白衣姿でテンプル団員を自称する夫婦者が現れたり、騎士団従者の名をかたって破廉恥《はれんち》を働き騎士団に多大な迷惑をかけた連中がいたため、本来の騎士以外は褐色荒布の衣を着け、また着古した衣は従士・従者または貧者に払い下げ、皮革や毛皮は羊に限るべし、などが指示される。また総帥へは絶対服従し、女人は母親・姉妹すら近づけるなと謳われる（巻末に補遺あり）。

なお「戒律集」ラテン語原文が一〇年後に仏訳された。内容的には若干の手直しを加えており、とくに「破門者」の入団も、当の司教に破門を解かせればよしとする。

◉「**新騎士団称揚**」

聖ベルナールは、前後してエルサレム国王やシャンパーニュ伯の口利きにも応じ、「デ・ラウデ・ノヴァエ・ミリティアエ――新騎士団称揚」を初代総帥ユーグ・ド・パイヤンに宛てて贈った。

「一度、二度、三度と、わが親しきユーグよ、貴君は私に、ご自身と御仲間のため垂訓を乞われ、暴虐の限りを尽くす敵に対し、剣に代えて健筆を振うよう、武器で加勢できぬなら言葉で励ましを、と願われた。返事の遅れは、ご依頼を軽んじたからでなく、充分ご満足いくよう文案を練ったゆえである……。戦士が派手ないでたちで敵と戦うのは、当たり前であり、さして立派とは思わない。しかし全身全霊で悪魔と悪徳に抗い戦うなら、それまさに、一廉《ひとかど》の修道僧の所業であり、賞讃に値する。鎖帷子《くさりかたびら》で身を覆うように、信仰という鎧で魂をまもる騎士に、何の恐れも咎《とが》もなし。二重に武装した者は、悪魔も人もこわくはない。死を願う者は死を恐れぬ。人生とはキリストそのもの、死が生を贖うならば、生きるも死ぬるも、こわくはない……」「派手な衣装で身を飾り、無為に時を過ごす世俗の騎士ではない。仲間内に上下なく、不遜な言葉、無意味な行動、ばか笑い、泣きごと、戯言は即座に正し、チェスにもサイコロ遊びにも興ぜず、髪形なぞ構わぬこと。テンプル騎士とは、志をもって生き、戦い、果てる、あるべき人間存在の原型である」という。まさにキリスト教徒のなかの模範たれというわけだ。

とはいえ戦闘とは無縁の修道会の開祖にすれば、武器をとって人をあやめる騎士団を称揚することに戸惑いがあった。聖ベルナールは、静謐《せいひつ》な修道院の回廊空間で「法悦」のうちに神と一体となる神秘の探究者で、流血の阿鼻叫喚《あびきょうかん》からは、遠いところにあった。考え付いたのが、異教徒を己の内なる悪として見立てることで、それなら、戦士は異教徒を斃せば自身の悪を滅したことになり、崇高な気分に浸れる。まさしく「聖戦」なのだ。イスラム教義への疑問投げかけ、言及は一切ない。

こうして聖ベルナールは、ようやく己自身の逡巡を抜け出て、テンプル礼讃の筆をとったのだろう。キリスト教徒が行なう宗教戦争では、聖職者が血刀を振りまわしながら戦場を駆け抜けていく図に驚かされるが、斃すのは悪魔と信ずるからなのかもしれない。

なお聖ベルナールは、総師が就任に際し、「主イエス・キリストと教皇に永劫《えいごう》の信服を誓い、また七つの秘蹟、旧約新約聖書、三位一体、聖母マリア様の無垢《むく》なる生涯を真実と信ずる」と宣誓するよう訓示した。

トロワ宗教会議の折、教皇ホノリウス二世は、テンプル騎士認知の印に、改めて白色マントを関係者に贈呈した。「純粋」「無垢」の表意で、それが団衣となる。なおまた「戒律集」にある通り、従士や従者は白衣でなく褐色の衣をまとう。

ちなみに西欧の宗教界には、修羅の戦場や静謐なる修道院回廊の外に、キリスト教義を学徒の前で講ずる教場空間があった。その代表格は神学教師ピエール・アベラールで、聖ベルナールとも親交があった。彼は、ギリシア伝来のアリストテレス式肯否弁証法（シク・エ・ノン）に則って、諸説あるキリスト教義解釈のうち、どれが真実かに迫り、パリで大人気を博していた。一世紀後に現れるトマス・アクイナスの先駆けとなる人物であった。教義論争を通し、弁証法の修錬を積み重ねていたのだ。若き学徒エロイーズは魅了され、修道院で思索する彼を訪ねる。二人は燃え、情を交わした。彼女の保護者である叔父は怒り、刺客に彼の局所を潰させる。

それにつけ、もしアベラールがイスラム僧と論議していたら、と空想させられる。たとえ物別れに終わっても、興味深い論戦の記録が遺ったであろう。しかし当時、大方は、異教徒とは問答無用、唯々、異教は丸ごと潰すしかない、と見なしていた。

◉テンプル進展「オムネ・ダトゥム・オプティムム（全ての特典授与）」

パイヤン自身は、トロワ宗教会議の後、アンジュー伯フルクと同行し、フルクとエルサレム国王ボードゥワン二世の娘との婚儀に列席ののち、一一二九年六月初頭、パレスティナ行きの船に乗り、聖都には一一月に到着した。

パイヤンは、彼の滞欧中にテンプル騎士となった新人や第一回遠征の残留軍士を率いてダマスカス勢力に立ち向かっていったのだが、これで早々に大勢を死なせてしまう。なにせ最前線の相手方は、桁違いに多勢なのだ。

パイヤンはその後ふたたびフランスに戻り、パリ本部の設営に当たる。その間に中東では、セルジュク・トルコの支配下でイラク北部のモスルを統治するゼンギが、シリア席巻・制覇の動きを見せ、テンプル騎士団はこれを阻止するため、一一三〇年代、アンティオキア以南の峡谷沿いにある城砦六つを奪取していった。近東では、戦力・資金・人員すべての点で態勢不十分であったが、それらを提供する西欧側の組織基盤は整いつつあった。

一一五〇年までに、城砦・屯所はスペインで一〇件、ポルトガルで三件、イングランドで七件、イタリアではローマとシエナの二件、フランドルに一件を得た。ドイツ以東には未開設だった。目立つのはフランスで、北部はパリ、オルレアンなど一〇件、南部はアヴィニョン、アルルなど一一件となっていた。

これら城砦は寄贈されたもの、屯所は寄進された土地を幾件かまとめて管理するべく設けられたもので、さらなる寄進物や入団志願者の受付窓口となった。それらはたいてい農園や馬の飼育所をもち、団員は農耕・畜産に勤《いそ》しんだ。生産物は売買されてその利益は蓄えられ、聖地あるいはスペイン・ポルトガルへと送られた。資金も人員も、そう容易《たやす》くは得られなかったが、比較的短期間にそれが実現したのは、聖ベルナールや教皇が大いに肩入れし、テンプル騎士団の名がブランド化したためでもあった。

さらには、それが予想外の寄進ブームを招いた。納める側にすれば、イベリア半島では国土争奪戦の傭兵的役割への報償だが、仏英では、死後の救済を得るための布施である。東フランスのシャンパーニュでは、「財産を遺贈するから、テンプル騎士団の城砦・屯所内に埋葬を」と願い出る者もいた。

テンプル騎士たちは、エルサレムの一画、「聖堂（神殿）の丘」に本拠を構え、気高き騎士三〇〇名、従士一〇〇〇名以上が凛《りん》として出撃にそなえ、厩舎では軍馬数千頭を擁していた。イスラムに常時睨みを効かすキリスト教徒――それがテンプル騎士団の役割となる。

こうした栄光への入り口で、一一三六年五月、初代総帥ユーグ・ド・パイヤンが他界した。

二代目総帥ロベール・ド・クラオンは、フランス王家出自の母親をもつアンジュー伯領内の一領主で、洗練された才人であった。先述したように、フランスでは屯所が夥《おびただ》しく増えた。寄進内容は、土地や家屋の所有権、定期市の開設権、個人遺産、また聖職者の俸禄など規模も大型化した。それらの譲渡証書が今日も六〇〇件近くのこり、とくに南フランスのものが多いという。

テンプル騎士団を、教皇インノケンティウス二世がさらに後押しする。一一三九年三月末、「在エルサレム・テンプル修道騎士団総帥、我らが親しき息子ロベール」宛てに、勅令「オムネ・ダトゥム・オプティムム（全ての特典授与）」を公布した。これは、先の「戒律集」を追認し、加えて、サラセン人から奪った戦利品の所有を認めている。また騎士団が君侯から得た施し、寄進、その他公正に得た所有物件は、教皇庁の監督・庇護下におくと宣言した。さらに「全団員は万事において如何なる時も総帥に服従する」「創設時の総本部（エルサレム）が他の全てを統括する」「テンプル団員を世俗君侯は臣従させられない」「脱団希望者は総帥と参事会の認可を得るべし」「総帥は正規団員から全団員もしくは最高幹部により選ぶべし」などと謳われる。

また新たに、「戒律集」の内容変更・修正は総帥が騎士団参事会の同意を得てのみ可能と定め、さらにテンプル騎士団専属の教会聖職者、つまり司祭の導入を取り決めた。これは騎士団専用の教会を設けるという方針に伴うもので、一般の教会で団員を罪深い連中や女性と接触させないための措置であった。

さて「オムネ・ダトゥム・オプティムム」のいちばんの要点は、騎士団の各拠点に入った金品が、すべてエルサレムの総本部に回り、その監査は教皇庁が直接行なうことにある。エルサレムの総大司教でさえ蚊帳の外という意味だ。となれば「十分の一税」を納めなくてよいテンプル騎士団の組織は、各地教会にとっては愉快な存在でなくなっていく。

◉教皇・君侯の庇護、入団志望者の審査

エルサレム王国では、「王国会議」で重要事項が審議・決定される。これにはホスピタル騎士団とともにテンプル騎士団の代表が参加した。またインノケンティウス二世以後、エウゲニウス三世から一四世紀初めに即位するベネディクトゥス一一世に至る歴代教皇が、テンプル騎士団の権益・特典を認証し、世俗権力者に向けては「テンプル騎士団員が寄進物受領のため城市に入るのを阻むなかれ」、また聖職者へは「テンプル騎士団員を破門するなかれ」と勅令で謳った。

世俗君侯は、テンプル騎士団に好感を覚え、支援や庇護の意を示した。例えばブラバント公は、オランダ全土のテンプル騎士団を保護下においた。近東でも、テンプル騎士団はアンティオキア公やトリポリ伯から与えられた領地・資産を転譲しても問題にはならず、また他所からの物件受領も自由で、授与者への臣従義務を負わぬまま無期限に所有できた。

一般世俗人にとって、教皇に直結し王侯に庇護されるテンプル騎士団は、「雲の上の存在」となった。しかし西欧から着港地ヤッファに到来した巡礼たちの前に、白黒二色の「ボーサン旗」（白は「味方に廉潔」、黒は「敵に強剛」の意）を掲げて現れ、聖都エルサレムまでの六〇キロを道案内し、またナザレやベツレヘムやヨルダン川などイエスや聖母ゆかりの地を巡る際も、護衛を務めてくれるテンプル騎士は、あたかも天の御使いであった。

だがテンプル騎士団の役目は巡礼護衛だけではない。本領は、死も厭わぬ異教徒との戦闘にこそある。突進してくる敵勢が数万であれ、総帥は決して「退却」を命じない。結果はたいていがほぼ全滅だ。数十年に一度、十字の旗を掲げ大挙して到来する遠征軍以上に、聖地に常駐し、のべつ異教徒の面前に現れるテンプル騎士団こそ、「キリスト軍」なのだ。

人員補充・増強のため、西欧各地の拠点は絶えず入団志願者を募り、以下のように審査した。

入団志願者は、テンプル騎士団の拠点に赴くと、戸口を叩いて「こちらのパンと水と衣を賜わりたい」と申し出る。これが申請の決まり文句であった。「よく考えられよ。辛い、厳しい勤めですぞ」と審査側は答える。応募者は、己の存在理由はここにのみと思い、またやって来る。すると審査者は、独身か、他の騎士団や修道会に所属していないか、持病はないかを訊ねる。ついで、私有物は持たず（清貧）、自由意思を棄て騎士団幹部の命令通りに行動し（服従）、また女性との接触は断つ（貞潔）という三点を誓わされる。さらに、生涯騎士団に留まり、騎士団内部の事情は決して口外せぬと誓約させられる。

こうして晴れてテンプル騎士・従士となり、騎士には白衣、従士には褐色の衣が着せられる。当人は、清々しい高揚を憶えるのであろう。

テンプル騎士団は、発足の冒頭で絶頂期を迎えた。国王と教皇という聖俗界最高の権威・権力者の力強い支援を得たのだ。

第三章

失ったものの奪回

そんなキリスト教徒たちの存在に、イスラム側は刺激され、「ジハド」の戦意を高めていった。

◉イスラム反撃——「聖戦＝ジハド」意識の芽生え

一一三一年にエルサレム王ボードゥワン二世が他界し、娘婿アンジュー伯フルクが第三代国王として登場すると、この新王がかの常駐キリスト教戦士団と固い絆で結ばれていると知り、戦いの気運ありとイスラム側は警戒した。テンプル騎士団の方は、一一三〇年代後半、アンティオキア公領に至る渓谷に沿って南北に連なる六城砦を掌握し、アンティオキア以南へのイスラム勢進撃に備えていた。

イスラム側は、西欧の動きについての情報収集に躍起となった。交易優先のジェノヴァ人は、さまざまな情報をイスラム側に提供した。西欧勢の侵攻を恐れるビザンツ人も、入手した情報を伝えた。さらにイスラム側は、次々と秀でたリーダーを登場させる。

†

まずはゼンギである。トルコ系の出自で、セルジュク朝スルタンのもとで身を立て、トルコ系イスラム圏を制すると、一一二八年六月、アラブ系とビザンツ系が領有するかつてのヒッタイト王国の中心都市アレッポを平定した。

この頃、キリスト教徒側は、エルサレム王ボードゥワン二世のほかにエデッサ伯領とアンティオキア公領のふたりの領主を亡くしている。その間にゼンギは、エデッサとダマスカス以外、小アジアからシリアにかけほぼ全領域を掌握、テンプル騎士団の所領となったアンティオキア以南の渓谷沿いの六要砦も、一一三五年には奪取した。

一一三七年七月、ゼンギはトリポリ伯領の東側を制圧し、これにキリスト勢は迎撃したものの、多くが斃れた。エルサレム王フルクは援軍を送ったが、これも敗退、降伏した。テンプル騎士団は大きな犠牲を払った。西欧で熱狂的に支持され、組織も拡大して寄進も増えたのに、パレスティナに揃えられる頭数はあまりにわずかだった。騎士は五〇〇人に満たず、従士もせいぜいその三倍。ホスピタル騎士団も同様で、これでは万単位で押し寄せるイスラム勢には敵わない。

西欧からの加勢は容易でないとみたゼンギは、イスラム・シーア派の都ダマスカスをも攻囲した。こうしたゼンギの覇権主義に抗うダマスカスのスルタンは、信教の垣根を越えてエルサレム王フルクと和平構築を話し合い、一一四〇年、テンプル騎士団と盟を結んだ。この動きに、ゼンギはダマスカス攻囲を解いて退却した。

この後ほどなくフルクは他界、一一四三年、息子のボードゥワン三世がエルサレム王に即位した。

ゼンギにはクルド人平定の必要が生じたために、イラク北部で四年間を過ごした。平定から戻ると、一一四四年春には未奪還のエデッサ伯領内各地を征し、年の末にはエデッサに難なく入城して城砦も押さえるにいたった。西欧勢力からの奪還劇である。エデッサの領主は意気地がなく、いち早く逃げだして行った先でやぶれかぶれの逸楽に溺れる始末だったという。エデッサには西欧人騎士・従士が少なく、守備も近隣の小アルメニア人、シリア人の傭兵に頼りきりという事情も手伝っていた。

ゼンギによるエデッサ奪還は、単に奪われた土地を取り返したというだけではない。西欧キリスト教徒との戦いは、小アジアでも、イベリア半島と同様に「聖戦《ジハド》」とされ、「祈りつつ戦え」と教えられていた。サラセン人をスンニ派のもとで束ね、異教徒フランク人を駆逐することがイスラムの大義であると、アレッポなどの学舎《リバト》で伝授された。

ゼンギは、エデッサ奪取の後、フランク人のホロコーストをやってのけた。現地にはヤコブ派（シリア派）などの東方キリスト教徒がいたが、彼らに対しては扱いはまったく異なり、彼らを保護し、味方とした。ゼンギは、エデッサを征することで出身地モスルとアレッポの間の地をすべて掌握することとなり、アンティオキアやトリポリのフランク人は、次は自分たちの番かと身構えた。エルサレムもまた危機感を募らせた。

†

だが、こうした状況はすぐには西欧に届かなかった。エデッサ陥落後一一カ月を経て、イタリアに渡ったアルメニア教会系の僧たちの口から、ようやくすべてが教皇エウゲニウス三世の耳に入る。

「ぜひ、救援軍のご手配を」と彼らは熱心に訴えた。一一四五年一一月のことである。

エデッサの西、キリキアの地（アナトリアの最南端）にいるキリスト教徒のアルメニア人たちは、せっかく獲得した自分たちの土地がゼンギに呑みこまれると怖れた。それまで西欧は、「聖地掌握の地歩は固まった、もうイスラム勢力は攻めて来まい」と高をくくっていたのだ。聖ベルナールにしてからが、「聖地にはテンプル騎士団がいる。大丈夫」と考え、もっぱら西欧でのシトー派修道院網拡充に心血を注いでいた。エルサレム王フルクの死後も、残された王妃に「聖地のため尽力なさるご様子にいたみ入ります」「テンプルの僧兵を大切になされ結構です」と書き送る程度であった。だが、本人肝いりの「神の戦士団」も期待した成果を収めておらず、現地事情の厳しさを知って愕然としていた。とにかく聖地常駐の騎士団だけでは、圧倒的な数のイスラム勢に対抗しきれないのだ。

教皇エウゲニウス三世は、ゼンギはエデッサ奪還後、次に小アルメニアを征し、続いてシリア、パレスティナへ南下すると予見、またイスラム側に「ジハド」思想の広まりを知って、「早々に手を打たねば」と機敏に反応した。

ふたたび十字軍遠征を行なう。それが結論であった。

そしてフランス王ルイ七世が、教皇の目論みに応えるのであった。

◉パリ・テンプル城郭築造。第二回十字軍、ビザンツとの軋轢

フランス王ルイ七世は、聖地常駐の戦力として、テンプル騎士団の強化を考えた。即位して三年、テンプル創設から数えて一五年後の一一四〇年、ルイ七世は、パリの郊外に広がる原野を、この健気な貧しき騎士団に与えていた。テンプル団員は、以後、開墾や地均しで農作地を整え、幾棟もの館、教会、頑丈な塔二つを建て、城壁で囲んでいった。敷地面積は六万平方メートルにおよび、セーヌ河のシテ島の北東二キロの地点から、二〇〇メートル幅で北東へ約三〇〇メートルのびていた。パリのテンプル騎士団総本部も、ここに落ち着いた。シャンゼリゼやモンパルナスは名前すらなく、モンマルトルもバスティーユも郊外の僻地《へきち》だった中世、パリは今日よりずっと狭い邑《むら》であり、その三分の一にも相当するテンプル城郭の存在感は際立っていたことであろう。今ではその姿はないが、パリ市第三区、マレー界隈の北側を散策すると、「タンプル広場」「タンプル通り」「タンプル古街」「タンプル泉水通り」などの地名板に名残りをとどめている。

西欧側では、さまざまな地域にテンプル騎士団の城砦・屯所が開設され、そこに差し出される寄進はパリ城郭内の総本部にプールされ、また入団を志願して、審査に合格した新団員は、総本部の指令でエルサレムその他に配属された。パリ城郭は、聖地エルサレムに

戦士・資金を送り出す後方基地であった。

教皇も応援を絶やさず、ケレスティヌス二世は勅書「ミリテス・テンプリ（テンプル騎士）」で、大司教・司教連に宛て、「テンプル騎士こそ、神に代わって異教徒から東方の教会を解放する。彼らは命を惜しまぬが、資力に欠けるため、信徒に寄進を促すよう、また年一回、寄進募集が許可されるので、これに妨害・支障なきよう配慮を」と発令した。

翌年、エウゲニウス三世は勅書「ミリティア・デイ（神の戦士団）」により、騎士団専属の小教会設置と周辺住民からの十分の一税徴収が認可された旨を公示した。

こうして一一四五年のクリスマス、フランス王ルイ七世は第二回十字軍遠征を表明した。即位して八年、フランス王国内の状況は不穏であり遠征に異を唱える声も多かったが、教皇の意を酌んだ聖ベルナールの説得が効を奏した。

翌年の復活祭（四月）、フランス中部ヴェズレーの教会で、聖ベルナールは、フランス王ルイ七世、王妃アリエノール、そして並み居る全フランス貴族の前で、十字架を掲げた。半年後、自らフランドル、次いでドイツに入り、逡巡するドイツ王コンラート三世を説得、参加を決意させた。

一一四六年九月、ゼンギが酩酊中に襲われ絶命する。下手人は西欧人奴隷であった。ゼンギには二人の息子がいて、長男イルガジはモスルを拠点にイラクとジェジレ高原を支配、次男ヌラディンはアレッポを基地にシリア北部を押さえていた。二人は、父親のジハド思想を受け継ぎ、アッバス朝スンニ派の覇権を近東全域に及ぼすことを念願とした。

多様と寛容の世界に、変化が生じてきた。

教皇エウゲニウス三世は、自らパリへ足を運んで遠征に肩入れした。まずは歴代フランス王家の墓所である聖ドニ僧院で、ルイ王に祭壇の巡礼杖と聖ドニ旗を手渡した。その一週間後、教皇はテンプル城郭内の騎士団本部に赴く。そこで催された騎士団参事会には、ルイ王はじめ王領下ランスの総大司教、司教、僧院長、そして白衣をまとった一三〇名のテンプル騎士が列席した。折しもスペイン国境のピレネー地方から、山岳地の戦いに強い戦士団が到来、小アジア南部キリキア地方の山越えで、遠征軍団に協力する手筈であった。

このとき教皇はテンプル騎士に、白衣の左側、心臓の上あたりに赤い布地の十字紋をつけるよう命じた。そして「この勝利の印が盾となり、敵前で馬の手綱を返すなかれ」と宣した。巡礼護衛役ではない。凛々しく先頭に立ち、決して異教徒に背を見ぬ戦士、と自覚せよというのだ。

こうして仏独両君主が率いる遠征軍は、ビザンツ帝国領内バルカン半島と小アジアを進路とした。ところがビザンツ側は、協力するどころかセルジュク勢と連携して裏切り、妨害行為に出た。これは珍しいことではない。キリスト教徒側では、ローマ教会系とギリシア正教会系（一〇五四年、双方優位を主張して分裂）、イスラム側ではスンニ派とシーア派が反目していたことから、それぞれ異教の一派と結ぶのはいわば定式であったからだ。

†

ドイツ勢の場合、小アジアの丘陵地を行軍中に道案内のギリシア人が姿をくらました。するとたちまちセルジュクの大軍が急襲し、これでドイツ勢は兵力の九割を失ってしまった。残兵はいったんビザンツの首都コンスタンティノープルまで引き返した。

ドイツ勢は何食わぬ顔のビザンツ皇帝マヌエル一世から船隊を提供され、軍団はやっとパレスティナに到着できた。ちなみにマヌエル一世の妃はドイツ王の姉である。

フランス勢にはテンプル騎士団一三〇名と大勢の従士が加わり、パリのテンプル騎士団総帥エヴェラール・デ・バール指揮の下で後衛を務めていた。一行がコンスタンティノープル城外に宿営していた際に、ビザンツ皇帝がセルジュク・トルコの府コニア（アナトリアのほぼ中心）のスルタンと密約を結んだという情報が入り、全軍団、かの地攻撃を、といきり立つ事態となった。この時、テンプル騎士団が「大事の前の小事、捨ておくべし」と唱え、結局、それが通った。ビザンツ側からは、小アジア進軍中に食糧提供の申し出があり、これにのってフランス勢はボスポラス海峡を渡った。

ルイ七世はドイツ王の轍《てつ》を踏むまいと、ビザンツ領をエーゲ海沿いに移動した。だが、町々は入城を拒絶、食糧提供などは空手形であった。

その後、メアンドロス河沿いにエデッサを目指して内陸部を東進するのだが、そのかなり手前でセルジュク勢の奇襲を食らい、ルイ王自身あわやの思いをした。この時、一行を悲劇から救ったのは、テンプル騎士団後衛隊の活躍であった。

一息ついたところへビザンツ側の使者が現れて、ビザンツの艦隊でシリアのアンティオキアまで軍団を案内すると申し出た。フランス王十字軍は、港のある古都エフェソスまで引き返したのだが、一行を迎えたのはわずかな数の小型運搬船ばかりだった。乗れたのは騎士のみで、巡礼や従士や小者たちは徒行を余儀なくされた。さらに徒行組を案内するはずのギリシア人は途中で雲隠れしてしまい、代わって姿を現したセルジュク軍がフランス勢に襲いかかり、大殺戮をしてのける。

いっぽう、フランス王や騎士たちを乗せた船隊は三カ月も海上をさまよい、ようやくアンティオキアにたどりついたその時には、軍資金も食糧も底をつき、軍団勢力は、当初の五分の一にまで激減していた。

こうしたこともあって、ビザンツはイスラム以上に西欧の恨みをかっていた。ビザンツは、パレスティナで西欧勢力が興隆すれば、パレスティナやシリアといったビザンツの旧領土が戻ってこなくなることを恐れていたのだった。

いっぽう、ジハド思想に突き動かされたアレッポの領主ヌラディンは、アンティオキアに攻め入り、領主レイモン・ド・ポワティエを斃した。フランス王ルイ七世は、これへの対抗上、アレッポ襲撃を目論んだ。

ドイツ王のほうは、エルサレム王ボードゥワン三世、騎士団総帥、総大司教、大司教などの意見をただしたうえでダマスカス攻囲に向かう。ヌラディン勢がバグダッドのアッバス朝カリフ（トルコ系、スンニ派）傘下にあるのと違い、当時のダマスカスはカイロのファティマ朝カリフ（アラブ系、シーア派）の下にあったので、ヌラディンへの対抗からフランク勢を頼ってきたのだ。

ドイツ勢はダマスカスを攻めるも、周到な造りの堀を越えて頑強な城壁を突き抜けることはできない。結局、テンプル騎士団が仲介となって、ドイツ王は他の城砦提供と引き換えに、ダマスカス攻囲を解いた。一説には、騎士団総帥がダマスカス側から賄賂をもらい、ドイツ勢を退却させたと誹謗する声もある（ドイツ・ヴュルツブルクに残る記録）。

とどのつまり、当初の遠征目的であったエデッサ再征服はかなわぬまま、聖都エルサレム巡礼行だけを果たし、ドイツ王コンラート三世は一一四八年八月、フランス王ルイ七世は翌年四月にパレスティナをあとにした。西欧勢がエデッサ奪回を果たせず、「フランク人ホロコースト」にほとんど報復できぬまま引き下がったことは、ゼンギのジハドを勢いづかせ、大いなる禍根を残すもととともなった。

この点、フランス王は強い信念を内側から崩される種を抱えていた。王妃アリエノールである。彼女は叔父のアンティオキア領主レイモン・ド・ポワティエと親しくなったり、美男のアラブ青年とも密なる関係を持つといった乱行で、これには信仰一途のルイ王も聖戦どころでなく、帰国を早めたといわれる。

近東の気風に西欧人を惑わすものがあったのか、あるいは王妃生来の気質なのか。

◉テンプル資金の源泉と用途

西欧から聖地への遠征には、巨額の出費を伴う。今回フランス勢は、幾度か手元不如意に陥った。それを支え救ったのはテンプル騎士団であった。フランス王ルイ七世は、パレスティナから、留守中の王国をあずかる摂政シュジェルに、「テンプル騎士団は終始我々を助けてくれた。彼らがいなくば、我ら現地で一日たりと立ちゆかなかった。彼らを大切に遇するように。また彼らは、テンプルの名で銀二〇〇〇マールを借り受け、我々に融通してくれた。我々と彼ら双方の名誉にかけ、借り入れ返済を本国できちんと為すように」と書簡で伝える。

この金策にあたったのは、テンプル騎士団総帥エヴェラール・デ・バールで、王のためアッコンまで赴いてイタリア商人や現地の西欧人領主から借り入れを行なったのだ。ルイ七世は、返済を本国つまり騎士団のパリ本部で行なえと指示を出す。実は、テンプル騎士団本部にフランス王家資産は預けられて帳簿管理もされており、騎士団総帥は、今日でいう信用に基づく為替のはしりを行なったのである。

ルイ七世はテンプル騎士団へ、活動資金の原資としてパリ南東四六キロほどにある町サヴィニーの領有権、つまり徴税権を与えた。さらには、パリの南四五キロの市エタンプがフランス王に納める固定税をテンプル騎士団に回すようにとも指示した。王妃アリエノー

ホスピタル騎士団のクラック・デ・シュヴァリエ（騎士の城）

ルも、王とともにテンプル騎士団を盛り立てようと、アキテーヌ公領の要衝ラロシェル港における関税免除、自由往来の特典を与えた。

近東でも、テンプル騎士団はパリから届く義捐金を拠りどころに物件を買い付け、一一五〇年代に入ると、シリア方面のトリポリ伯領内でトルトサの司教から土地を取得、やがてこの地にトルトサ大城塞を築造した。内陸寄りの地にも、トリポリ伯レイモン二世の認可を得て、シャステル・ブラン（白城）を建立した。ここから南東方面に、有名なホスピタル騎士団領有建立のクラック・デ・シュヴァリエ（騎士の城）が望めた。さらにトルトサの南、アリマーやトリポリの地にもレイモン認可のもと、騎士団の城砦を築いた。パレスティナ方面では、エルサレム王国領にある聖都はじめベイルート、シドン、ティール、アッコン、カイファ、カエサレア、ヤッファなど二五もの城市周辺に、城砦や集落・農地を獲得、徴税権を得て戦費・活動資金・新領地買い付けの源泉とした。

かくて、西欧でも近東でも騎士団の資産は膨らんだ。これを元手に騎士団は戦闘だけでなく、金融・預金・遠隔地間の為替送金など銀行的業務の開拓・拡大に向かうのだが、その次第は後に詳述する。

◉エジプト掌握を目論むスンニ派領袖ヌラディンとエルサレム王ボードゥワン三世

この頃、イスラム側で最も名の通った英傑といえばサラディンだろう。だが、彼の主筋にあたるヌラディンも、それに優るとも劣らぬ傑物であった。メソポタミア・西アジア・インドなどイスラム圏をスンニ派のもとで統括し、フランク人の居座るシリア・パレスティナ、そしてシーア派の支配するエジプトをも彼自身の覇権下におく。この構想に沿って、彼は「ジハド」を推し進めた。

もしヌラディンがエジプト進出を果たせば、キリスト勢は南北両方面から挟みうちとなり、聖地も既得の領地も容易に護れなくなる。

フランス王、ドイツ王による遠征軍が聖地を去って二カ月後、六月末にヌラディンはアンティオキア公領に攻め入り、激戦の果てにキリスト勢を破る。アンティオキア領主レイ

†

モン・ド・ポワティエは殺され、公領はアンティオキアの町と沿海地帯を残すのみとなった。寡婦となった公妃は、領地と継嗣ボエモンの身を任せられる再婚相手を求め、選んだのが、ルノー・ド・シャティヨンという男である。彼は十字軍居残り組のフランス人で、短慮だの粗暴だのと、はなはだ評判のよからぬ人物であった。

ヌラディンは、続いてアンティオキアの町とエデッサ伯領の未奪回地域を攻略した。エデッサ伯ジョスラン二世は、エルサレム王国勢の援軍を得て戦うが、圧倒的な戦力を備える相手に歯がたたない。そこでジョスランは、かつてこの地を治めたビザンツ帝国の軍勢を頼みの綱としたが、あえなく敗退してしまう。ヌラディン勢は相変らずエデッサの町を掌握し、ビザンツ勢は周辺地域に駐留する形勢となった。

ヌラディンは、つぎにダマスカス攻略にかかった。

時のエルサレム王は、フルク王の子ボードゥワン三世である。彼はヌラディンの胸の内を読み切っていた。このままでは、早晩ヌラディンにエルサレム王国もアンティオキア公領、トリポリ伯領も奪われる。そのなかでフランク人の活路は、大国エジプトにこそあるのではないか。

エジプト（シーア派）は、ヌラディン（スンニ派）にもエルサレム王（ローマ教会系キリスト教徒）にも狙われている。それればかりかビザンツ帝国もまた旧領であるエジプト奪還を目論んでいる。これに対してカイロでは、カリフもその周辺も狭量な権力争いに明け暮れ、場当たり的にあちこちへ盟友を求めているという状況だった。

　ボードゥワン三世は、ここでエジプト進攻に踏み切る。エジプトのカリフ周辺は、この深刻な事態に対処すべく、ヌラディンに援軍を乞うた。ボードゥワン勢は、エジプトへ南下する途中、アスカロンを通る。ティール大司教ギヨームによれば、攻略にあたってテンプル勢は「いかにも勇猛であった」という。だが城壁は頑強で、奪取は容易でない。しかしアスカロンのさらに南二〇キロ、まさしく国境最前線に、大廃墟の姿をさらす古跡ガザの城砦がある。ボードゥワン率いるキリスト勢は廃墟のガザに、深い堀、頑丈な城塔、高く厚い城壁を築いて修復した。かくてガザはエジプト出撃の最重要拠点となった。「テンプルの勇士たちにガザをあずける」。エルサレム王はじめ皆、テンプル騎士団こそ前線を託せる頼もしい防人と認め、こうして一一四九年から五〇年にかけ、騎士団がガザを掌握することになった。

　キリスト勢によるガザ陥落の報が入ると、カイロではカリフ周辺のある一派が政変を起こした。彼らはヌラディンに金塊を山と積み、高価な毛皮、生地などの進物も目一杯そえて、「どうか北の方からエルサレム王国へ進撃を」と牽制《けんせい》を願い出た。

　しかしヌラディンは、「すぐとは無理じゃ。なにせ、ダマスカスを掌握しておらぬ」と答をにごす。

　エジプトのカリフは、キリスト勢にガザを奪われ孤立したアスカロンに、艦船で救援物

†

資を運ぶが、キリスト勢はそれを打ち払った。

アスカロン側が城内からフランク勢に放った火玉が風向きで吹き戻り、城壁を一晩中真っ赤に染めた。その結果、城の一部が崩落し、この時、先頭に立ってアスカロン城砦内になだれ込んだのは、四代目総帥ベルナール・ド・トレムレ率いるテンプル戦士四〇名である。彼らは城内に突入するや、大量の物資を略奪した。これは慣行上、許された行為ではあった。だが、彼らは他のキリスト勢を入り口で差し止めて市内に入らせず、略奪を独占した。

ヌラディンは、相手は小勢と見て戦意を取り戻し、反撃してテンプル戦士を捕え殺害し、その遺体を城壁に吊るした。一一五三年八月中旬にはトレムレも落命する。

二〇世紀の歴史家グルッセによれば、略奪を独占したテンプル騎士団は、この頃から強欲さを見せるという。もっとも、一三世紀のアッコン司教ヴィトリなどは、彼らを殉教者と称えている。

エルサレム王は、ガザとアスカロンの獲得は、失ったエデッサの埋め合わせだと喜んだ。いっぽうのヌラディンは「ダマスカスの領主は、フランク人と結び、街中での徴税すら許しており、これでは全市を奪われるし、エジプト確保もならず、スンニ派ジハドは頓挫する」と吐いた。

ヌラディンは、まずダマスカス奪取作戦にとりかかる。といっても彼は流血戦を避け、奇策を講じて事を成就した。領主の側近たち一人ひとりを巧みに中傷した匿名書簡を次々と領主に送り付け、その手で全員排除させたのだ。一一五四年四月、そのうえで領主当人を遠隔地へ追いやってダマスカスを掌握、シーア派色を払拭したのである。

同じ頃、カイロに大政変がおきた。ファティマ朝カリフのザーフィルが殺害されたのだ。首謀者は宰相とその息子である。宰相は先頃テンプル騎士団へ、「我々に加勢するならカイロを差し上げる」と持ちかけている。

実は宰相親子を背後から唆した黒幕がいて、父親には、カリフが息子を男色の相手とし弄んでいると告げて憎悪をかきたて、またカリフから一村落を賜った息子には、その程度の待遇で満足なのかと煽ったのだ。宰相はカリフの弟二人に嫌疑を被せ、まだ五歳のカリフの継嗣を玉座に据えて、自身が実質支配者となった。だが、誰もその命令を聞かない。宰相親子はカリフの財宝をさらってシリア方面へ遁走《とんそう》した。

カリフの姉は、ガザ城砦を固めるテンプル騎士団に、「主人殺しが、大量の荷とともにご領内を通ります。身柄を捕捉しお引き渡し下さい。謝礼をはずみます」と要請した。テンプル側は承諾、宰相を殺して息子を拘束、当人引き渡しの交換条件として、「全エジプトのキリスト教帰依を」と要求した。それは、西欧によるエジプト支配を意味する。さすがにこれは勇み足であった。カリフ側はあくまで身代金による解決を求め、六万ディナールを提示、結局、テンプル側は応諾した。すると今度は「テンプルは金で動く」と、五代目総帥アンドレ・ド・モンバールに思わぬ非難が浴びせられた。

宰相の息子はカイロに連れ戻された。ハーレムの女性たちは彼を数日間いたぶった。最期は群衆がその身をずたずたに切り裂いた。当人はかねてよりキリスト教への改宗を願い、熱心にローマ字を自習していたという。宰相親子を破滅に導いた黒幕は、行方をくらました。

◉第五代エルサレム王アモリー一世。若きサラディン登場

一一六二年、ボードゥワン三世が世を去り、弟のアモリー一世がエルサレム王に即位した。アモリーはシリアに生まれ、怜悧《れいり》で神学を好み、信義を重んじる人柄であった。アモリーとヌラディンはこの時期、内政的安定を欠いたエジプト制圧を狙って競い、熾烈に戦っていた。結果の重大性を、双方よく認識していたからである。

もしこの地がヌラディンの手におちれば、エルサレム王国は南北両面から異教徒に挟まれ、存続が危うくなる。聖地を護るには、パレスティナだけでなく、北のシリア、南のエジプト掌握が必須なのだ。いっぽうヌラディンの方は、体たらくなカイロ為政者の排除、スンニ派によるイスラム統合拡大、キリスト勢駆逐、日々巨額な関税収入を上げるアレキサンドリア、ディムヤート（ダミエッタ）など二大交易港の確保を構想の骨子とした。

折しも首都カイロでは、宰相の座をめぐってまたしても争いが生じていた。野心家の能

吏シャワールは、取り立ててくれた前代の宰相（先述の宰相とは別人）が亡くなると、大勢が守り立てるその息子を殺して自ら宰相兼国軍司令官の位についた。だが同調者はほとんどいなかった。そこへディルガムという名の人物が現れ、人々の人気をさらう。

シャワールは前宰相の財産を奪ってシリアに赴き、ヌラディンに保護を求めた。ヌラディンはシャワールを援護すべく、一一六三年二月、筆頭将軍シール・クーフとその甥サラディンをカイロへ向かわせた。一年後に彼らはディルガムを倒す。シャワールは実権の座にかえり咲くと、シール・クーフへ報償としてエジプト東部の支配権を、そしてヌラディンにはエジプト歳入の三分の一納付を約束した。

宰相シャワールは、やがてシール・クーフを邪魔者と見なすようになった。ヌラディン勢力のエジプト浸透を恐れたためである。そこで一転して異教徒たるエルサレム王アモリーと盟を結ぶ。

アモリーは、西欧から到来した巡礼の一部をも率い、自らエジプトに向かった。ヌラディンは牽制するため、シリア方面のハリム、アンティオキア、トリポリへ次々と進撃、攻囲する動きに出た。ヌラディン勢は、戦いの果てにアンティオキア公ボエモン三世を捕え、騎士フランク勢の騎士六〇〇、歩兵一万二〇〇〇のほとんどを殺戮、テンプル騎士団は、騎士だけで六〇名を失った。テンプル勢の大半は、そのときアモリー王とともにエジプト方面にあったが、王に従い北へ急行する。

†

ヌラディンとの闘いで、キリスト勢は多大な犠牲者を出した。キリスト勢戦力の中枢であるテンプル騎士団は、西欧では負け知らずの頼れる常駐戦団として礼讃されるのに、近東では悲惨な全滅を重ねていた。一一六四年秋、テンプル騎士団総師代理、エルサレム王国本部分団長ジョフロワ・ド・フュシェールはフランス王ルイ七世に宛て、ヌラディン勢によるアンティオキアのキリスト勢敗退を報告、応援を求めた。その語り口は、苦渋に充ちている。

また六代目テンプル騎士団総師ベルトラン・ド・ブランフォールは、クラオン以降三人の総師が一年から三年で入れ替わったあと、一三年間も全騎士団を率いたが、時折、ルイ王に宛て、テンプルの騎士従士が数多く戦いに倒れるという忌まわしい現地の状況を報告している。

「全キリスト教徒のため、陛下と王国の救援が是非とも必要です。神聖なる務めに、日々命を落とす者数多く、どうか、彼らの死は神聖なる定めと、父の心もて陛下から認めてやっていただきたい」など切々と訴える。またアンティオキア陥落やボードゥワン三世逝去を心細げに振り返り、キリスト勢を圧倒するヌラディンの大攻勢について、「かの性悪なヌラディンは、シール・クーフをエジプトに派遣してかの地を掌握し、陸と海から戦力を増強して我々を包囲していすます。ヌラディンの狙いは、ダマスカスとカイロを結び、キリスト教徒の名を廃絶することなのです」と、足元が崩れゆく不安を語り伝えた。

逃げず躱《かわ》さず前へ前へと突き進むテンプル戦士がばたばたと斃れていく。そんな状況下、ある疑念が頭をもたげた。

「果してイエス・キリストは、彼らを守護しているのか」

ブランフォールは、総帥になって間もない頃、エルサレム国王ボードゥワン三世を護衛して退却中、八八名の部下ともどもヌラディン側の捕虜となり、苦い思いをしている。その折も、沸々とわいて鎮まらなかった思いがこれであった。

とはいえ当のヌラディンは、残酷な戦上手なだけではない。ボードゥワン王の他界を知ると、「類いなき王を悼むキリスト教徒の気持ちを尊重しよう」と思いやる人であり、元来、芸術・学問を奨励・擁護し、医療施設を各地にもうけ、民人の安寧を心掛け、法の裁きに公正さを最重視する賢君であった。

カイロでは、宰相シャワールが、エジプト東部を握るシール・クーフを疎んじ、シリアに戻るよう圧力をかけた。歳入の三分の一提供の約束もあっさり反古《ほご》にした。他方で彼は、エルサレム王アモリー一世に、ヌラディンがエジプトを治めたらフランク人に明日はないとやんわり脅し、協力を促した。対価は一〇〇万ディナールの贈与で、アモリー王はこれを受諾した。

これによりフランク勢はカイロの城門に総督を配して警備に当たらせたが、住民を苛酷に扱った。

†

この動きにファティマ朝カリフは、ヌラディンに対してシャワール排除を要請した。ヌラディンは、これを機にエジプト完全掌握を堅く決意、再度シール・クーフを派遣する。

シール・クーフは、甥のサラディンを登用、またヌラディン傘下の武将や騎兵二〇〇〇人を率い、一一六七年二月にダマスカスを発った。自身はエジプト東部に駐留しつつ、他はカイロまで南下してナイル河を西岸に渡った。他方、宰相シャワールが呼び込んだアモリー王の加勢軍とカイロ城門に駐留するフランク勢も、ナイルを渡ってシール・クーフ配下の後を追った。その折、サラディンは捕えられ、一時期モアブ城に拘束される。

シール・クーフ勢のなかには、数の上で劣勢であったためにシリアに退却すべきと唱える者もいたが、結局は、相手の虚をついた戦法でシール・クーフ側が勝ちを収めた。サラディンは身代金により解放された。シール・クーフ勢はアレキサンドリアへ進軍、住民は大都を明け渡した。シール・クーフはこれを甥サラディンに預けて彼を代官とし、自らはエジプト東部まで一時的に後退した。その間に、カイロからシャワール配下のエジプト勢とフランク勢が北上し、サラディンが治めるアレキサンドリアを攻囲する。この攻囲勢をシール・クーフ勢が襲って叩くという展開となった。

結局、シール・クーフは宰相シャワールやカイロ駐留のフランク勢と話し合い、アレキサンドリアを多額の賠償金と引き換えにエジプト側へ返還し、またフランク勢はエジプトから撤退するが、カイロにフランク人総督を残して入城門を固めさせ、もしヌラディン勢がカイロに襲来した場合、これを撃退し得たら、エジプト側は、アレキサンドリア返還の代価の二倍をアモリー王に納めるものと取り決めた。

宰相シャワールはアモリー王に対し、年毎の分割払いにしてほしい、その旨両者で誓約する際、テンプル騎士に立ち会ってもらいたいと要請した。カリフ自らも、「彼らなら信用できる」とこの騎士団に誓約の保証を求めた。

「大義のためなら死を厭わぬ、信義を守り抜く存在」として、高く買っていたのだ。

役目を果たしたのは総師代理だが、彼は訪れたカリフの宮殿内部の壮麗な装飾や、庭園で眼にした見事な敷石、金銀の管からふき上がる噴水の仕掛け、珍しい鳥たちの歌声、咲き誇る色とりどりの花々、さらにカリフの玉座帳幕を飾る金糸《きんし》、紅玉《こうぎょく》、翠玉《すいぎょく》のきらめきなど、異文化の夢幻世界に陶然とする。だがいっぽうで彼はフランス王宛ての報告書簡に、援軍があればエジプト制覇は可能とも書き添えている。

アモリー王の側近も、事態の展開に胸おどらせていた。現にカイロには、フランク人総督が詰め、市内への入城門はフランク人戦士が固めている。十分な兵力をもって踏み込めばエジプト全体をキリスト教化し、エルサレム王国に従属させることができる。彼らは、「陛下、是非とも、フランス、イングランド、ドイツなど、あまねくキリスト教諸国に使者を遣り、救援を要請なされませ」と説いた。随行する司教や大司教さえ、「罪は私共が被りますし、教皇様のお赦《ゆる》しあるよう図りますゆえ」と迫った。この動きは、資金枯渇に

†

喘《あえ》ぐホスピタル騎士団総帥の画策によるという。総帥以下テンプル騎士団は、これに与しない。

アモリー王は「それは盟約に反する。信義を裏切ったなどと誹《そし》りをうけてはならぬ」、そして「侵略し征服すれば現地人の強い反感を買い、企ては破局あるのみ」と聞き入れなかった。かりそめにも宰相シャワールとの盟約がある。盟約は守らねばならない。信義を蔑《ないがし》ろにするキリスト教徒を異教徒は信用しないし、キリストの教えを受け入れまい。だが、王の側近たちは、「カイロとダマスカスが真に連携すれば、フランク人は挟み撃ちにされ締め出される。そうなる前に早くエジプトを」と逸《はや》った。エジプトはスンニ派イスラムとローマ・カトリック双方にとって奪い合いの標的であった。

◉カリフとヌラディン、宰相シャワールとアモリー王のさらなる結託

エジプト制覇にビザンツ帝国が一枚嚙んできた。エルサレム王アモリーは、強力なヌラディンに対抗すべく、戦力増強のためビザンツ勢力と結んで支配圏を分け合い、エジプトの一部と北のアンティオキアはビザンツが、あとは自分たちがかためる、という構想を描いた。ビザンツ側にすれば、イスラムが隆盛する七世紀より以前、アンティオキアもエジプトもビザンツ帝国領であり、エルサレム王アモリーとの同盟は旧領奪回につながる。アモリーはすでに一一六八年一一月には、ビザンツ皇家マリア・コムネナをエルサレム王妃

にむかえていた。

総帥ブランフォールが采配をふるうテンプル騎士団は、このエジプト征服行には加わらなかった。先にアモリー王がカリフと結盟を誓約した際に、騎士団総帥代理が立ち会っている。盟約のときにカリフの館を訪れた総帥代理は、イスラムの美に魅了された感覚を忘れない。また近東は、当時の西欧人が思いもかけぬ先進性を培っていた。宗教との葛藤を越えて科学的叡智が根を張り、それは宗教の違いを超えた知の活動を盛んにし、ユダヤ・イスラム両教徒が揃って、医学・数学・天文学・錬金術、それに古代ギリシア哲学（論理学・修辞学・倫理学）を熱心に学びとり、侃侃諤諤《かんかんがくがく》、論議し思考する研究センター「ダロル・ヒクメット」を創設していた。

敵はもはや単なる悪の異教徒ではない。屈服・改宗させようにも、その勢力ははるかに強大だ。

さてカイロのカリフは、なにより政敵シャワール打倒のために、ヌラディンに対してフランク勢に対抗するべく救援をと要請した。シャワールの方はフランク側に、「ヌラディンは怖いが、アモリー王には親愛の情をおぼえる。一般エジプト人（シーア派）はキリスト教徒の王への服従は望まないが、ヌラディン（スンニ派）の覇権は阻止したい」と加勢を要請していた。アモリー王はこれを応諾、先の誓約をいったん解消し、改めて「加勢の代償に巨額の提供を、頭金と分割払いで」と申し入れた。

†

かくてアモリー王は自軍を率いてカイロに到来、この地を警備する総督や配下のフランク人戦士らも加わって都を攻囲した。だがシャワールは頭金の一万ディナールも徴税で賄えなかった。二大交易港の関税収益が自由にならないのだ。

やがてダマスカスからシール・クーフおよびサラディン勢が、カリフ加勢のためにエジプト入りする。騎兵だけで八〇〇〇人、そのあまりの大軍ぶりに、「とうてい太刀打ちできぬ」と、アモリー王はシャワールとの交渉を打ち切り、カイロ攻囲陣を解いて撤退した。

「シャワールめ。異教徒フランク人と組むとは。亡き者にする外なし」。ほどなくサラディンが機をとらえ、馬上のシャワールを突き落として捕獲、シール・クーフに指示を仰いだ。事情を知ったカリフは、自分を蔑ろにし苦しめてきた宰相をこの際始末しようと、「かの者の首を」と求めた。それは叶えられた。シール・クーフがサラディンとともにカイロを制したことになる。

その後アモリー王は、ヨルダン川の「ヤコブの浅瀬」の西岸にある一要塞地を奪取、テンプル騎士団に護りを任せた。そこはダマスカスに近く、ヌラディンの動静をつかむのに格好の場所にあり、真下の流れを渡って容易に相手方の領域に踏み込める。シール・クーフ勢はこれを攻囲、すると騎士団勢はあっさり降伏し、明け渡してしまった。これにアモリー王は激怒し、テンプル団員一二名を吊るし首に処した。アモリー王の臣下にあらず、エルサレム総大司教の管轄下になく、従うのは遠くのローマ教皇にのみ。そんな姿勢に、エルサレム王は憤ったのだ。

◉さらなるテンプル内規「ルトレ」

この頃テンプル騎士団は、組織内部に関する「内規」を手直しした。三〇年前の教皇勅書「オムニ・ダトゥム・オプティムム」や聖ベルナールの勧告を取り入れたラテン語「戒律集」を踏まえ、新たに総師や分団長など幹部の権限や団内のしきたりを定める「ルトレ」が作成された。

主要事項として、以下の決まりがあった。

騎士団の運営は上意下達でない。各テンプル拠点は団員四名以上を数えるなら定例集会を週一回開いて反省点を是正し、資産監査を行ない、また総本部では各主要拠点の分団長または代表から構成される総会を年一回開催し、総師側から提出される人事など重要案件を討議決定するよう謳う。戦場では、総師の命令は絶対だが、それ以外は団員の総意に規制された。

総師は組織の頂点に立ち、馬四頭、サラブレッド馬一頭をもつ。お付きの者に司祭と学僧（秘書役）がいる。また荷馬二頭と移動式礼拝の祠《ほこら》を運ぶ馬一頭を預かり、戦時、露営の際、この祠を自分の天幕の脇に設《しつら》える。他に蹄鉄係、盾・剣を持つ従者・見習い騎士、アラビア語通辞、専属料理人、歩兵二名と馬二頭を用いる従士一名、現地採用の伝令役一名を随《したが》える。

さらに、総師は融資の要請があると、一存で事に当たるが、額が限度をこえると団内司祭の監査を受けて決めるものとある。

その他の高位団員の役割についても、少し触れておきたい。

エルサレムにいる総師（グラン・メートル）に次いで、パリやロンドンなど西欧の主要拠点「本部（メゾン、ハウス）」には総長（メートル、マスター）がいる。また地域で代表的な城砦拠点（コマンドリー）の長を分団長（コマンドゥル）と呼んだ。

エルサレム王国には総本部に総師が、その下に聖都エルサレム市を管轄する聖都分団長と、時に総師の代行を務め王国全体を担当するエルサレム王国分団長とがいた。王国分団長はアッコンに発着する騎士団所属船舶の管理、西欧から到着する物資の受け取り、騎士団の資産を帳簿管理する主計の役割を担当した。なおシリアのアンティオキア公国とトリポリ伯国の各分団長は、総師の直接管轄下にあった。また、聖都エルサレム市分団長は、一〇騎一組の分隊を率いて巡礼がヨルダン川に赴く際に護衛させ、戦場でお護りとする貴い聖十字架（内部にイエス磔刑《たっけい》で実際に用いられたものの断片を収蔵）の番を務める。彼は乗りつぎ用の馬三頭と荷馬一頭をあずかり、盾持ち従者二者、従者一名、サラセン人書記、現地採用の者一名を用いる。従士については、馬一頭を用い、戦時、騎士と違って天幕がなく戸外で寝、また煮炊きする専用鍋もなく、何人かで同じ鍋をつかい、頭には兜でなく鉄帽子を被るなどと、規定される。他にも細かい規定が衣類世話係まで及んでなされる。

分団長のほか、フランス王国の封建領主に倣い、家令（セネシャル）や「騎馬大将、馬役（マレシャル）」がいる。家令は、総帥や分団長が留守の際、その代行を務めるが、権限までは帯びない。馬役も、総帥代行として頻繁に登場するが、通常は軍馬の管理を行なう。彼の配下には、一〇騎士を統率する分隊長（やはりコマンドゥル）を幾人かおいた。役職の構成は、イスラム・シーア派系の「山の長老」率いる暗殺集団アサシン団のものに酷似するという。また旗手（ゴンフランチエ）には、戦場では掲げた旗を死んでも降ろすなとあり、衣類・寝具係（ドラピエ）には、全団員の身なりと整髪など身だしなみの面倒を見よと指示される。

規律と信義。敵に背を向けぬキリスト戦士。聖地でも格別のキリスト教徒。聖ベルナール、教皇、各国君主の後ろ盾を得て、寄進のかたちで巨額資金を集め、また成文化された戒律・規律をもち、異教徒からも信に値すると評価され、死を恐れず決して敵に背を向けぬテンプル騎士団。その威光は、西欧ではまばゆかった。

それにつけ騎士団はどこへ向かおうというのか。存続するための資金は潤沢にある。キリスト教徒の戦力が充分揃うのを待つというのか。

ところが近東では、あらぬ噂が騎士団周囲で立ちはじめていた。「清廉」「貞潔」どころ

†

か、強欲と淫行に塗れているというのだ。テンプル騎士団だけではない。かの地のキリスト教徒が総じて乱倫に染まっていた。サラディンやキリスト教徒自身が、それを証言している。

いったい、彼らの大義はどうなったのか。だが、それに先立ち、イスラムの大義をサラディンはどんな振る舞いで示していたのか。

第四章 スンニ派の覇権確立に向けて、エルサレム王国では

◉エジプト、アッバス朝傘下へ

パレスティナにいて当時のフランス語で『聖地史』を綴ったエルヌールは、サラディンが宰相シャワールに手を下した経緯を冒険譚風に語り伝える。かいつまんで紹介しよう。

「サラディンは、まず使者を宰相に遣り、『サラディンが情けを乞いに参上。お望みの品々を収めた荷箱を、ロバのように背負い、首に括りつけてまいり申す』と予告した。相手は大満悦であった。サラディンは衣服の下に武具を着け、頑丈で切れ味鋭い小刀を腰につけ、ロバ用荷箱を両肩に担ぎ上げて足を踏み出した。こうして自分と手下の者四〇名だけで真っすぐ、カイロにいる宰相のもとへ向かった。城砦に到着すると城門が開き、本人と手下の者は入城した。城門は再び閉じた。すぐさま本人は四つん這いとなり、手下たちはまるでロバを追いたてるように、これを鞭で追いたてた。城砦の騎士や軍兵は、それを見て大口あけて笑い、床机に座る宰相の所に来て事の次第を報告、同人は大変満足気であっ

た。サラディンが宰相の館の前まで来ると、二頭の馬がすぐ乗れるばかりの姿で待機していた。全近東を征覇する英雄アリが何時の日か現れるという予言が流布し、こうするのが慣わしなのだ。願わくは、それは自分だと信じたい彼は、四つん這いのままさっそく館内に入り、かの宰相の足に接吻する体で御前に近づいた。宰相は、ご苦労であった、褒美をとらせよう、とねぎらう。と、その時サラディンは、背中に担いだ荷箱を投げだし、腰につけた小刀を抜いて相手の横っ腹に突き立てた。相手は絶命、手下の者たちも抜刀し、城砦内にいた騎士や兵士を討ち取った。城砦は陥落、サラディンは例の馬にまたがり、街中で、自分こそ予言されたアリなりとふれて回った」

さて、シャワールが殺されて二カ月も経たぬうちにシール・クーフも没し、一一六九年三月、サラディンがカイロで、ヌラディンの代官であるエミル（都督）となった。彼はシーア派住民を厚遇し、カリフ以上に支持された。いっぽうでヌラディンの親類縁者が移住してくると、土地を与え優遇した。

こうした状況下、皇帝マヌエル一世のもとビザンツ勢は、エルサレム王アモリーの勢力とともに艦船二〇〇隻でディムヤートに攻めよせた。サラディンから報せを受けたヌラディンは対抗上、北方のフランク圏を蹂躙《じゅうりん》するという牽制作戦に出た。これによりアモリー王は戦意を喪失、ビザンツ勢はフランク勢から兵糧が届かず、両者退却した。

ヌラディンはサラディンに、「カイロのカリフ譜録を破棄せよ、またバグダッドのスンニ派カリフ譜録にカイロのスルタンとして自分の名を記せ」と書簡で通達した。サラディンは、現地の民や現カリフの心情を慮《おもんばか》り、またヌラディンにエジプトの直接支配と自分を排除するという思惑があるのではと警戒し、通達をいったんは拒絶した。ヌラディンから「私の代官ではないか」と突かれ、また周辺にいた一人が、強くヌラディン路線支持を説いたのが効き、結局、正式にエジプトはスンニ派アッバス朝カリフの傘下に移った。現ファティマ朝カリフは病んで意識は混濁、何が起きたか分からない。ヌラディンによるエジプトのファティマ朝倒壊とアッバス朝樹立は、西欧十字軍が誘因となったということになる。

バグダッドは、カイロの政変を知って大いに沸き、カリフは使者を派遣、その手でヌラディンにアッバス朝の礼服を着けさせた。聖職者にも礼服が届けられた。この間、カリフのアーディドは病をこじらせ、意識も戻らず、一一七一年九月にファティマ朝の廃絶も知らぬまま息を引き取った。サラディンは、身まかったカリフの館に入り、煌《きら》めく夥しい宝玉類の遺品に瞠目《どうもく》した。

一年後、スンニ派に敵対する一勢力がアモリー王に同盟を申し入れてきた。シーア派イスマイル分派のアサシン団を率いる「山の長老」である。彼は、同盟だけでなく、「なんなら自分たちは洗礼を受け、キリスト教に改宗してもよい」とまで踏み込んできた。シーア派カリフ失墜に怖れを憶えたのだ。

†

これまで長老は王侯らに、自らの身の安全や敵対者の抹殺を望むなら、叶えてやるから報償を寄こせと強請してきた。アモリー王は長老との結盟に同意した。使者は、聖都の総大司教から翻訳者とともに福音書を託され、王から発行された通行許可証を携えて辞去した。だが帰途についた使者は、待ち伏せされ、斬り捨てられた。下手人は、「隻眼の小物テンプル騎士」であった。

理由はこの結盟がダマスカスのヌラディンへ負う信義に背くと見たからだが、同時にテンプル騎士団がトルトサの東に広がるアサシン団領域内にいくつも飛び地を領有し徴税しており、その停止を長老が要求したのに憤ったためだ。アモリー王は山の長老に、使者殺害は自分に無関係、と懸命に説き、またテンプル総師には下手人の引き渡しを強く迫った。総師は拒絶、教皇の勅命以外、聞く耳もたぬと言うのだ。

結局、アモリー王自ら出向いてテンプル総師騎士団八代目総師オドン・ド・サンタマンと話し合い、殺害者の身柄を貰い受けて投獄した。ティール司教ギヨームは総師オドンについて「鼻息荒く、神を畏《おそ》れず人を大切にせず」「エルサレム王にも抗う不遜さに、司教らの怒りは募った」と記している。

近東にあって方々からさまざまに批判を招くテンプル騎士団。そんななか、教皇アレクサンデル三世は、総師オドンに宛て、騎士団が信仰に捧げる熱心な働きぶりを称え、改めて勅書「オムネ・ダトム・オプティムム」を発表した。内容は、三十数年前に、教皇インノケンティウス二世が発布したものとほぼ同じで、現地で孤立するテンプル騎士団を励ました。

旧ファティマ朝カリフの残党は、シチリア島やシリア、パレスティナに居住するフランク勢を取り込んで双方共通の敵サラディン殺害とシーア派復権を画策、だが失敗に終わった。

◉サラディンのスンニ派「ジハド」勝利

一一七四年五月半ば、ヌラディンは扁桃腺炎をこじらせ、五六歳で他界した。

生前ヌラディンは、エジプト、メソポタミア（モスル）、シリア（ダマスカス、アレッポ）、アラビア半島の西部・南部（イエメン）に覇権を及ぼしたが、没後は、弟がまずモスルを掌握、エジプトとイエメンはサラディンの手中にあった。ちなみにイエメンや北エジプトはサラディンの弟サファディンが制したため、この弟にアレキサンドリアの領有権が与えられていた。

シリアのアレッポはヌラディンの世継ぎが継承したが、年齢わずか一一歳、叔父のモスル領主が後見人となっていた。このモスル領主は、ゼンギの血筋をひいていないクルド系のサラディンからエジプトを取り上げたいと考え、サラディンの方はメソポタミアもシリアも治めたい、そんな両者の思惑が絡む紆余曲折を経て、結局は強力なサラディンがアレッポもダマスカスも征し、一一七六年夏、和議がなった。エルヌゥルによれば、一説に、ヌラディン逝去の直後、奥方がサラディンに、「夫君となり年端のいかぬ息子の義父となって、野心を募らせる叔父や従兄弟やフランク人から母と子を守り支えてほしい」と請うたともいわれる。

サラディンが近東の全イスラムを権勢下においた時、スンニ派の「ジハド」が勝利し、エルサレム王国は完全包囲された。それでもサラディンは急ぐことはなかった。そんな状況下でエルサレム王アモリー一世が逝去、一三歳の息子ボードゥワン四世が跡を継いだ。美形で聡明な少年王であったが、業病に蝕まれていた。ハンセン病である。しかし、長じて人品極めて高潔、武運に恵まれ、時折、散発的に攻防戦が起きると、一一七六年にはサラディン勢を打ち破りもした。

休戦中のある時、テンプル騎士団総師オドン・ド・サンタマンはボードゥワン王に、例のヨルダン川「ヤボクの浅瀬」西岸に要塞を築造したい、と申し出た。そこはダマスカス勢と対峙《たいじ》するうえで最適の出撃・迎撃拠点となる。

「休戦中である。やってはならぬ」と新王は差し止めた。

「工事は自分たちでやります。王とご配下には、現場で双方が戦闘を仕掛けぬよう見張って下さるだけで結構です」とテンプル側は主張し、事にあたった。

かつて同じ場所にあった城砦をアモリー王が奪取、テンプル騎士団は守備を命じられたのに役目を放棄したため、団員一二名が吊るし首となる厳罰処分を受けた。今やその時とは正反対の成り行きとなった。

サラディンは、テンプル騎士団による要塞築造の動きに激怒した。イエメン、モスル、アレッポを巡察してその恭順を確かめた彼は、ダマスカスに戻るや、その足で「ヤボクの浅瀬」に向かった。

サラディン側はまず、大金を与えるゆえ、竣工した要塞から撤退せよと申し入れる。テンプル側は聞き入れない。そこでサラディンは、頑強に造られた城壁真下のトンネルを支える木組みに火を放った。城壁は崩落こそしなかったが、テンプル戦士はじめキリスト軍士七、八〇〇人が殺され、総帥のオドンらほぼ同数が捕虜となった。この時、要塞の主を名乗るテンプル騎士は、自ら火炎に身を投じたという。

名将サラディン。

一一七九年夏、エルサレム王は追加の軍勢を率いて修羅場の近くまで来たのだが、何の手も差しのべなかった。休戦協定への違反行為は信義にもとるし、助勢してサラディンとの戦いに発展すれば、王国は存亡の危機に陥ると見たのだ。ダマスカス側にとっては、要塞は攻めにも守りにも不利にはたらく。かくてサラディンは、要塞を徹底破壊した。総帥オドンはしばし生かされ、捕虜となった配下の処刑も見た。彼は自身の身代金交渉で、「テンプル騎士が差し出せるのは、帯と短刀のみ」と答えた。翌年一〇月、彼は斬首される。

テンプル騎士団九代目総帥の座は、アルノー・ド・トロージュという人物が継いだ。

サラディンがテンプル騎士団をことさらむごく扱ったのには、わけがあった。これこそ最前線に常駐する聖戦の敵軍であり、アル＝アクサ・モスクに拠を構え、あまつさえ、ムハンマドゆかりの「岩のドーム」を模様替えして「主の神殿」と呼称し、イスラムの聖域を穢している。

西欧キリスト教徒が聖地巡礼にとどまるなら快く迎えよう。百歩譲って、十字の御印を掲げ、戦う時は一歩も引かず、捕虜となれば一切の妥協・譲歩を拒まず、信教の大義に殉ずる姿には敬意も払おう。だが反面、パレスティナのみならず、シリア方面の町々に攻め入って略奪し、街中で税を徴収する侵略者である。しかも、自らを取り巻く状況を把握せずにいる。


◉西欧キリスト教徒を捉える近東の目。アラビアのローレンス城塞考

かつてエルサレム巡礼を行なった小アルメニア王トロス二世は、歓待してくれたエルサレム王アモリーに、こう語ったものだった。

「陛下も、ご領内もお気の毒だな。陛下は、サラセン人の気持ちひとつで王位におれなくもなり、サラセン人の気持ちひとつでどうともなる番兵にすぎないのだから。そのわけを申そう。彼らはご領内あらゆる城外の地に住みついておって、どんな隘路《あいろ》も、どんな内情もすべて知り尽くしている。サラセン軍勢は、ご領内に侵入した際、ご領下の民人から加勢や助言、さらには兵糧、人手をも得られますわな。彼らは敗走しても、民人が匿《かくま》おうとするでしょう。それに比べ陛下の方は、敗退すれば、当の領民から手酷い仕打ちを食らいましょうな。それゆえ陛下は、サラセン人の気持ちひとつでどうともなる番兵、と申すのです」

現地事情を知り尽くす近東のキリスト王の言葉であった。

戦いの相手であるイスラム勢は、一様ではない。アラブ系ありトルコ系ありクルド系ありだ。当初、西欧キリスト教徒は、北のアンティオキア方面ではセルジュク勢力（スンニ派）、内陸部ではアサシン集団（シーア派）、沿海地ではエジプト・ファティマ朝カリフ勢力（シーア派）と対峙していた。それが今や、サラディンの下でスンニ派に収束していた。キリスト教徒も、十字軍を送り出すローマ教会だけでなく、ギリシア正教派、アルメニア派、シリア（ヤコブ）派と多種多様で、他にユダヤ教徒がいる。それらは互いに他を認め合っていた。西欧十字軍は、そこへ闇雲に攻め入ったわけである。それでも例えば小アルメニアの場合、独自の教会を持ちながらも、ローマ教会に協力的で、国王トロスは、西欧勢に自国の兵士三万の投入を申し出た。だが西欧人聖職者は、当たり前のようにアルメニア軍にもローマ教会への「十分の一税」納入を要求、アルメニア人たちは大いに白け、話は立ち消えとなった。

身勝手な振るまいから異教徒サラディンを怒らせたのは、ルノー・ド・シャティヨンだ。既述のように、彼はアンティオキア公領々主の没後、残された夫人の再婚相手となり公領を治めてきたが、七年後の一一六〇年、イスラム勢との戦いで囚われの身となり、ようやく一七年後、解放された。その間に寡夫となった彼は、対エジプト最前線、死海の南にあるモアブ城砦を領有する女領主の夫となり、城砦をあずかる身となった。

一一七九年、ダマスカスからエジプトへ向かう隊商が、途中、モアブ城砦の真下に天幕を張って夜営していた。フランク側とは休戦中と心得て、安心していたのだ。ところがルノーは手勢を繰り出し、隊商を襲わせ略奪行為に奔《はし》らせた。通報を受けたエルサレム王ボードゥワン四世は、違反行為ゆえ奪った物一切を返還せよと命じた。伝令役はホスピタル騎士とテンプル騎士だったが、ルノーはこれを無視した。イエメンにいたサラディンは、ボードゥワン王に「金品を返還させよ。さもなくば、たっぷり返礼する」と伝えてきた。奪われた金品の価値はビザンツ通貨にして二〇万ブザントと高額であった。

帰国したサラディンはモアブ城砦に向かい、投石砲で攻撃したが、絶壁上にあるため充分破壊できず、堀も深くて木材や土嚢では埋め切れない。ルノーの要請でボードゥワン王は援軍を派遣、するとサラディンはいったん自領へ去った。

一一八〇年、サラディンはエルサレム王との直接対決を避け、まずは北方のアンティオキア公領とトリポリ伯領の攻略にかかっていた。だが両者の盾となるように、トリポリ伯領北部はホスピタル騎士団の大城塞クラック・デ・シュヴァリエやテンプル騎士団領有の巨大拠点トルトサ城塞、シャステル・ブラン城塞、アリマー城塞があり、周辺一帯に目を光らせている。これら城塞は騎士団所属の築城家、石工らが、持てる技術を傾けて建造した堂々たるものだ。サラディンは、この方面の平定を当面諦め、退却した。

パレスティナ方面でも、キリスト教徒が築造・改造したアッコンやティールの城塞、サフェドの大要塞など、どれも堂々たるものである。

ちなみに、「アラビアのロレンス」ことトマス・E・ロレンスは、オクスフォードに在学中に近東を旅し、これら城塞群をめぐった末、「シリア、パレスティナでイスラム建築の影響はなく、もっぱら中世フランス独自のすぐれた築城技術を駆使しており、また地元に伝わる話によると、当時のサラセン人はテンプル騎士団の石工たちによるサフェド要塞築造の過程を見て驚き怯えていた」と綴っている。

当時、建築分野で西欧は、ギリシア・ローマ、さらに古代エジプトにつながり、この点イスラムも同様という。注目すべきはパレスティナ、シリア沿岸一帯のフェニキア人の存在だ。数千年来、伝承してきた数理的叡智を代々重要建造物の完成に傾け、例えばヘロドトス「歴史」第二巻でも言及されているティールのヘラクレス神殿、エルサレムのソロモン聖堂、そして後に触れるバアルベクの大神殿を竣工してきた（前一八世紀、前五世紀、一世紀）。伝説ではフェニキア人はフランスの地にも赴き技能を教えたという。また一二世紀以降、十字軍時代には軍団で工兵の役割を担った。

◉聖地でイエスを忘れた西欧キリスト教徒

サラディンは、ヌラディンの遺志を引きついで、イスラム圏のスンニ化に励んだ後、いよいよサラセン領域から異教徒フランク人を駆逐するための「ジハド」に取りかかる。

そのキリスト教徒たる彼らは、イエスの生きた聖地に根をおろし、さぞや真の信仰を深めていたことと思われる。

ところが、聖地に生きたキリスト教徒の一人、「若駒」エルヌールが身近に捉えた彼らの生きざまは呆れるばかりで、聖職者すら例外でなかった。パレスティナ・カトリック聖職界の代表格は、ティールの大司教ギヨームとカエサレアの大司教エラクルであった。両者は、現地聖職界の最高位、エルサレム総大司教の座を巡って対立し、宗教人にあるまじき生臭い確執を演じた。

一一八〇年、前任の総大司教が他界、後任を選ぶにあたり、ギヨームは、選定人となる聖墳墓教会参事の集まりの席で、「七世紀、ローマ皇帝ヘラクレイオスはペルシアで聖十字架を勝ち取りエルサレムに持ちかえりましたが、それが何処にか持ち出され、行方しれずとなりました。それゆえ、もしヘラクレイウス＝エラクルという名の者を総大司教に選定すれば、聖都も王国も滅びる結果とあいなりましょう。下心があって申すのではありませぬ。どうか我々両名以外から候補二人を指名なされたい。然るべき人材をフランスに求めるなら、協力いたしましょう」と述べ立てた。

参事一同、これを無視した。国王ボードゥワン四世の姉シビーユから内々にエラクル指名を頼まれ、早々に彼とギヨームを人選していたのだ。慣例では国王が指名された二人から選定する。ここではシビーユの意向が強く働き、結局、エラクルが座についた。シビーユは美形の彼を憎からず思っていたのだ。

新総大司教エラクルは、さっそくギヨームを破門した。ギヨームはローマに旅立ち、教皇に、不明朗な一切の事情を直訴してエラクル罷免《ひめん》を働きかけた。枢機卿《すうききょう》らは彼に礼を尽し、同情を示した。対するエラクルは、ライバルだった相手がローマへ向かったと知り、「あやつを生かしてはおけぬ」とある薬師に命じ、あとを追わせた。当時の薬師といえば、人を死に至らしめる動植物エキス抽出・調合の専門家でもある。命令は実行されたのか、一一八四年にはティール大司教ギヨームの消息は絶たれた。

エルサレム総大司教となったエラクルの悪僧ぶりは、ライバル暗殺に留まらない。聖地にありながら、さる商家の細君を見初めると手練手管で彼女を口説き、公然と愛人にした。やがてその夫が亡くなるや、エルサレム市内の自宅近くに住まわせ、親御の面倒まで見た。彼女が教会に赴く時は、贅沢な衣装を纏わせ、従者すらつけた。「あの高貴なご婦人はどなたで」と誰かが問えば、事情を知る者は、「あれは女総大司教、総大司教の情婦でさ」と教えたものだ。総大司教は彼女に子供すら生ませている。

総大司教からしてこんな範を垂れたため、一般の男はもとより、教会の司祭、学僧、修道士までも、イエスを忘れ総大司教に倣い、汚泥にまみれていった。汚泥とは、淫蕩《いんとう》、姦《かん》淫《いん》である。「男たちのやりたい放題にともない、聖都エルサレムで品行方正な女は一人もいなくなった。その昔、神はソドムやゴモラを滅ぼされ、神の子イエスは、世の罪を贖うため自ら十字架に架けられ血を流されたが、このたびもまた、エルサレムの地にはびこる邪悪・腐敗の元を一掃なさったのだ」

つまり、ほどなく見舞う西欧キリスト教徒の対サラセン敗北と聖地喪失の根本原因は、彼らの底しれぬ堕落にあったというのだ。なぜイエスや聖母のいたパレスティナ・シリアで西欧人は変節したのか。第二回十字軍遠征の折、信仰厚きフランス王ルイ七世に同行した王妃アリエノールにしてからが、美男のアラブ人青年や自身の叔父アンティオキア公とも乱れる始末で、ルイ王は嫌気がさして、それが遠征挫折の原因になったともいわれる。

古来、近東の気風は官能の放縦で知られていた。それはかなり根深いものであったのだ。

◉異教徒への情け

一一八四年七月から八月にかけ、サラディンは、戦力を召集しモアブ城砦攻略を敢行した。シリアとエジプトの間を行き来する隊商やメッカに赴くイスラム巡礼の安全を、街道脇にあるモアブ城砦の主ルノー・ド・シャティヨンと休戦協定を結んで確保したはずなのに、ルノーは信用も油断もできない人物であった。そこでサラディンは、城砦の周辺を掌握し、堀を石で埋め、昼夜、城砦を投石砲で攻撃し続けた。その後もルノーは、エジプトへ向かう隊商を襲っては金品・武器・家畜を強奪し人質を拘束し、サラディンが憤訴しても一切無視した。

そうしたなか、モアブ城砦内では、女領主が前夫となした世継ぎの息子オンフロワ・ド・トロンと、ボードゥワン四世の腹違いの妹イザベルとの婚儀がとり行なわれようとしていた。

サラディンがモアブ城砦下に到来したのは、オンフロワとイザベルの結婚式当日であった。

花婿の母親は、婚儀に供されたパン、ワイン、牛や羊の料理を、何と敵将サラディンに裾分けするかたちで贈ってきた。それにはわけがあった。

かつてサラディンは、アモリー王に追われエジプトを後に逃げる途中、王の軍勢に捕えられ、捕虜となってしばしモアブ城砦に留めおかれた。その間、若きサラディンはまだ赤子だったイザベルの子守り役を仰せつかり、時折、抱いてあやしたりした。父親はエルサレム王アモリーで、将来夫君となるオンフロワと一緒に養育されていたのだ。

幼いイザベルの世話をしたことから、サラディンは城砦領主一家と心をかよわせるまでになり、身代金で解放されると、城砦の主（オンフロワの実父）に頼んで西欧流の騎士叙任をしてもらった。そのイザベルが婚礼の裾分けに届けてきた料理をサラディンは歓喜して受け取り、使者へ丁重に謝意を述べ、「新郎新婦はいずれの城塔にておやすみか」と訊ねた。使者がそれを教えると、サラディンは全軍に命ずる。

「よいか。何人もゆめゆめかの城塔を弩《いしゆみ》でも投石砲でも狙い撃つことならぬ。突撃なぞ、断じて」

サラディン勢は城砦を攻囲すること八週間に及び、昼夜にわたって投射道具で攻撃したが、新郎新婦の休む一画だけは、外すのであった。

他方ルノーは、救援要請の使者をエルサレムに遣わした。使者は城砦の高い絶壁を下っていった。ルノーはさらに、城塔のひとつから狼煙《のろし》をあげた。パレスティナでは、サラセン勢の侵攻を察知し次第、狼煙をあげ、四方の味方に警告するのが慣わしであった。ルノーは、使者が役目を放棄したり雲隠れした場合にもそなえ、狼煙も用いたのだ。

ボードゥワン王は使者の伝言を聞くや、やはり狼煙でモアブ城砦に救援の要ありと広く伝え、召集をかけた。

サラディンはキリスト勢の接近を知り、城砦攻囲を解いてボードゥワン勢を迎撃する構えをとったが、まもなく退却していった。ボードゥワン王は城砦に入った。そしてこうむった損害のほどを見て回り、また新婚の妹イザベル夫婦の様子なども目にした。退却したサラディン勢はヨルダン川の「ヤコブの浅瀬」を渡ってエルサレム王国内に進攻、チュバニアという泉水地に陣を敷いていた。

エルサレム王ボードゥワン四世も、そこから一〇キロあまり離れたサフォリア泉水群のあたりに味方全軍を集結させた。サフォリアは、聖母マリアの母アンナが生誕した高貴な土地柄である。テンプル騎士団もホスピタル騎士団も、それぞれ団旗を掲げ集結した。

サラディンはエルサレム王国域内のナーブルスまで移動した。ダマスカスに似て、泉水、庭園、果樹園が多く、小ダマスと呼ばれるこの居心地よい土地を、サラディンは見てまわった。ボードゥワン王は、サラディン勢を王国領外に駆逐すべくナーブルスに向かった。サラディン勢は食糧のみを掠奪し、「ヤコブの浅瀬」を渡ってダマスカスへ戻った。ボードゥワン王もエルサレムに帰還した。両者にとり近しいイザベルの存在が、互いを抑制したのだった。

◉テンプル総帥リドフォールのこと。エルサレム王国女王の選定

エルサレム王ボードゥワン四世の病状は進行し、手に指は残っておらず、目も鼻も崩れ

†

かたちをとどめなかった。王国は人材に乏しく、状況からして先行きが見えなくなっていた。摂政が必要と思い、王はともかくも姉シビーユの夫ギー・ド・リュジニャンに役目を託す。が、戦の采配ぶりは危うかった。「自分亡き後、シビーユの後押しでギーが王位についたら、その先どうなることか」と不安は募る。ギーの兄さえ「あいつが王になれるなら、自分は神様になれるな」と嘯《うそぶ》くほどなのだ。

いよいよ死も間近と悟ったボードゥワン王は、王国の諸侯に「自分には世継ぎがなく、わが姉ヤッファ伯妃（シビーユ）の息子ボードゥワン（五世）をエルサレム王として戴冠させたいが、いかがか」と諮った。「ぜひとも」と諸侯一同、承諾した。しかし一点問題があった。

年端のいかない新王には、やはり摂政役が必要となる。その役目を果たせるのは、少年王の義父となるギー・ド・リュジニャンをおいて他にいない。だが彼の兄と同様、みな陰で「ギーが王国摂政になるなど真っ平。あの者に王国統治の技量も才智もないのは周知のところ」と猛反対した。ギーはフランス西部ポワトゥ地方から流れてきて、前夫に死なれて間もない伯妃の再婚相手となった人物で、この新参者へ摂政役を任せることに、現地諸侯のやっかみは激しかった。

ボードゥワン四世は、自身の亡きあと世継ぎの新王が早世した場合も想定し、そうなったらエルサレム王位をイングランド王に委ねようと考えていた。そして第九代テンプル騎士団総師アルノー・ド・トロージュの口からイングランド王ヘンリー二世に要請するべく、ホスピタル騎士団総師とともに彼を西欧へ遣した。

これにエルサレム総大司教エラクルも同行し、ローマではエラクルが教皇に聖地の現況を報告した。いっぽうで、先にローマへ来た元ティール大司教がその後どうなったか知りたいところだが、その足跡も生死も不明であった。

老齢のアルノーは一一八四年九月、旅の途中、北イタリアのヴェローナで頓死した。一〇年前まで南フランスやアラゴンで、本部総長として活躍した人であった。

アルノーを継いで第一〇代テンプル騎士団総師の座についたのは、ジェラール・ド・リドフォールである。彼はフランドル出身の学僧で、パレスティナに将来の望みを託し流れてきた。有力者トリポリ伯領領主レイモン二世に人柄を見込まれてエルサレム王国騎馬大将に抜擢され、さらには「領地持ちの女人がいたら、世話しよう」とまで約束される。ほどなく伯領内にあるボトラン（レバノン沿岸）の領主が没し、娘が所領を継いだ。やがてリドフォールと娘との結婚話が持ち上がった。するとそこへピサの一商人が、「かのお方様と夫婦にして頂けるなら、お方様と同じ目方の金を差し上げます」と割り込んできた。トリポリ伯はこの話に乗ってしまう。娘と金とが両天秤にかけられた。

リドフォールは気落ちしてしばし熱病に侵され、エルサレムのテンプル騎士団付属病舎で臥せるほどだった。回復後、彼はテンプル騎士団に入るが、入団式の際、恒例の三つの

†

誓いをした後、四つ目を付け加えた。レイモンへの復讐である。

結局、幼王ボードゥワン五世の在位中は、摂政役をトリポリ伯レイモン二世に、後見役をエデッサ伯ジョスラン三世に託すこととなった（エデッサ陥落後も領主として「伯」を名乗る）。

摂政役のトリポリ伯は、もしボードゥワン五世が一〇年以内に亡くなった場合、その母親シビーユ（ヤッファ伯妃）か異腹の妹イザベルに王位を継がせ、その選定は教皇、神聖ローマ皇帝、フランス王、イングランド王の四者に委ね、また決定まで摂政役を自分に預けるよう求めた。

なおシビーユは年長とはいえ、父親アモリー一世が即位前に前妻となした子であり、イザベルは父親が国王即位後、後添えから生まれた子であり、正統な継承者がいずれか、事は微妙であった。両者の年齢は一九歳離れていた。

一一八五年、新王の戴冠式が聖墳墓教会で行なわれた。その後、頭に冠を戴くわずか六歳の新王は、姿が皆に見えるよう、現地若駒の名門イブラン家の当主、大柄なバリアンの腕に抱かれ、赤子イエス奉献に倣って主の神殿（岩のドーム）に向かい、祭壇に王冠を奉納した。それから一同はソロモン聖堂（アル＝アクサ・モスク）、つまりテンプル騎士団総本部の下層にある宿舎へ移って用意された宴に臨んだ。慣わしにより、エルサレムの町衆が給仕を行なった。

甥の即位を見届けると、病める王ボードゥワン四世は生前最後となる王国会議を開催し、ギーの排除とレイモンの摂政就任を認めた。一一八六年三月、ボードゥワン四世は二五歳で世を去った。サラセン人もこの気高い王の逝去を悼んだという。亡骸は聖墳墓教会に葬られた。幼王ボードゥワン五世は、後見役ジョスランがアッコンに連れ出し、面倒を見ることとなった。

この頃、エルサレム王国は食糧難に見舞われ、大飢饉の到来すら怖れた。エルサレム王国の新摂政トリポリ伯レイモン二世は、現地諸侯やテンプル・ホスピタル両騎士団総師を呼びよせ、「方々、どうしたものかな。雨は降らず小麦が育たぬ。サラセン側にこちらの事情が知れたら攻めてくるやも知れぬ。気がかりじゃ。はて困った。サラセン側との休戦もやむなしか」と諮った。全員賛同のもと、トリポリ伯はサラディンに向こう四年間の休戦を申し入れた。サラディンは快く承諾、しかも大量に食糧を提供してきた。皆、トリポリ伯を大いに称え、「伯に神の恵みを」と祈願したのだが、これには裏があった。「幼王に不幸があったら、自分がエルサレム王位を引き継ぐ」という野心を持ち、なんとサラディンに渉りをつけ、力添えを得ようとしていたのだ。

こうしたトリポリ伯レイモン二世の思惑通り、ボードゥワン五世は即位の翌年九月、わずか七歳で病死する。

だが周囲はシビーユとイザベル姉妹のいずれかを女王に擁立しようと動き始めた。エデッサ伯ジョスランはシビーユを推した。リドフォールを総帥に頂くテンプル騎士団もシビーユを支持した。いっぽうホスピタル騎士団はイザベル寄りであった。

亡き幼王の後見役だったジョスランはレイモンの腹の内を見透かし、その目論見を打ち砕かんとしてきた。彼はレイモンに、妃の里ティベリアへ身を引くよう勧告した。レイモンは、ティベリア女領主の再婚相手となっていたからだ。ジョスランは幼王の亡骸をテンプル騎士団の手でアッコンからエルサレムまで運ばせ、レイモンとその配下をエルサレムに入らせまいとした。しかもレイモンが摂政就任の見返りに得たベイルートや着港地アッコンの周辺地まで占拠したのである。他方で、自分の姪でもあるヤッファ伯妃シビーユとその夫ギーに、幼王を弔ったらエルサレムを配下で固め、女王および夫君国王として戴冠するがいいと進言した。

◉サラディンに臣服したエルサレム王国摂政

トリポリ伯レイモンは、エデッサ伯ジョスランにすべてを潰され、苦々しく思うことしきりであった。彼は配下の諸侯・騎士に、自分のもとへ結集をと訴えかける。だがいっぽうで、サラディンに食糧支援を仰いだ際に結盟をも申し入れ、それればかりかサラディンへ臣服し、さらにイスラムに帰依して割礼すら受けていたのだ。イブン・アルトヒルによれば、サラディンはレイモンに、「そちを全フランク人の独立王にしてやろう」とまで明言していたという。

イスラムの実力者がエルサレム王国のイスラム化に踏みこむ、という信じがたい話である。レイモンのみならず、「若駒」に居場所は他にない。もはやキリスト教徒でなく、フランク人として現地で生きるしかない。頼みの綱はサラディンであり、女王に推すならサラディンと旧知のイザベルのほかはない。

シビーユを支持したのは、ジョスランの他エルサレム総大司教やテンプル騎士団総帥、それにモアブ城砦の主ルノーである。かの総大司教エラクルは、町衆の女房を愛人とし、子まで生ませたが、今また自分を憎からず思う妖艶なシビーユに懸想していた。テンプル騎士団総帥リドフォールはトリポリ伯への遺恨を忘れていない。

それでも、ヤッファ伯妃シビーユはトリポリ伯レイモンに、自分が戴冠するからエルサレムへ来るよう伝えた。レイモンはあくまでシビーユ擁立に猛反対で、彼女の即位式をやるやらぬで揉めたあと、結局、式典はイザベル派抜きでと決まった。トリポリ伯一党はエルサレムから七〇キロあまりのナーブルスにいたが、戴冠式妨害を恐れたシビーユ側は、聖都の全入城門を堅く閉ざした。

一一八六年九月、レイモンは、ある従士に僧衣を着せてエルサレム城壁内に忍びこませ、様子を探ろうとした。従士は城壁外側のハンセン病治療舎に入り、許可を得て奥の隠し戸から城市内に忍び込み、聖墳墓教会での戴冠式を目撃した。この教会へシビーユとギーを

†

先導したのは、ルノー・ド・シャティヨンとテンプル騎士団総師で、ルノーは「シビーユ様こそ前王の姉君、女王となるに相応しいお方」と弁舌をふるった。

王冠を収める宝物庫は鍵二つで開く。鍵は、テンプル・ホスピタル両騎士団がひとつずつ預かっていた。戴冠の儀にあたりテンプル総師は快く鍵を差し出したが、ホスピタル総師は姿をくらました。やっと当人を見つけたものの、彼は「渡すものか」と声を荒げた。最後はポンと鍵を床に投げたので、ルノーがさっとつかんで宝物庫に行き、王冠二つを取り出すや、すぐさま総大司教に手渡した。すると彼はひとつを教会祭壇に、別のひとつをシビーユの頭上に被せた。そして言った。

「お方様は女人の身であり、国を治めるには男子の補佐役が必要です。あれに一つ王冠があります。お取りになって、王国を治めるに相応しいお方にお授けなされませ」

するとシビーユは、面前にいた夫のギーに向かって「前に進み出て、この冠を受けてほしい。殿をおいて他の誰にこれを被せてよいやら思い当たりませぬ」と言った。

ギーは進み出て跪《ひざまず》くと、シビーユはその頭上に王冠を載せた。こうして国王と女王の戴冠がなったのだが、公然とギー否認の演説をぶつ名士もいた。事の次第は、忍び込んで全てを目撃したかの従士が、イザベルやトリポリ伯のもとへ戻って報告した。

現地若駒キリスト教徒のなかでも、イブラン家の当主バリアンといえば、傑物として現地で評判の人であったが、その弟に、ラマの領主ボードゥワンという、やはり名の通った人物がいた。彼もまた、ギーがエルサレム国王として戴冠したと聞き、トリポリ伯に、「国王をよく知っているが、実にたわけたうつけものでな、我々が何を言おうと聞く耳もたぬ。却って、道理の分からぬ連中の妄言に惑わされるであろう。王国はもうおわりだ」と語った。

トリポリ伯レイモンは、イザベル支持を表立て、「後生じゃ。全キリスト教徒をあわれと思い、どうすれば王国を守り救えるか話し合おうではないか。ここナーブルスには、アモリー王のご息女イザベル様と夫君オンフロワ殿がいらっしゃる。この方に戴冠していただき、エルサレムに赴こうぞ。ギーを支えるのはルノーとテンプル騎士団総帥のみ。あとは皆我々の味方、サラセン側とは休戦中であり、むしろ必要とあらば加勢すらしてくれますぞ」と説いた。これには居合わせた者すべてが賛同し、翌日午前中にイザベル戴冠を決めた。

だが、当のオンフロワが、気弱にも戴冠なぞ真っ平、耐えられぬと、夜半、直臣を伴ってエルサレムへまっしぐらに馬を馳《は》せたのである。到着すると女王となった義姉シビーユのもとへ駆けつけ、表敬した。シビーユは自分の戴冠式に列席しなかった相手を不機嫌そうに無視した。彼は「無理やり国王に推され、来れませなんだ。しかし、お方様のもとに今こうして参上いたしました」と言った。「よくぞそうなされた。腹立ちも収まりました。さ、国王ギー陛下へ忠誠をお誓いなされ」とシビーユは応えた。シビーユを強く推す継父ルノーが、彼に圧力をかけたのか。

オンフロワの振るまいに、イザベル支持派も「埒《らち》もない。もはやギー王に逆らってばかりおれない」と態度を改めた。そしてトリポリ伯に、「我々を恨まず、どうかティベリアまで退き、かの地にお留まり下され。我々はギー王に臣従しますが、ご貴殿がベイルート領有権を得られるよう尽力しましょう」と説得した。

かのラマの領主はギー王を拒絶し、全家臣を引き連れて遠いアンティオキア公領に去った。彼は領主ボエモン公に厚遇され、旧領の三倍の所領を与えられたという。


◉摂政トリポリ伯、ギー王と和解。サラディン、西欧勢駆逐戦布告

トリポリ伯を従わせねば、エルサレム王国は内部で分裂する。テンプル総師は内々にギー王へ、伯のいるティベリア攻囲を勧めた。王は配下全員に、ティベリアから二〇キロの地ナザレに集結を命じた。「ギー王の軍勢が襲来する」と聞いて、おそれおののいたトリポリ伯は、エルサレム王国摂政として休戦を結び、臣服までしていたサラディンに援軍を乞うた。サラディンは、すぐさま大勢の戦兵、大量の武器をティベリアから二四キロ離れたベリナスに集結させ、「もし午前に攻撃されたら夕方に、もし夕方攻囲されたら翌朝に、救援にまいろう」とトリポリ伯へ伝えた。

だがこうしたギー王の動きを押し留めた人がいた。かの若駒、イブラン家当主のバリアンである。彼は、ティベリアを攻囲すると言うギー王に、「どなたの進言ですか。大間違いですぞ。賢者たる者、さようなことは勧めませぬ。かの地に足を踏み入れてはなりませぬ。サラディンがトリポリ伯の要請を受け、大加勢軍を送りこんで来ましょう。多勢に無勢、我ら、逃げも打てませぬ」と説得した。彼は、サラディンとレイモンが主従関係にあることをつかんでいるのだ。

ギー王は正論と悟り、ティベリアに使者を遣った。それでもトリポリ伯はなかなか和睦に傾かない。使者は一冬をティベリアで過ごし、一一八七年の復活祭に戻った。

折しもサラディンは、メソポタミアを含む全領土に、キリスト勢徹底駆逐を謳う「ジハド」を布告、長子アル＝アフダルをダマスカスに呼び寄せていた。この動きに出たのは、モアブ城砦の主ルノー・ド・シャティヨンがサラディンとの休戦協定に背き、サラディンの甥ら身内数人の加わる巡礼団襲撃を企てていると知ったからだ。エジプトとシリアを結び、メッカ巡礼の信徒や隊商が使うこの要路上で、許すわけにはいかない。

ギー王は、トリポリ伯との和解に一刻の猶予もなしと判断、改めてティベリアに使者を派遣した。役目を帯びたのはバリアン、ティールの大司教（ギヨームの後継者）、現地の有力諸侯シドン領主、二騎士団の総帥らで、一行は途中、テンプル騎士団が一一六〇年代から領有する食糧・武具の大補給基地ラフェーヴ城砦で一泊する手筈であった。

いっぽう、トリポリ伯のもとにはサラディンの長子アル＝アフダルから、予想外の要請が舞いこんだ。伯の領内を馬で駆けめぐり、ぜひキリスト教圏の様子を見聞してみたいというのである。もちろん進撃にそなえた下見だ。トリポリ伯にすれば、自ら臣服し食糧援助やら援軍提供を承諾してくれたサラディンの手前、無碍《むげ》には断わりにくい。だがもし認めれば、キリスト教側に己の「裏切り」を感知されることになる。それは避けたいので、トリポリ伯は、要請は認めるが問題を起こさぬよう、朝ヨルダン川を渡って到来したら夕方には川を渡って帰るよう、集落で略奪など働かぬようにと申し入れた。またティベリアの城門を完全に閉ざし、キリスト教徒が城外に出て不祥事を起こさぬよう計った。さらに、ナザレに駐屯中のエルサレム王ギー・ド・リュジニャンにも、サラセン人騎馬隊と悶着を起こさぬよう屋内に留まってほしいと通告した。加えて、ラフェーヴ城砦に一泊する手筈のバリアンやテンプル総帥ら一行へも、注意を促した。バリアンは、他所に小用があるといって、別行動をとっていた。

「打つべき手は打った。これでひとまず大丈夫」。トリポリ伯はそう踏んだ。ところが、テンプル騎士団総帥リドフォールが、積年の遺恨から短慮にはしり、一切をぶち壊す。

リドフォールは、ラフェーヴ城砦からわずか一六キロの修道院に拠点をおいたテンプル分隊に、明朝サラセン勢がキリスト教徒圏に侵入するゆえ迎え撃つと、一存で召集をかけた。分隊の騎士たちも、午前零時前にラフェーヴ城壁下に集結、天幕を張って露営した。

明け方、テンプル騎士団の九〇騎がホスピタル騎士団の一〇騎を誘い、ナザレに向けて移動開始、さらにナザレでギー王勢四〇騎が合流すると、揃ってティベリア方面に馬を進めた。

夕刻、一行が「クレソンの泉」という名の水場まで来ると、そこにはサラディンの長子配下の戦兵隊の姿があった。彼らはキリスト教徒を見ても平然と構え、ヨルダン川の例の浅瀬を渡って帰ろうとしていた。

トリポリ伯が発した「屋内に留まれ」という通告など、総師リドフォールは聞く耳をもたなかった。配下の諫《いさ》めも斥《しりぞ》け、七〇〇〇の相手方勢力にしゃにむに立ち向かっていった。自軍は総勢わずかに一四〇騎、瞬く間に取り囲まれてしまった。多勢に無勢、存分に叩かれ、キリスト勢は惨敗を喫した。ホスピタル騎士団総師は斬首、九〇騎いたテンプル騎士と従士もほぼ全滅、彼らの首が引き揚げていくサラセン兵の槍先で踊るという結末となった。

テンプル総師リドフォールはなんとか逃げおおせた。他に生き残った者はわずか数名の盾持ち従者たちのみで、戦闘が始まる前に武具をもって遁れていたのである。五月上旬のことであった。

もしバリアンがティベリアまでずっと同行していたら、リドフォールが「サラセン人には一点の妥協もせず」と逸るのを抑えたであろう。別所での用事をすませたバリアンは、ナザレに向かう途中で逃げてくる盾持ち従者と出会い、またナザレでは、逃げ込んできた

†

総帥リドフォールの姿を認めた。

バリアンは、戦に斃れた者たちを弔った。そして、ギー王とともにトリポリ伯がいるティベリアに向かった。リドフォールは前夜の戦でくらった打ち身が酷く、馬に跨れぬといって同行しなかった。

さて、バリアンら一行に付き添われたギー王は、ホスピタル騎士団領有のサンヨブ城砦でトリポリ伯レイモンと相まみえた。伯は跪き、王は伯を立たせて抱きしめ、両者は和解した。それからナーブルスに移って会談、伯の提案で、サフォリアを集結地とし、また人員不足を補うため、北のアンティオキア公から六〇騎の加勢派遣を取りつけた。もう後に引けなかった。

そこへリドフォールもやって来た。彼は、テンプル騎士団には、カンタベリー大司教を死なせた罪滅ぼしにイングランド王ヘンリー二世が毎年送ってくる寄進が軍資金として貯まっており、これをギー王に委ねるので、兵力補充のため、「給金が欲しくば集まれ」と広く喧伝して戦士を募るよう説いた。

それから五週間がたって頭数が揃った頃、サラディン勢がヨルダン川のかの浅瀬を渡り、ティベリアを攻囲した。城市に留まる領主トリポリ伯妃と娘四名（前夫との子）を護る者は皆無、救窮の訴えがサフォリアにいるギー王とトリポリ伯に届いた。

サラディンは、長子アル＝アフダルをアッコン周辺地の攻撃に向かわせた。その折、これまで散々辛酸をなめさせられたホスピタル騎士団総帥を破り、戦利品、捕虜を多く獲た。イブン・アラトヒルによれば、それがサラディン勢の戦意をさらに盛り上げたという。

こうした状況下の王国会議で、トリポリ伯は、「我が妻も娘らも配下も囚われの身となりましょうが、いずれ身代で取り戻せます。ティベリアの町も占拠・略奪されましょうが、いずれは取り返せます。今はエルサレム王国防衛と方々の身の安全こそが大切、それに、ティベリア救援に向かっても水場はクレソンの泉しかなく、水不足となるは必定、兵糧充分な敵方とは勝負になりませぬ」と述べ立てた。時は七月初頭である。折しも、当のトリポリ伯レイモンがサラディンに臣従したという驚きの噂が広まり始めていた。

トリポリ伯に対し「水不足なんぞ、取り越し苦労だ」と反駁したのは、テンプル騎士団総帥リドフォールであった。しかし大方はやはりレイモンに理ありと信じ、その提言に納得した。

皆が宿所に引き下がり、真夜中、ギー王がひとり夜食を摂りおえた頃、リドフォールが姿を現した。リドフォールは王の前で、トリポリ伯を「狼の毛だ（裏切り者）」とこき下ろした。それから「これほどの軍勢を集めながら、サラセン人から蒙《こうむ》った辱めも忘れて戦わぬとは、ひどい名折れです。さあ、聖十字架を掲げられよ」と王を煽った。

この聖十字架は、実際にイエス磔刑に用いられた本物の断片を内部に組み込んだといわれるもので、通常、聖墳墓教会に保管され、重大な聖戦の際、お守りとして持ち出される。

†

その天辺にロウソクの光が煌々と燈ると、「聖霊が降りた！」と皆が奮い立つ。これを此度もエルサレム総大司教がギー王のもとに届けさせたのだ。本来、総大司教自ら戦いに加わるべきなのだが、子までなした愛人パスクワから離れられないのだ。

ギー王は、テンプル総帥のお陰でエルサレム王となり、イングランド王からの寄進の資金も活用できるという恩義から、総帥の言いなりであった。ホスピタル騎士団の面々やギー王配下も、誰の進言で王は戦を決断なさったのか、苦杯を喫するのはみすみす分かっているのにと吐きながら、消沈した面持ちで武具に身を固めた。

エルサレム王国勢は、一〇キロあまり進んでラフェーヴ城砦に野営した。先手を務めるのは、テンプル騎士団、しんがりはホスピタル騎士団であった。戦いを前に、例のエルサレム総大司教が全員に聖体拝受の儀をとり行ない、「これまで何をしてこようと、キリスト教徒として戦えば、罪は一切が赦され、戦に斃れたら天国へ行ける」と宣《のたま》った。十字軍士が戦いを前にとり行なう慣例ではある。

とはいえ双方とも相手の出方を窺いながら、押したり退いたりするに留まり、すぐ一大決戦には至らなかった。サラディンはもともとルノー個人への報復を主意とし、またキリスト勢は食糧に著しく窮していて今ひとつ力が入らない。だがキリスト教徒は、厳しい状況下、偶然なにか良いことがあると、これを天の恵み、奇蹟と解釈して、非常に高揚し盛り上がる。

この時も、サフォリアの泉水に突如大量の魚が泳ぎあふれ、捕獲して軍兵は飢えをしのいだ。翌日には、補給隊がラクダの背に食糧をたっぷり担わせ戻ってきた。

その夜、誰かが言い出した。「聖十字架に聖霊の光が降りたぞ！」

キリスト軍団は、いつも聖十字架を掲げて戦闘にはいる。その十字架に誰かが細工し、天辺で大きなロウソクが煌々と燈っていた。あたりは喜びに沸きかえった。二キロ離れて陣営を構えていたサラセン勢は、歓声を耳にし燈明《とうみょう》を目にして、いたく不安がった。

翌朝、エルサレム王は評定の末、水場を離れず、静観すると決めた。次の日、キリスト軍団の一翼にあって「チュルコプル（現地生まれの欧土混血戦兵）」と呼ばれる軽騎兵部隊がサラセン兵との戦いに出撃した。

エルヌールによれば、小競り合いのあった場所で、昼頃、あるサラセン騎士が一人のチュルコプルに近づいてきて、「話がある」と言った。彼は「さてはキリスト教に改宗する気か。あるいはエルサレム王と話し合いのためサラディンが遣わした使者か」と考え、近寄った。と、相手の騎士は、「本当のことを教えてくれ。夕べの騒ぎは何だったのかね」と訊ねた。軽騎兵のチュルコプルは事情を語った。騎士は戻ってサラディンに報告、するとサラディンはさっそく陣営を畳み、引き揚げた。神がかりとなったキリスト勢の強さを知るからである。

サラディンの軍勢は、「ヤコブの浅瀬」を渡って自領へと去る。だが帰路サラディンは、

†

「ルノーだけはただではおかぬ」と、ルノーの居城モアブ城砦攻囲に向かった。

「ルノーを少しサラディンに叩かせよう」。ボードゥワン王の方も自身の軍勢に、命令を待てと言い置き、いったんエルサレムへ戻った。

第五章　キリスト教徒敗北

◉ハッティンの戦い

サフォリアに集結したキリスト勢はエルサレム王ギー・ド・リュジニャンの指揮下、ティベリアへ向かった。するとさっそく、サラセン勢の激しい弓矢攻撃に晒された。ギー王の軍勢は、両地点の中間に位置するハッティンの丘に登って陣をかまえた。ちょうどこの時、サラセン勢は矢を切らしてしまう。ここでキリスト勢は前進すればよかったのだが、丘上で停まったまま動かない。これさいわいとサラセン勢は、布陣したキリスト勢を「ネコの子一匹出られぬほど」完全包囲した。その夜、キリスト勢は人馬とも一滴の水分もとれず、へたばっていた。

明けて「灼熱の聖マルタン祝祭日（七月四日）」、キリスト教徒は武装姿のまま朝をむかえ、戦闘態勢に入る。ここでサラセン側はさっと引いた。太陽がのぼる頃、サラセン側はキリスト勢陣地にある茂みに火を放った。キリスト勢は、照りつける太陽、燃え盛る炎、もうもうたる煙に苛《さいな》まれ、息も絶え絶えの脱水状態に陥った。

丘の向こうに行けばティベリア湖がある。だが、サラセン側は先を見越して、いち早く湖畔をかためていた。丘に天幕を張ったギー王らキリスト勢は、ふもとにびっしり詰めるサラディン勢との間で、押したり退いたりを繰り返した。キリスト勢が三度目に丘上へ退くと、サラディンの側近の一人が「敵方の負けですな」と言った。するとサラディンは「いや、王の天幕が畳まれておらぬ、相手方の負けとはまだ言えぬ」と返した。が、ほどなくそのかたちは崩れた。

ハッティンの戦いで、キリスト勢の敗北が決定的となった。キリスト陣営から従士五名が抜け出てサラディン側に奔った。行った先で、「何を待っておいでか。さあ攻撃なされ。キリスト教徒の負けです」と味方を売った。従士らは武器を棄て、舌を垂らしながら投降した。

ギー王の命をうけてトリポリ伯は、丘下のサラディン勢に突撃を敢行した。サラセン勢はうまくかわし、ギー王を目指して突進、王の身柄を捕獲してしまった。それを見たトリポリ伯は、そのままティールへ遁走してしまう。残るキリスト勢にサラディン勢が襲いかかり、次々に討ち死にした。

サラディンは、捕らえたホスピタル騎士団の戦士や国王の配下には危害を加えなかったが、テンプル騎士団の戦士のみ別の扱いをした。「死ぬか、イスラムへ改宗するか、選べ」

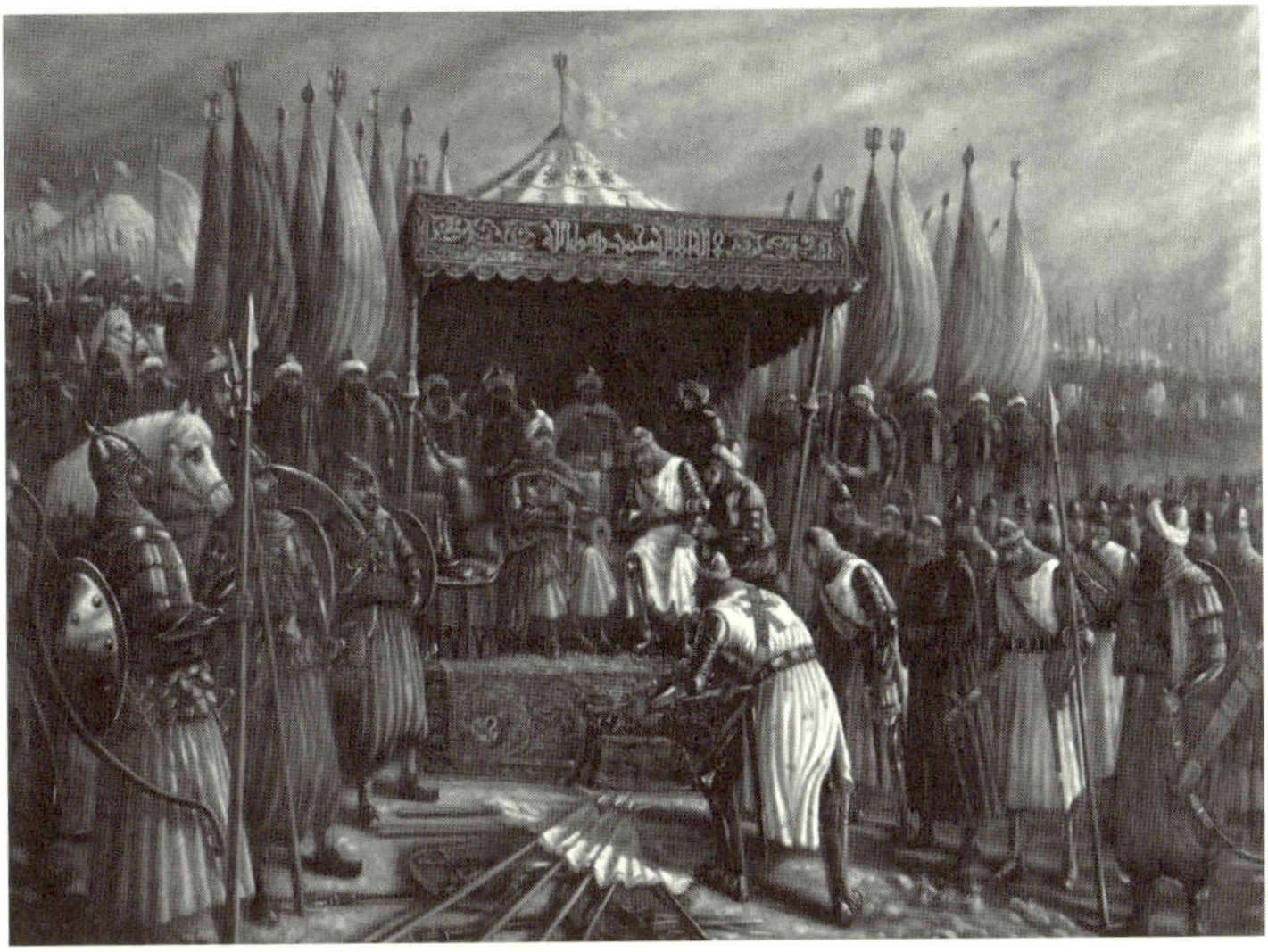

ハッティンの戦いに勝利したサラディン。

と迫ったのだ。改宗など問題外だ。かくてまたも全員が縛り首となった。その数二三〇名、処刑は長時間にわたり、イスラム教徒の手で行なわれた。

唯一、総帥リドフォールだけは刑を免れ、ギー王らとともにダマスカスの獄舎に繋がれた。逃げおおせた者も少数いたという。

それにつけサラディンは、勝ち戦のあとテンプル戦士をいつも皆殺しにする。テンプル戦士の捕囚はほとんどいなかった。噂は西欧に伝わるが、入団志望者は減少しない。

ハッティンの戦いを生き延びたキリスト勢の重鎮は、トリポリ伯レイモン二世、イブラン家当主バリアン、シドン領主、そして戦場をうまく逃れたテンプル聖都分団長チエリであった。彼は、時の教皇ウルバヌス三世や西欧キリスト教圏に宛てて状況報告の回状を送り、「テンプル騎士団同志二三〇人が斬首された」「町々でほぼ全住民が殺戮された」「敵方は多勢で、キリスト教徒の領域をティールからエルサレム、さらにガザまで蟻のように群がり覆い尽くした」「どうか緊急に戦力の補充を」と訴える。

総帥リドフォールは、戦いが始まる前に伝令を後方に遣り、「サラセン勢を撃退した、戦利品があるから取りに来い」と触れて回らせた。さっそく皆が現場へ駆けつけて見ると、撃退されていたのはキリスト勢の方だった。これに唖然としていたところをサラセン勢に攻め込まれ、全員が捕虜となった。

ところで、こんな逸話がある。サフォリアの泉から軍団が移動開始する前夜、後衛の軍兵らがロバにのった一人のサラセン人老婆を見つけ、捕まえて「何をしているのだ」と問いただした。すると老婆は、「軍団のまわりを巡って、妖術と呪文で呪縛しておったのじゃよ。二夜やったから今晩もう一巡りすれば、お前さん方、後日の戦で全滅のはずじゃったが、三夜目がなくなり呪縛が途切れたゆえ、助かる者もいよう。なにサラディンがやれと言って大枚をくれたのでやったのさ」と吐いた。軍兵は丸太を燃やし、茫々《ぼうぼう》燃え盛る火中に老婆を押しこんだ。だが炎の外へ無傷でとび出てくること数度に及び、ついに手斧で頭をたち割ったという。

またキリスト勢が戦に持ち出した聖十字架について、イスラム側証言に、「戦いの当日、サラディン側が分捕った」「以後、キリスト勢は敗北を覚悟した」とある。それはダマスカスに運ばれ、保管された。

◉サラディンの勝利

サラディンは、対フランク人勝利をアッラーに感謝した。勝敗を分けたのは、あきらかに戦士の数と飲み水の確保であったが、キリスト勢側は、敗退の理由をあれこれ考え悩む。

サラディンはハッティンで捕らえたキリスト勢の要人を天幕に入れ、目の前に並ばせた。まずエルサレム王ギー・ド・リュジニャン、ついでモアブ城砦の主ルノーとその義理の息子オンフロワ、テンプル騎士団総帥ジェラール・ド・リドフォール、エデッサ伯ジョスラン二世、北イタリアのロンバルディア人モンフェラート侯グイレルモ、ギー王の弟アモリー、そして王国騎馬大将らであった。

暑がるギー王に、サラディンは冷たい一杯の甘汁を与えた。ギー王は隣に座るルノーに杯をまわした。するとサラディンは憮然として、「この者にやるとは不愉快な。でもまあ飲ませるがよい。こやつはもう生かしておかぬゆえ」と言った。ルノーは休戦の誓約を破り、身内がいる隊商や巡礼団を襲おうとした当人であり、サラディンにとって断じて赦せない人物だった。彼のみ、戸外へ連れ出された。「刀をもて」と、サラディンは命じた。白刃がひらめき、ルノーの首が地に落ちた。サラディンは、「わが領内あまねく、その首を引きまわせ」と宣した。ちなみにコーランには、「敵が戦いを止めたら、害意を棄てよ。ただし悪心抜きがたき相手は例外だ」（第二章八九節）とある。

ハッティンの戦いの翌日、サラディンはティベリアに移動した。この地に居留まる領主トリポリ妃の嘆願は受け入れられ、彼女とその一党の身の安全は保証されたが、ティベリア城砦はサラディン側に明け渡された。ティベリアでも、捕虜となったテンプルとホスピタル両騎士団の戦士あわせて二〇〇名が、生かしておいてはためにならぬと、またも斬首に処せられた。

彼らの遺骨は、二年経たあとも野ざらしであった。

なおこの時点で、ホスピタル騎士団領有のクラック・デ・シュヴァリエ（騎士の城）、テンプル騎士団領有のトルトサ、シャステル・ブラン（白城）、シドン、マルガ、モンレアルなどの城塞は陥落を免れていた。

ティベリアを去るに先立ち、サラディンはギー王らの身柄をダマスカスに送った。

サラディンは、西欧キリスト教徒が築いたエルサレム王国の各地奪還にかかった。ハッティンの戦いから五日後、海港地アッコンに到来、城壁内のキリスト教徒は一時応戦の構えを見せたものの、圧倒的なサラディン勢の陣容に恐れをなし、七月八日には身の安全保証を条件にアッコンを放棄した。最重要拠点の喪失である。翌日、彼はこれを長子アル＝アフダルに預けた。

また、テンプル騎士団がアッコン近辺に有する所領の権益、村落の領主権を取り上げ、配下に授けた。アッコンは交易の一大拠点で、高価な産品が大量に集散するが、戦のため流通が止まり、市内倉庫にたまるいっぽうの莫大な金銀財宝が、幾度も掠奪された。

こうして確保したアッコンを基地に、七月から八月にかけナザレ、カエサレア、カイファ、ナーブルス、シドン、ベイルートに分隊を送り、これらを制圧した。これらフランク人が治めてきた地中海沿いの港町では、住民のほとんどがイスラム教徒で、彼はこれらを身内（クルド系）で領有しようとする。さらにトリポリ伯領下のジブレ、ボトロンを攻略、ほとんど流血なく明け渡された。降伏の呼びかけを、捕虜としたギー王とテンプル総帥にやらせたためである。

◉ロンバルディア人コルラド

サラディンはティールに向かった。アッコンと並ぶ重要拠点で、フランク人騎士従士が大勢逃げ込んでおり、攻略は難しいと判断していったんは引いた。だがティールの領主はサラディン怖さに降伏を表明、町衆も明け渡しを覚悟していた。

この地に逃げ込んでいたトリポリ伯レイモンは、すでにサラディンへ臣従した身でありながら、その進軍の噂に、海路、トリポリに逃げ去る。だがトリポリ到着後に心痛のあまり絶命した。その亡がらを検視すると、やはり最近うけた割礼の痕が認められた。フラン

†

ス王家年代記はそれを記録にとどめている。サラディンに臣従したことが、死に至るストレスのもととなったのだろうか。

サラディンには、エルサレム奪還が現実のものに見えてきた。アッコンとティールという二大着港地を掌握した今、西欧からの援軍も容易には上陸できない。ただしティールについては、逃げた旧領主と入れ替わりに、ロンバルディア出身のモンフェラート侯家コルラドという、胆力と叡智を兼ね備えた評判の英傑が到来した。

コルラドは、直前まで、ビザンツ帝国の首府コンスタンティノープルで新皇帝擁立に一肌ぬいで大活躍した人物で、パレスティナのキリスト教徒劣勢の旨を聞き及び、当初アッコンを目指した。サラセン側は来航する船舶の臨検を強化していたから、さっそく監視係がコルラドの船に近付いて誰何《すいか》した。様子を訝《いぶか》り、事態を察知したコルラドは、「いや、只の商人です」と答えながら、そのままティールに船首を転じた。到着したのは、ティール領主が逃亡した翌日で、彼は領主が城館に立てたサラディン旗を認めると、すぐさまこれを堀に叩き落とさせた。

ティールに押し寄せたサラディンは、降伏せよと呼びかけた。だが、コルラドは全く動じない。サラディンは、ダマスカスの獄舎に捕らえている彼の父親モンフェラート侯グイレルモをティールまで連れて来させた。そして息子コルラドにその姿を見せ、「明け渡せば、父親グイレルモの身柄と大枚の金を引き渡す」と吼《ほ》えた。すると彼は、「そんな老いぼれ、いらぬわ。柱に縛りつけよ。弩で射ころしてくれる。何なら、そちらで始末してくれて結構」と返答し、派手に弩を構えた。「こりゃどうにもならぬ」と、サラディンは陣を畳んで退却した。

そのためサラディンは、まずアスカロン、そしていよいよエルサレムに狙いを定めた。しかしアスカロンは要塞堅固でなかなか陥落しない。そこでやはりダマスカスの獄中にあるギー王とテンプル総師リドフォールを呼び出し、「アスカロンを明け渡すなら、身柄を解放する」と持ちかけた。ギー王はそれに応ずる。

アスカロン城砦に騎士従士はいない。ギー王は有力な町衆を呼び出し、「よいか。たとえ王でも私ひとりのために当地を易々と明け渡してはならぬ」と気骨を見せた。人々はこれまでギーの資質を揶揄してきたのだが……。町衆はさがり、内々で相談の末、皮肉にも「他所から救援は期待できぬし、町衆だけでは城市を守りきれぬ、飢えながら抵抗して捕囚となるより、生命・財産の保証と引き換えに明け渡した方がよろしかろう」と決断した。

一一八七年八月末、ギー王の意向にかまわず、城市は明け渡された。

サラディンは、ギー王の協力が功を奏したと思い、見返りにアスカロンの民を無事キリスト教徒圏まで送り届けることとした。さらにギー王へ、ダマスカスの獄舎にあるエルサレム王国の重鎮一〇人を解放するから人選するよう命じた。王が選んだ中に、自身のほか弟アモリー、モンフェラート侯グイレルモ、そしてテンプル総師リドフォール、イブラン家のバリアンらがいた。皆、解放の交換条件として、以後、サラセン人とは戦わずと誓わされる。

町衆の現実主義は王の顔をつぶしたが、多くを救った。

リドフォールの場合、もうひとつ別の条件が課せられた。テンプル騎士団が領有するガザ城砦の明け渡しである。サラディンがハッティンの戦いのあと、テンプル騎士従士の全員を殺害したのに総帥だけ生かしたのは、これだったのだ。ガザもアスカロンも、エジプトからパレスティナ・シリアに物資を運ぶ要路上にある。ここにキリスト勢が居座っていては、不都合極まりない。

総帥は、ガザを明け渡し、今後の不戦を誓約して解放された。ハッティンで敗北して二カ月が過ぎ、九月に入っていた。

◉エルサレム明け渡し

いよいよサラディンは、究極の目標であるエルサレム奪取にかかった。その完遂まで、エルサレム王ギー・ド・リュジニャンは手元に留めおく気でいた。サラディンにとってエルサレム奪回掌握は聖戦《ジハド》の要となる。すでに市内にはキリスト戦士の姿はなく、居留まるのは町衆だけだった。

サラディンは、まず、エルサレムに住まう女王シビーユとダマスカスにいるギー王へ、両人ともナーブルスに移り、エルサレムをめぐる戦いが完了するまで城市内にお留まりあれと伝えた。

国王や女王がエルサレムにいれば、君主同士で戦わざるを得ない。サラディンとしては極力無血で事を収めたい。また現地名門イブラン家のバリアンが、エルサレムにいる妻子をトリポリに避難させたいので、聖都立ち入りを認めてほしいと頼み込むと、すんなりエルサレム一日滞在を認めた。バリアンの妻子は、五〇騎の護衛付きで無事トリポリに辿りついた。

サラディンは、かねてよりエルサレムの町衆に向け、和平をよびかけていた。アスカロン明け渡しの当日、エルサレムでも町衆が明け渡しを申し出た。

この日、金曜日、正午頃には太陽が姿を消した。まるで夜更けかと思われるような日蝕であった。

エルサレムの町衆たちは、これを不吉な兆しと捉えた。

「聖都の明け渡しなど、断じてならない」。彼らは考えを翻し、拒絶に転じた。

サラディン側は、「エルサレムは、皆にとって神の館、みだりに攻撃はしない。私の方から義捐金三万ブザントを提供してもよい。勝算があるなら踏ん張るもよし、無理なら都を明け渡すもよし。明け渡すなら、身柄・財産の安全を保証してキリスト教徒の領域まで送るが、どうじゃ」と通告してきた。だが、凛《りん》として聖都の町衆たちは、「主の受難と流血の地は譲り渡せぬ。次は我々が主の御ため血を流す番と心得る」と回答した。

サラディンは、かつての多様と寛容のエルサレムを取り戻したいだけである。これに対して相手方の頭には、ただただキリスト対ムハンマドの二項対立しかなかった。「ならば武力を行使する」

かくてサラディン率いる大勢力が、いよいよエルサレムに姿を現した。

エルサレム市内は戦どころではなかった。キリスト教徒が敗北を重ね著しく劣勢にあったため、各地から女子供、敗走兵が大勢にげ込み、ごったがえしていたのだ。

こうした状況にあって、代々聖地に根を下ろしサラセンの心を知り尽くすイブラン家のバリアンが、サラディンを向こうに回し、キリスト教徒のため大いに立ち働くことになる。ハッティンの負け戦のあとダマスカスの獄にあり、やがて赦されてティールに移ったバリアンであったが、エルサレムにいた妻子を安全なトリポリへ避難させるため、サラディンの許可を得て市内に入り、一日で用を足し城外へ出ようとしたその時、かの総大司教エラクルが、「混乱状態にあるエルサレムを見棄てなさるな。サラディンとの約束など、守れば破るより罪深いですぞ」と声をかけた。

聖地「若駒」の大物として、キリスト教徒の面目を護らせねばならない。エルサレム撤退はもう避けられないが、何とか尊厳を保たねばならぬ。

実際のところ、エルサレム市内にまともな騎士など一人もいなかった。サラディンも、バリアンこそ聖都撤退交渉のできるキリスト教徒側最高責任者、実質上のエルサレム王と見なしていた。

バリアンは、ひとまず有力町衆の子弟六〇名を選んで、騎士に仕立て、体裁を整えた。テンプルもホスピタルも、騎士団は壊滅状態にある。サラディンの方も、猛攻は加えず手加減しながら、相手に降伏の機を与えようとした。

負け戦の場合、キリスト教徒はたいてい、「自分らの罪ゆえに」と懺悔《ざんげ》して、イエス非難など決してしない。ハッティンでの敗北についても、聖都分団長チエリは報告書簡でそう綴った。今回、自己批判はさらに踏み込んで、エルサレム明け渡しという事態に直面し、「主は聖地のキリスト教徒を見限った。明け渡しは主の思《おぼ》し召《め》しなのだ」という声も聞かれた。劣勢、敗退を重ね聖都まで奪われるキリスト教徒。だが、こうした事態の中、「キリストは真の神にあらず、ムハンマドにかなわぬ」とまで公言して憚《はばか》らぬむきも出始めた。

エルサレム攻囲勢は、城市の西側、ダヴィデの塔あたりから聖ステパノ門に至る城壁下に陣を張った。キリスト勢も城壁の外へ出て一歩も引かず、攻め寄せる敵方を必死に押し返した。

サラディン勢は、午前中はぎらつく太陽光をまともに顔に受け、怯みがちであった。午後になると逆になり、今度は夜半まで攻めたててきた。八日後、彼らは陣を移動して、ヨシャパテ門のある城市東側を固めた。後方にはオリーヴ山があり、登れば市内の様子がよく見渡せる。彼らは四〇両もの投石機を並べて撃ってきた。また三部隊に分かれて押し寄せると、弓矢隊の援護射撃をうけながら城壁の出っ張りに大梯子を使って登り、上部から切り崩しにかかった。城壁内からは手が出せない。また別の工兵隊が堀に降りて、下部からも城壁切り崩しにかかり、裂け目に可燃物を突っ込んで火を付ける。かくて炎上した城壁は、二日で三〇メートルにわたって堀側に崩れ落ちた。

市内のキリスト教徒はお手上げで、「惨めに死ぬよりは、撃って出て立派に果てよう。イエスが果てられた地で死ぬなら本望だ」という声が上がり、騎士姿の町衆はじめ皆これに賛同した。すると、かの総大司教は、「市内に女子供の数は、男子の四〇倍。殺されはしない。だが捕らえられて余儀なくもイスラムに改宗すれば、魂の救済を失う。それで良いのか。キリスト教徒としてキリスト教国で全うさせるべきではないのか」と説いた。

バリアンは和睦の感触を探るためサラディンへ会いに行った。サラディンは、バリアンが約束の日数をこえてエルサレムに留まっても咎めない。両者和睦交渉の最中、サラセン勢がエルサレム城壁に大梯子を立て掛け、「三日月と星」のサラセン旗十数枚を城壁にはためかせた。

「もはや明け渡しだの、和睦だの言っておれまい。エルサレムは我が方のものじゃ」とサラディンは高言、だが直後に大梯子は城壁を守るキリスト勢に押し倒され、登ってくるサラセン兵もろとも堀の底まで崩れ落ちた。これによって交渉は中止、翌日再開となった。

その夜、サラセン側が放った投石砲の巨石が城塔の補強板に命中、その大音響に双方とも「敵の攻撃か」と緊張した。

城壁内のキリスト教徒は、殺気立つサラセン兵をなだめようと、驚愕の手を打った。まずカルヴァリオの丘に面する砦の高台に桶を置いて冷水で満たし、うら若い娘らを素裸にして、その中に入らせ首まで浸からせると、お下げ髪を切って外へ放らせたのだ。また、神の助けを得ようと、修道僧、司祭、尼僧らが履物を脱ぎ、城壁の上を行進した。非ローマ教会系のシリア人キリスト教徒たちが十字架をもって先頭に立ち、司祭らは頭上に主の御像を掲げ、ひたすら懸命に安寧を念じた。西欧キリスト教徒は奇跡を祈願した。

だが、奇跡は起きない。天意であった。聖都にあって聖職者までも、物欲にとらわれ邪淫にふけった彼ら。もはや聖都エルサレムは彼らに値しない。

「住人は入れ替わらねばならぬ」

ハッティンの戦いで聖十字架がキリスト教徒の手を離れたというのも意味ありげであった。とくに西欧キリスト教徒は、自らを聖都定住失格者と思うに至る。激戦の中で捧げる祈りが天に通じない。通じないのは、日ごろ「罪業」に明け暮れるからだ。それは、負け戦の際に吐く決まり文句ではない。自身の「罪業」は、充分、身に覚えがある。

だが、いっぽうで別の、「イエスは真の神ではなく、ムハンマドに劣るのでは」という疑念が絡んでくる。どんなに戦ってもキリスト勢は惨敗続きなのだ。「罪業」と「イエスへの

†

疑念」。聖地におけるキリスト教徒の悩みは、深い。
まずその罪業。イエスゆかりの崇高なる土地で、どうして人は乱れたのか。

第六章　聖都喪失の背景に

◉バアル神と女神アタルガティス（アスタルテ）

ベイルートの東七〇キロにバアルベク大神殿の遺跡がある。筆者は機会を得て一九六九年七月訪問した。祀られる主神は作物の豊穣をもたらすバアルで、すでに古代オリエント神話「ウガリット」に登場する。女神の方は同じく「ギルガメッシュ」に端を発し、多産を司るイシュタールである。

旧約聖書中、ユダヤ教の神が斃すべき数ある多神教の中で最も手強い男神と付随女神、バアルとアシトルテ（アシタロテ、アスタルテとも。古代女神に由来）が、揃って士師記（第二章、第一〇章）、サムエル記上（第一一章）に登場する。バアルの父神エルの妃アシラを女神として祀る祭壇への言及も散見される。バアル教では、信者の交合が豊作・多産の祈りとなる。陽光と雷雨が畑を打って種を育てるというわけだ。

社殿では、祈りの相手を務める公認の「神殿娼婦」「神殿男娼」がいて、謝礼は祭壇に奉納される。それは「聖なる売色」といえる。親が権力者であっても、結婚前の自分の娘、さらに自身の妻女すら、見ず知らずの男、とりわけ異国人の相手を務めさせ、女子たるもの生涯に一度はこれを体験すべしとされ、後日嫁ぐ際、なんの不都合もなく、それは慣習化した。

ユダヤの神はモーセに親への強い譴責《けんせき》を託し、「娘に遊女のわざをさせ汚すな。みだらな事が国に行なわれれば、悪事が地に満ちる」（レビ記第一九章）、「神殿娼婦や男娼となるな。得た価を主の家に持参し誓願に用いてはならぬ」（申命記第二三章ほか列王記上第一四、一五、二二章）と記す。

彼らが入り混じっての売色行為は、社殿内の「オージー」に行きつく。聖儀に名を借りた官能の深淵だ。出エジプト記第三二章には、神がモーセに四〇日間シナイ山上で十戒を説く最中、彼に付き従う人々は装身具の金を持ち寄ってバアル神の化身、仔牛像を鋳造、「これがエジプトの国から導きのぼった神だ」と民をまどわす者がいて「燔祭をささげ、座して食い飲みし、立って戯れた」とある。逗留中のカナーン（パレスティナ・シリア）はバアル一色に染まる地なのだ(前一三世紀)。主の導きでエジプト脱出を果たしたモーセの苦労など、あっさり忘れた所業であった。

バアルの聖儀とは「主の御前で行なう悪事」だ。それはやがて社殿の祭壇を離れ「野の丘の上で（エレミヤ書第一三章）のみだらな行ない」となった。畏きソロモン王すら、ユダヤの神を奉じながら、「王妃七〇〇人、そばめ三〇〇人」に影響され、「女神アシタロテに従った」（列王記第一一章）。ユダヤ教の預言者エリヤはバアルの預言者四五〇人を討ち取り、前七世紀にはユダヤ王ヨシアも、バアル壊滅に懸命となる。だが、前六世紀、国土がアッシリア勢力に席巻され、取り締まりも緩くなると、またぞろあの祈りが復活した。エゼキエル書第一六章では、風習化した人々の放縦な生きざまを、強い危機感の内に描く。他国による侵略は主の下した天誅と言わんばかりだ。もっとも社殿での「聖なる売色」はメソポタミアその他でも存在した慣わしで、ギリシアの史家ヘロドトスは、バビロンの女神社殿でそんな情景を目撃、またキプロスに同様の箇所ありと聞かされた旨を記す。

バアル神（左）とアスタルテ（右）の像。

　この信教の中心となるのはバアルベクだが、「主の邑」を意味するフェニキア人のこの地には、「ノアの洪水」以前から宮、つまり社殿があったといわれ、前一〇世紀にそこへソロモン王が城館を建て、シバの女王に献じたという。黄金の仔牛像とは別に、アッシリアにあった黄金の太陽神像が本尊として新設の社殿に運び込まれ、これが太陽神信仰の中心となった。

この像は元来エジプトからアッシリアに贈られもので、左手に麦穂、右手に雨を呼ぶ雷の象徴、鞭をもつ。前四世紀、マケドニアから到来したアレクサンドロス大王の勢力がこの地を征すると、「ヘリオポリス（太陽の都）」と呼ばれるようになり、またバアル神はディオニュソス、女神はアフロディーテに准えられて、ギリシア的色合いにそまった。

さらに、前一世紀にローマのユリウス・カエサルがこの地を征服、男神、女神の呼び名をローマ風にユピテル（ジュピター）、ウエヌス（ヴィナース）に変えた。カエサルの孫アウグストゥスは、現住民フェニキア人との融和のため、彼ら自身の太陽神に見合う新たな神殿造りを許可した。様式は六角形、双塔などフェニキア風特有のもので、建築技術に秀でたフェニキア人が、ハダッド（バアル神に対応）、女神アタルガティス（イシュタル、アスタルテに相当）、それにフェニキア人特有の神アドニスを加え、三神殿築造に腕を揮《ふる》った。

一七五九年、バアルベクは大震災に襲われ、ユピテル神殿は六本の大外柱以外すべて崩壊したが、アタルガティス神殿は比較的原型をとどめており、内壁、大扉には卵・アカンサスの葉・ブドウの苗木などの浮き彫りが散見され、生命再生への願望が表される。他にもケシの彫り物が目立つようだ。この神殿地下の奥まった部屋では、農作物の豊穣と生き物の多産を祈願する聖儀「オージー」が行なわれた。ケシの彫り物は、「オージー」の際のアヘン使用を窺わせるという。また横長の石材の一つに、踊る巫女たちの脇でフルートを奏でる摩耗した浮き彫り像がある。二〇世紀はじめ、これをあるドイツ人考古学者がうがった解釈をして、バッカス狂宴の場面と捉えて西欧に紹介したため、バッカス神殿と命名された。『大英百科事典』などが採用している。だが、これは誤りという。生命の源たるファルス崇拝が曲解させたのかもしれない。

イエスが地上に生きた時代は、バアルベクのフェニキア三神殿の建造時期と重なる。これら神殿の噂は、二五〇キロ離れたエルサレムにも届いていたであろう。イエスよりはるか以前、いや、モーセ以前からパレスティナにバアル・アシタロテ信仰は根を下していたのだ。その誘引力は強い。放ってはおけない。イエスには、太陽神やその随伴女神との闘いこそ第一義だったのであろう。新約聖書の『ルカ伝』『ヨハネ伝』に登場するマグダラのマリアは、おそらく「神殿娼婦」の一人で、聖母の子イエスに出会い、悔悟の涙を流しつつ真の教えに目覚めた女人の範例として示される。食物の豊穣、生命繁栄への祈りが、抗いがたい情欲の要因となる。太陽神信仰の制御こそイエス活動の主眼であった。

新約聖書の四福音書でイエスが、名指しでバアル・アシタロテ／アタルガティス信仰を咎めることはない。代わりにイエスは、「作物や家畜多産への祈りは『肉』の願求に留まる、『霊』の祈りつまり死後の永遠の命こそ祈願せよ、イエスは預言者や大祭司でなく、天上の父神に直結する神そのもので、その教えに従えばそれは叶う。人は誰も聖霊を身にもっている。それを穢すな」と説くわけだ。「人は、肉の欲によらず、人によらず神により生まれる」(ヨハネ福音書)。また十字架の横木と縦木は、それぞれ信者に「食物」と「永遠の生命」授与を意味するという。食料をバアルに頼らずともよい、というわけである。

それでもバアル・アシタロテ信仰の残存者はおり、パウロの時代にも、神聖男娼はいた(コリント人への手紙第六章)。太陽神への祈りも作物・多産の豊穣よりは、「情欲、乱行」「淫乱と好色」の隠れ蓑なのだ(ローマ人への手紙第一章、一三章)。バアル・アシタロテ信仰の勢いは増し、キプロス、キリキア、果ては南欧(シチリアやニーム)へも広まった。とくにフェニキア(シリア・レバノン)近隣のアンティオキア、パルミラ、ベイルート、シドン(サイダ)、アッコン、カルメル、ナーブルスなどの町々に五〇を超える社殿が設けられていく。もっとも常に男神と女神が一緒だったわけでなく、アシタロテは、シドンの女神ともよばれた。

四世紀、キリストの加護を確信し勝利したコンスタンティノス大帝は、キリスト教をローマ帝国の国教とし、エウセビウスによれば、「聖なる売色」などバアル・アタルガティス信仰にまつわる一切を厳禁した。またレバノン山の西側二カ所にあった秘儀を行なう社殿を取り壊した。とくにバアルベクに対しては、ユピテル(バアル)神殿前庭に「処女(聖母)教会」の築造命令を発し、司祭などキリスト教聖職者の配属を計った。多くの民がキリスト教に帰依した。アドニス神殿も教会に模様替えされ、当地出身の聖女バルバラに奉献、半壊のかたちで現存する。しかし土地の民は、バアル神・社殿の廃止で来訪者が激減し邑に金が落ちなくなるとして、こぞって猛反対し、改宗した娘たちは、劇場の舞台で髪を切られ丸坊主にされ、生身を裂かれ、腸をブタに食《は》まれた。またその後、ローマ皇帝は一様にキリスト教化へ邁進《まいしん》したわけでなく、太陽神信仰は根絶されずに因習化した。

◉バアル・アタルガティス信仰と先端の数理的芸術的叡智

太陽神信仰は情欲に根差し、しぶとい。コンスタンティノス帝より四〇〇年後、ユダヤ教・キリスト教を踏まえ、アッラーの名を出して一神教の立場から太陽信仰・多神教・性愛肯定を斥けたのは、イスラムの開祖ムハンマドであった。彼はバアル信徒などを「サタン（敵）」と呼び、啓典「コーラン」の主旨はその排斥だと明言する。その対象はバアルを表象する仔牛像だ。現世で「サタン」に打ち勝ったと審判された者だけが、来世で尽きせぬ果実と、数知れぬ美しき処女との無限の悦楽を得るが、屈した者は地獄行きだというのだ。

それから三世紀後、パレスティナに到来した十字軍のフランク人たちは、戦いで各地を駆けめぐる間に、バアル・アスタルテ祭礼の実態に出食わしたり噂を聞いたりして大いに動揺しながら、反面、抑圧や鬱積から解放される思いもし、その果てに、「サタン」にも、

†

イスラムにも敗れてしまう。西欧キリスト教徒は、イエスや聖母ゆかりの聖地にあって、対極の世界に分け入ってしまったのだ。

「若駒」エルヌゥルも語った風評が、フランス本国にも伝わっており、「フランス王家年代記」には、ハッティンで敗北を喫した一一八七年の項に、「僧籍も一般の民も、さまざまな極度の邪淫に溺れ、王国中が罪業と乱行にうす汚れて、僧衣を纏う者すら、破廉恥にも戒律が定める節度の限界を超えていた……。サラディンは、自軍の勝利は戦力でなく相手方の堕落乱行ゆえである、と繰り返し語った」と記述される。「僧衣を纏う戦いの相手」とは、テンプル騎士団を指すといわれる。おそらくサラディンは、西欧キリスト教徒がバアル・アタルガティス信仰に出食わし、どう影響されるか注視したのだろう。それにつけ、肉親すら女性には触れずと誓わされたテンプルの戦士が、太陽神と出逢ったことで節度を越えて陥った乱倫とは……。

余談ながら、西欧にもキリスト教以前の土着神があり、これも多かれ少かれ太陽信仰につながり、奔放な一面を秘めているが、初期キリスト教会は一気にそれを斥けず何とか折り合いを付けようとした。また夏至の前日に限り教会は欲望解放の集いを黙過した。シャルトルの大聖堂は、土着の旧ドルイド教神殿の跡地に建てられたが、かつて夏至の六月二二日、信者に自由奔放、放縦極まる一夜が許された。そして翌朝、洗礼者ヨハネの祭礼日に心身を浄めたのである。

バアルベク大神殿跡。

ちなみに南フランスや南イタリアに多いテンプル教会は、洗礼者ヨハネに奉献されている。テンプル人は、この聖人による浄めを必要とする何かに染まっていたのか。後年、それは彼ら自身の口から多少とも明かされる。他にも、例えばアイルランド教会は十字架に日輪を重ねた。「永遠の命」を第一義とし、地上における生命再生の営みを容認しつつ抑える。それにひきかえローマ教会は太陽神と分裂したまま並存した。教皇庁は近辺に娼家の林立を黙認し、上がりの一部を納めさせた。つき離された裏の世界と闇の異界は膨らんで魔女や悪魔を生んだのである。

文学・演劇・音楽において、バアルベクやアタルガティスの世界は人間探究のテーマとなる。フランス中世文学の果実「アムー

パルミラのバアル神殿。

ル・クルトワ＝宮廷愛」は、太陽神的性愛の浄化だ。リヒャルト・ワグナーの歌劇「タンホイザー」は、冒頭で「ウェヌスベルク（ヴィーナスの丘）」を舞台とする。まさに女神アタルガティスの世界だ。主人公はその内と外とをさまよう。フランス人作家マルセル・プルーストは、『失われた時を求めて』第二篇「花咲く乙女たちのかげに・土地の名」の中で、バアルベク（バールベック）の名を北フランス海岸の保養地にあてる。病弱ながら主人公は、行きかう若い女たちの姿に疼《うず》きを覚えるが、友人から「その気になれば、皆応えてくれる」と言われて、目の前がぱっと開ける思いをする。またステルマリアという姓の娘を、その様子から官能に生きる典型として登場させる。もともとここは束の間の出会いを求めて男女が寄り合う土地柄で、近東にある異教信仰の中心地の名をこれに当てたのは、当時、ヨーロッパ人による大規模な現地発掘調査が話題を呼んだためであろう。

ユダヤ・キリスト教は、永遠の命と引き換えに情欲を抑え込む。イスラムは、男性側に偏るものの、バアル・アタルガティス的な官能の悦楽を来世までお預けとした。日本でも、豊作・多産を祈願するファルス信仰が九州に残存する。仏教の説く「因果応報」は、その行き過ぎを抑えるわけだ。

しかし当時、近東の異教世界が垣間見せた別の側面は見落せない。イエスが地上に生存したのと同じ時代に築造された壮麗なバアルベク三神殿は、巨大石材（推定重量一〇〇〇～一五〇〇トン）を基礎部分とするが、それらは数千年前のものとされる。工作者のフェニキア人は驚くべき運搬・加工能力を備えていたのだ。彼ら（ユークリッドもその一人）は、古より高度な数学、物理学、幾何学の智識を開拓し、精密な大型工作機具を考案、駆使してきた。八世紀以降、彼らの科学的叡智はユダヤ・イスラム両教徒を啓発して存在世界の探究に向かわせ、宗教間の争いなど無意味とする方向に導いた。西欧キリスト教徒は、度し難い異教世界に仰天し心乱されながら、そこに驚異の資質を発見し、驚嘆する。『コーラン』は、「ソロモン王のもとで家屋建造にあたった」サタンに言及する。まさにこれはフェニキア人を指すと考えられ、あの聖儀を行なう彼らが、同時に、突出した比類なき叡智の持ち主だったことが浮上する。

◉バリアンの撤退交渉、サラディンの温情

さてバリアンは、先の話し合いの翌日の一一八七年一〇月二日、再度サラディンと会見、

†

「生命の安全を保証されよ、聖都は明け渡し申す」と口火を切った。

「お手前らに救援のあてなどない。我々が武力を使えば聖都は楽々陥落。だが、慈悲にすがりたい、奴隷として扱われてもよいというなら聞き届けよう」とサラディンは答えた。するとバリアンは、「聖都のキリスト教徒は、死を忌み生きたいと望んでいる。しかし死が不可避と見たら、神に代わり、わが子も女たちもあやめ、財産を焼き払い、誰一人捕囚にはならぬ。岩のドームを破壊し、イスラム側捕虜五〇〇〇人を討ち滅ぼし、馬も使えぬよう殺す所存。かくて残れる者は遮二無二あなた方と戦い、打ち倒される以上に打ち倒すでありましょう。我らには、誉れある死か、輝かしい勝利か、二つにひとつです」と、腹を据えて述べ立てた。捨て身であった。

しかし最後に、バリアンは「ご慈悲を」と相手に乞うた。この一言をもって、西欧キリスト教徒が一〇〇年掌握してきたエルサレムは陥落した。

サラディンは、これに答えた。「キリスト教徒との戦いを始めてより、多くの血が流れ、多くが殺された。それに鑑み、私も約束したとおり慈悲ある措置を取ろう。よいかな、都人は、戦に破れたかたちで降伏してもらいたい。我が方は家具、金銭には一切手を触れぬ。身柄は拘束されるが、身代金により自由となる。それが払えねば捕囚である」

そして身代金として、男子一人あたり二〇ブザント、女子一〇ブザント、子供五ブザントを提示した。バリアンは、「これほどの額を払える住民は一〇〇人に二人。どうかもっとお考え下され」と請う。サラディンは「神に免じ、また願い出た者の顔を立て」男女につき半額、子供は一ブザントまで引き下げた。また支払い能力のない二万の民については一括二〇万ブザントを提示、それ以上は下げぬと強く言った。それでもとても払える額ではない。

「七〇〇〇人分なら、いかほど?」バリアンは小出しに詰めていく。サラディンが「五万」というのをバリアンは粘り、「三万」で決着、またサラディンは、女子二人、未成年者一〇人をそれぞれ男子一人と数え、四〇日以内に所有物件の処分、身代金完納、聖都退去を果たすなら、無事キリスト教徒の領域まで送り届ける、と提示した。

バリアンは万感の思いで「この和平内容に我方全員が同意の暁には、聖都エルサレムの鍵をお渡しする」と、相手に告げた。そしてエルサレム市内に戻った。

彼は、総大司教はじめ、集まったテンプル・ホスピタル両騎士団の生き残り組、有力町衆に、交渉の経緯、結果を報告した。一括三万ブザント支払い分については、イングランド王ヘンリー二世がホスピタル騎士団に預けた分を回すと決まった。カンタベリー大司教トマス・ベケット殺害を悔いて多額寄進したものである。テンプル騎士団も同様の資金を預かるが、総帥リドフォールが所在不明のため、預かり金を動かせなかった。

「致し方なし」と、皆、バリアンの持ち帰った取り決めを受け入れた。

城門の鍵がサラディンに届けられた。彼は大満悦で、ダヴィデの塔に自分の旗を掲げた。

また城門はすべて閉じ、ダヴィデ大門のみ開けて、キリスト教徒が勝手に抜け出られないよう番兵を配した。サラセン人はここを通って城市を去るキリスト教徒から所持品を買い上げていた。さらに、ダヴィデの塔に役人と書記官がおり、身代金納入はそちらへと市中に触れが出された。

するとサラディンのもとへ弟サファディンがやって来て、「自分も当地掌握に手を貸したのだから願い事を聞いてほしい、身代金の払えぬキリスト教徒の民人一〇〇〇人を貰い受けたい」と頼み込んだ。どうする気かと訊ねられて彼は、「なに、思うようにしたいだけ」と答え、この民人一〇〇〇人を貰い受けると、全員を解放したのだった。また総大司教もやって来て、「金策のつかない哀れな民を多少なりとお引き渡しを」と懇願した。それは聞き届けられ、五〇〇人が身柄解放された。

するとバリアンも同様に願い出て、さらに五〇〇人が自由の身となった。それだけではない。「弟も総大司教もバリアンも施しをしたからには、私も」とサラディンは、金のない者全員、聖都から退去せよと触れを出した。情けが情けを呼んだのである。だが退去する際、番兵により身代金相当の金品所持が見つかれば、引き戻されて投獄された。また金のない者全員とはいえ、青少年と老人が対象で、老人は外側城壁の外に出され、若い男女は内側城壁と外側城壁の間に入れられた。何か意図があったのであろう。

聖都城壁内には、まだ一万一〇〇〇人が外へ出られぬまま留まっていた。バリアンは、総大司教とともにサラディンのもとへまた出かけていき、「どうか自分たち二人を人質にし、これら金のない大勢の者たちを解放して下され、彼らの身代金はキリスト教圏で十分な額の寄進が得られ次第、お支払いするゆえ」と訴えた。だが相手は、一万一〇〇〇人をたった二人の人質に取りかえるなどできぬ、話はこれまで、あとは打ち切り、と答えた。

身代金によりエルサレムを後にした人々の中には、サラディンのもとに来て、父や夫が捕虜になったり、討ち死にしたりして、「今後どうやって生きていったらよいやら」と涙ながら訴える女性たちがいた。「気の毒じゃ」とサラディンは心から同情し、涙すら見せた。それから領下の獄を調べさせ、捕囚の中に女性たちの父や夫がいると判明するや、すぐさま釈放させた。戦死と分かれば、妻子の境遇に応じ十分なものを与えた。

こうした温情を、彼はその後も見せた。クラック・デ・シュヴァリエといえば、ホスピタル騎士団がエルサレム王国の最北部を防衛する大城塞で、王国崩壊後も長く持ち堪えるが、飢えには勝てず、食糧を得るため、城塞内に住む女子供がサラセン側に身売りされた。だが、それも尽きてついには明け渡しとなる。サラディンは喜んだものの事情を知って憐れみ、奴隷となった女子供の身柄を買い戻してやるのだった。それから十分なる金子を与えると、キリスト教徒の領域まで護衛をつけて送り届けた。夫たちの不在中も精一杯、大城塞を守り抜いた心意気を買ったのである。

異教の君主が示した温情を、これら女性たちは天主キリストと同胞の前で永く褒め称える。こうした事情を語り伝えるのは、現地で直にあれこれ目撃した「若駒」の一人エルヌールである。イスラム側史家イブン・アラトヒルも概ね同じ内容を語る。サラディンの見せる「武士の情け」は、今後あり得る西欧側の苛烈な大反撃をかわしたいためか。またそれをキリスト教徒が語るのは、今後もやむなくパレスティナに留まるキリスト教徒のため、サラディンの心証を慮ったせいなのか。ともかくこの時、異教徒同士、心を交わし合ったのは確かなのだ。

冬のおわり、騎士、商人、老若男女、貧富の区別なく、キリスト教徒は聖都はじめエルサレム王国圏の各地を去っていった。その人の数夥しく、サラセン人は驚いていた。女王シビーユや総大司教エラクルはじめ、聖都を発った人々は三グループに分けられ、受け入れ先となる北のトリポリ伯領、アンティオキア公領、それにアルメニア王国に向かった。どれも一応キリスト教徒の領国である。道中それぞれテンプル騎士団、ホスピタル騎士団、バリアンと総大司教所属の騎士隊に護衛されていたが、老人・幼児・女子を大勢かかえ、昼に夜に苦労の連続であった。なお総大司教エラクルは、聖墳墓教会や岩のドームに収蔵された財宝をごっそり持ち去ったという。

バリアン本人は最後まで居残って、サラディン側と詰めの折衝を行ない、アスカロン、ガザのキリスト教徒は、近いエジプトのアレキサンドリアから、海路帰欧するよう計らった。

しかしこうしてエルサレム王国を去った者たちは、辿り着いた先で、同じキリスト教徒から冷たい仕打ちを受ける。北では、トリポリ伯レイモン三世が城門を閉じて中に入れず、野営する彼らを配下の騎士に襲わせ、裕福そうな商人から金目のものを奪った。大半が去った後、居留まった者たちだけが、ようやく城内に入れてもらえた。

南のアレキサンドリアに集合してきた者たちは、城外に野営し周りを丈夫な柵で囲ってもらい、被害・危害を蒙らないよう昼夜、警護された。市内からはイスラムの慈善家らが毎日やって来て、貧しいキリスト教徒の民にパンや路銀を恵んでいた。これに比べ、所持金を持つ富裕なキリスト教徒は、商品や金目の物品を買い付けて船荷とし、大儲けを企んだ。港にはイタリアの通商都市ジェノヴァ、ピサ、ヴェネツィアの船舶三六隻が到着、渡航費の交渉が行なわれたが、その総額たるや莫大であった。船賃の払えない約一〇〇〇名が置き去りにされかけると、サラセン側は、「全員を乗せるまで預かった帆柱と舵を返さぬ、サラディンと交わした約束を裏切るな、彼らには我々がパンと水を与える、福音書にかけ誠意をもってキリスト教国の港まで運ぶと誓約せよ、もし彼らを別の港に降ろしたり、彼らに危害を加え卑劣な振舞いに及んだと判明したら、当地に到来する同国の商人に責任をとってもらう」と断言した。

一一八七年一一月から翌年三月にかけ、キリスト教徒はエルサレムを去っていった。その後二度と、キリスト教徒が征服者として聖都に入ることはなかった。イスラムは、戦力よりも品性で異教徒を圧した。それを見究める「若駒」の視線があった。

ローマ教会に所属しないシリア派、アルメニア派、グルジア派などのキリスト信徒は行き場がなく、イスラム優勢の状況下では奴隷的立場におかれた。

「聖墳墓教会だけは何としても守りたい」という思いから大金を積んでこれを買い取ったのは、シリア派信徒であった。

●サラディン、聖都のキリスト色を払拭。ティール、トリポリ奪回は成らず

テンプル騎士団聖都分団長チエリは、ハッティンでの敗北報告書簡の半年後の一一八八年一月、イングランド王ヘンリー二世に、エルサレム陥落の模様を伝える。これにイスラム側史家イブン・アルトヒル、聖地のキリスト教徒エルヌールの語りを拠りどころに要約してみる。

まずはサラディンの命令で、「ソロモン神殿＝アル＝アクサ・モスク」の屋根に立つ大きな金メッキの十字架が地面に叩き落とされた。ついで、綱に結わえられ、足蹴にされながら二日にわたって街中をひきずり回され、「都中を清める」と手始めに公然と杖で打たれた。罵声が飛び交うなか、次にダヴィデの塔まで引きずられ、バラバラにされた。街中、居残るキリスト教徒のむせび泣きとイスラム教徒の歓声とが入り混じって、それがいつまでも聞かれた。

やがて、アル＝アクサ・モスクあたりから、芳しい香りが漂った。バラの香りである。サラディンは、ダマスカスからエルサレムまで大量のバラの香水を四、五頭のラクダに荷なわせ、運ばせてきた。エルサレムの主となった彼は、まずこの香水で、テンプル騎士やエルサレム王らキリスト教徒の居住した空間を洗い清めていく。

またサラディンは、テンプル騎士団がアル＝アクサ・モスクに隣接して増築した家屋を取りこわし、またモスクの修復と、モスク内部に書かれていたコーランの経文を正確に蘇らせよと命じた。ついで、コンスタンティノープルから取り寄せた類まれな大理石とモザイク材を内壁に張りめぐらせ、イエス像などを覆った。向かいにある岩のドームでは、かつてキリスト教の僧が岩を割ってその破片を同じ重さの金と引き換えに巡礼記念として売っていたのを、エルサレム王がやめさせ、大理石で岩の上に床に敷いたのだが、サラディンはその床をすべて剝がさせ、コーラン説教台をしつらえた。

エルサレムのテンプル騎士団総本部は姿を消した。

次いでサラディンは、ティール奪取に取りかかった。一一八七年一一月、彼は、エルサレムに居留まるキリスト教徒をティール城壁下まで連れてきて、「聖都は陥落した」と告げさせた。だが領主コルラドの戦意は削がれない。内陸側にある堀に工事の手を加え、両端を海とつなげたため、城市は島のようになり、接近困難となった。コルラドは海路トリポリからの食糧補給を図ったが、サラディンはガレー船一四隻でそれを封鎖した。逆に、コ

†

ルラドがサラセン側ガレー船を港内に誘い込んで閉じ込め、積荷を略奪した。陸でも日に二、三度、交戦があった。

サラセン勢が城壁を切り崩してなだれ込もうとすると、逆にキリスト勢は捨て身で城門のすべてを開け、打って出て相手を押し返した。テンプル・ホスピタル両騎士団は海戦で敵方を大勢斃し、敵船を一〇隻以上拿捕《だほ》した。冬を迎え、サラディンは攻撃を止め、自軍のガレー船、攻撃具を自ら焼いて退去した。

それでもサラディンは意気盛んであった。一〇〇年近くサラセンの地を蹂躙してムハンマドを辱めてきたフランク人を概ね叩き出したのだ。「今後は自分がキリスト教徒の島々や領国に攻め入ってやる」。彼はそう息巻いた。サラディンはその後、トリポリ伯領内にある大城塞クラック・デ・シュヴァリエ、トルトサ大城塞、シャステル・ブラン城塞を押さえた。とはいえ今後の西欧勢力の巻き返しに備え、沿岸地域のヤッファ、アッコン、ティール、トリポリ、ベイルートの完全掌握が必要であった。

一一八八年夏、サラディンはトリポリ攻囲にかかった。「サラディンの思うようにはさせない」。コルラドは、ティールからトリポリ救援の船隊を送り出した。その中に、かねてより評判のスペイン人テンプル団員、「緑の騎士」がいた。戦ではさっそくサラセン側も舌を巻く冴えた腕前を披露し、彼らを蹴散らした。兜上の鹿角、武具、馬の装具までも総て緑色で、それが呼び名の由来であった。サラディンは興味をそそられ「ぜひお会いしたい。お越しあれ」と当人を招いた。緑の騎士がやって来るとサラディンは「ようこそまいられた」と歓迎し、馬、金子、宝玉を贈ろうとした。緑の騎士は一切辞退する。サラディンは、「長くそばにいてくれるなら領地も授ける」とまで言ったのだが、相手は「サラセン人のもとに居留まってはおれぬ、彼らを力一杯叩くのが本分でござる」と言い棄てて暇を告げ、帰去した。「この手の戦士が相手では、難儀な戦となろうな」。そう予測してサラディンは、トリポリ側と向こう八カ月間有効の休戦協定を結び、一一八八年一〇月末、ダマスカスに帰還する。

サラディンがトリポリを離れる前、この地にいたエルサレム女王シビーユがアスカロンで夫君ギー王と結んだ約束に則り、王を解放するよう彼に要請してきた。王は、ダマスカスの獄中にあって解放さるべき九人をすでに選んでいた。

ギー王に選ばれ獄舎を出た九人は、まずトルトサに召喚され、サラディンの前で不戦を誓わされた後、海沿いに南へ約七〇キロ離れたトリポリへ送られ解放された。

その後エルサレム王ギーは、女王シビーユを伴なってティールに現れ、領主コルラドに開門を求めた。西欧からの援軍到来までこの地で待機を、との進言を受け、一一八九年の夏に到来したのだ。だがコルラドは、「当地は私が神より授かったもの。一歩たりとご入城あいなりませぬ。野営なされ」と言い放った。憤りながらギー王はアッコンに向かった。

そして町を見下ろす聖ニコラウスの高台に陣を張ると、小勢ながらサラディンが押さえた

†

アッコンの城市を攻囲した。

テンプル騎士団総帥リドフォールは、身柄解放後、行方知れずとなったが、イブン・アルカヒルによれば、サラディン勢がアンタルトゥス（トルトサ城塞下の城市）を攻囲中、城塔の一つに詰めるテンプル戦士の中に、総帥の姿をみとめたという。その後、彼はギー王と合流しアッコン攻囲に加わったが、その最中、サラディン側に捕まり、一一八九年一〇月上旬、不戦の誓いを破った廉で処罰されたのだった。

第七章　聖地奪回に総力を傾ける西欧勢

◉独仏英三君主、第三回聖地遠征を決意

エルサレム陥落・喪失は、テンプル聖地分団長の書簡の他、ティール大司教本人の口から西欧に伝えられた。彼は、領主コルラドに頼まれ、高速のガレー船で西へ発った。この大悲報をもたらす船は、帆も帆柱も真っ黒に塗ってあった。大司教一行は辿り着いたシチリアの地からローマへ直行した。サラディンによるエルサレム奪還は、イスラムがキリスト教にまさる証左となりかねない。衝撃を受けた教皇グレゴリウス八世は、大司教らに仏英独各国で新十字軍遠征を宣布させた。

西欧は総力あげてサラディンと戦う構えである。旗上げしたのは、各国君主、神聖ローマ皇帝フリードリヒ一世赤髭帝、フランス王フィリップ二世尊厳王、そしてイングランド王リチャード一世獅子心王、いずれも歴史に名高い存在である。

さすがのサラディンも狼狽《うろた》えた。彼はバグダッドのカリフに宛てイスラム連携の要を強

く訴える。ところが西欧三君主反撃の大攻勢も、緊密な連携や協力があってサラディン側と戦ったわけではない。じっさい経緯も結末も、尻すぼみで呆気《あっけ》なかった。フリードリヒ一世は遠征途中で溺死、フィリップ二世はアッコン奪回を果たすや、さっと帰国、イングランド王リチャード一世は往路キプロス島を征服し、失われたエルサレム王国に匹敵する領土を獲得したものの、聖都の奪還は成らなかった。

フリードリヒは、騎士・騎馬従士四万、歩兵数万を率い、陸路からビザンツ帝国領であるバルカン半島とアナトリア（小アジア）を経由しパレスティナを目指した。ビザンツ圏は当時の最先進地域で、目につく豊かさにドイツ人は苛立ち、バルカン半島では略奪行為を繰り返し、アナトリアでは商人を怖がらせたために物を売ってもらえず、食糧に事欠いた。

フリードリヒは、「ビザンツ帝国だと？　ただのギリシア王国ではないか。今に我が神聖ローマ帝国の支配下に入ろう」と豪語した。一一九〇年六月、彼は途上、小アルメニア領セルフ川で暑さしのぎに水浴びする。が、流れにはまって溺死してしまう。ドイツ軍団は、そのままアンティオキアに向かった。軍兵四万はさまよう屍《しかばね》のようで、次々に斃れていった。アンティオキア公の計らいで生き残った一〇〇〇人ほどがトリポリから海路アッコンを目指したものの、途中、船は浸水して沈没、全員、海の藻屑《もくず》と消えた。

ドイツ勢の姿が失せた頃、フランス王に先立ってシャンパーニュ伯領領主アンリ二世が到来した。フィリップ二世の動きは遅々としていた。一一五二年、父王ルイ七世の前妻アリエノール・ダキテーヌがノルマンディー公アンリ（イングランド王ヘンリー二世）と再婚、広大なアキテーヌ公領がイングランド王領となっていたからだ。フィリップ二世の最大の関心事はこの公領の奪回であり、まずその一角であるアンジュー伯領を、ヘンリー二世とアリエノールの子リチャードと組んで平定した。一一八九年七月、イングランド王は息子の裏切りに憤死する。フランス王はリチャードにアンジュー伯領を継がせ、臣下とした。

その後リチャードはイングランド王としてロンドンで即位し、一一九〇年三月、イングランド王領であるノルマンディー公領の府カーンに渡り、フランス王と十字軍遠征の日取りを決めた。

その後フランス王は、王家墓所のある聖ドニ教会で巡礼用の肩かけ袋と杖をもらい受け、パリを出発、北イタリアのジェノヴァから船出した。だが途中、暴風雨に遭い、難破の一歩手前で、どうにかシチリア島東部のメッシーナに辿り着いた。

リチャード一世はマルセイユから海に乗り出し、まずシチリア島西端パレルモに立ち寄った。シチリア王妃ジョーンはリチャードの妹にあたる。イングランド王は陸路七日かけてメッシーナに移動し、フランス王と再会、打ち合わせを重ねた。

一冬を過ごして一一九一年三月末、フランス王は軍船で、イングランド王はその一〇日

†

後、高速ガレー船で東方へ発った。

フランス王は四月下旬にアッコンに到着した。しかしリチャードの方は、途中、キプロス島を攻略、奪取する。キプロス島の領主はビザンツ帝国の一貴族で、島南の要港リマソル周辺に陣を構えていた。そこへ兄リチャードのあとを追うシチリア王妃を乗せた船が通りかかった。ビザンツ側は使者を遣って「下船してご休息を」と勧めながら、先を急ぐ王妃一行を捕らえる動きに出た。そこへイングランド王の船隊が到来、彼は「よくぞまいった」とシチリア王妃ジョーンをねぎらうと、舳先《へさき》をリマソルに転じて進撃を開始、たちまち領主は馬で遁走した。

シチリア王妃が兄の後を追って来たそのわけは、母親アリエノールがリチャード一世の結婚相手としてスペインのナバラ王家から連れてきた姫ベレンガリアを、先に船出した兄に届けるためであった。彼はフランス王の実妹を娶るはずであったが、アリエノールが、前夫であるフランス王ルイ七世が再婚して得た娘を、自身が産んだ息子に娶わせるのを忌んだためである。リチャードとベレンガリアは、リマソル郊外の教会で挙式した。

その後、前エルサレム王ギー・ド・リュジニャンがリマソルにいるリチャードのもとへ、高速ガレー船で駆けつけた。アッコンから海上二〇〇キロ弱、一日半の行程である。彼は一一九〇年一〇月に妃であるエルサレム女王シビーユを亡くし、国王の称号も所領も失っていた。ギーはイングランド王の船隊指揮をまかされ海上を直行した。リチャード自身は島内を平定しながら前進、ある要砦堅固な城砦に潜伏中のビザンツ領主を見つけ、身柄を確保し、収蔵される莫大な金銀財宝を手に入れた。

キプロス全島と巨万の富は、テンプル騎士団の管理下に委ねられた。リドフォールを継いだ一一代目総帥ロベール・ド・サブレは、リチャードの臣下で、その信頼は厚かった。パレスティナで領有地を失ったテンプル騎士団は、蘇生する思いであった。

イングランド王は、フランス王より一カ月遅れの五月下旬、アッコンに到来した。

◉アッコン攻防と仏英の確執

一一九一年五月末から六月にかけて、フランス・イングランド両王ひきいる軍団がパレスティナ最大の着港地アッコンに勢揃いした。西欧側は、エルサレム再征服の建前を大きく掲げる。サラディンは、キプロス島を奪取してきたイングランド王の到来にたじろいでいた。

アッコン城市のサラセン勢は攻囲され、連日総攻撃をくらい、食糧不足に陥った。巡礼船でアッコンに到着した十字軍勢は、城市の周りを海側の端から端まで取り囲み、また堀を築いて近くの川の流れを引き入れたため、淡水が城市の井戸に回らず、また堀から汲み上げる水は海水混じりで飲めず、しかも兵糧はキリスト攻囲勢に阻まれ届かずで、サラセン勢は疲弊する。

†

ところが、そこへサラセン側に加勢が到来し、キリスト攻囲勢を包囲する。今度は、キリスト側が食糧補給路を断たれ、価格高騰、空腹に堪えかねた一万の従士が騒いで軍団のお偉方に訴えた。しかし埒があかず、ついに彼らは敵方陣営になだれ込んで、兵糧を担ぎ出そうとした。

サラディン勢はそこへ一斉に撃ちかかり、全滅させた。故意に従士らを陣中へ誘導したのだ。キリスト勢とサラセン勢の比は、一対一〇であった。

攻囲陣を包囲する形勢は硬直化した。結局、サラディン側から西欧の両君主にアッコン明け渡しの交渉申し入れがなされた。サラディンは、アッコン城市内にいるキリスト教徒の捕虜を解放するから攻囲陣を遠ざけよ、そうすれば聖十字架も返すという。キリスト側が渋る間、サラディンは城市内のサラセン勢に「夜半、城壁外に出よ、我が勢とでキリスト教徒攻囲陣を挟み撃ちにしよう」と通達した。ところが彼らはアッコン脱出に気が逸り、私財の運び出しにもたつく間に夜が明け、動けなくなってしまう。するとアッコンを預かるサラディン配下の一将軍が城壁外に現れ、「退去するサラセン人に財産持ち出しと身の安全を保証するなら、そこもとらに二万ディナール、またティール領主のコルラドにも一万四〇〇〇ディナールを提供し、加えて、要人捕虜五〇名と、聖十字架を返還する」と申し入れた。

一一八九年七月中旬、テンプル総師ロベール・ド・サブレの幕舎で仏英両国王立ち会いの下、休戦協定が成立した。たちまちキリスト勢は城市内に突入、街中でサラセン人三〇〇〇名を片っ端から捕えて牢に入れ、所持品を奪うのだった。フランス王は聖ニコラウスの高台を、イングランド王はアッコン城市を確保した。また従前よりアッコンに土地家屋を所有していた町衆たちは権利復活を訴え、認められた。テンプルなど騎士団は、アッコンに改めて本拠を置いた。

フランス王はアッコンで病に罹《かか》り、それが癒えるとすぐにガレー船に乗りこみ、一一九一年八月末、故国へ帰ってしまった。わずか四カ月のパレスティナ滞在であった。これはフランス王暗殺の企てがあったためで、一刻も早い帰国を側近が忠言したという。

フランス王フィリップ二世は、帰路、ローマで教皇ケレスティヌス三世に謁見、遠征の次第を報告した。

サラディン配下のある将軍は、一万ディナールを揃えたところで他の武将たちに諮り、「テンプル騎士たちは修道僧だし信頼できる。彼らに誓約、保証してもらおう」と提案する。騎士団員は今やサラディンに恭順でもある。しかし、「我々が誓約・保証しても、味方が裏をかくかもしれぬ」と逡巡した。たしかにイングランド王は一方的に「約束の全額を受け取るまで、サラセン人各位釈放の順番は、我々の裁量で決める」と高言した。サラディンは「してやられた。敵は小者しか解放せぬ気だな。大物や富者は留め置いて身代を取るつもりだ」と悟り、聖十字架返却の話を反古にした。聖十字架はダマスカスに戻された。それを知ったイングランド王は激怒して市内で捕らえたサラセン人三〇〇〇人のうち二七〇〇人を惨殺した。

フランス王が居合わせたなら、こんな蛮行を留めたであろう。それはフランス王フィリップへの背信でもあった。両王は武将格のサラセン人捕虜を折半し、今後、同格の人質交換にあてると申し合わせたのに、イングランド王が勝手に破ったのだ。

リチャードはフィリップと何かにつけ張り合うようになり、フィリップが戦士一人に月あたり金貨三枚を出すと知るや、リチャードはすぐさま四枚を提供するのだった。

◉イングランド王リチャードにまつわるいくつかの逸話

一一九七年九月はじめ、アッコンに居留まるイングランド王リチャード一世のもとに、思わぬ朗報が舞いこんだ。「現在エルサレムのサラセン勢は、他所に出払っている。今なら難なく聖都奪還が叶う」というのだ。フランス王フィリップ二世が帰欧し、再征服を諦めかけた人々は、これは天の計らいと信じた。

アッコンの守りを固めると、イングランド王は兵糧を艦船に積み込ませ、ヤッファへ向かわせた。英仏戦士団は、サラディンの息子アル＝アフダル指揮下の軍勢の攻撃を受けつつ地中海沿いに陸路を進み、ハイファ、アトリト、カエサレアと辿る。アルスュフまで来て、サラセン勢の猛攻に拍車がかかり、弩の矢雨に晒《さら》されながらヤッファまで到達、しばし駐屯後、エルサレムに向け進軍した。イングランド勢は先手を、フランス勢は殿《しんがり》を受けもち、フランス王の名代をブルゴーニュ公ユーグ三世が務めた。

　ブルゴーニュ公の顔色は冴えなかった。ヤッファからエルサレム二〇キロ手前の地点に来て、ユーグはフランス王に近しい面々を呼び寄せ、こう切り出した。「方々、フランス王は帰国なされたが、精鋭なる全フランス騎士団は当地に留まっている。わが勢に比べ、イングランド勢はわずかじゃ。だがな、我らがエルサレムを奪還しても、世間はもっぱらイングランド勢の壮挙と称えるであろう。フランス王は大いに面目を失い、非難を浴びよう。そして、フランス王は逃げ、イングランド王が聖都奪回を果たしたと喧伝し、イングランド王の評判ばかり高まろう」

　そう言うと、こともあろうにブルゴーニュ公は引き返してしまった。フランス勢の大半はブルゴーニュ公に従った。イングランド王リチャードは「ご覧あれ。聖都があれに」と勧められると、さっと目を覆い、「聖都を征せられぬ身じゃ。見る資格もなし」と愁嘆《しゅうたん》した。リチャードはヤッファに退いた。ブルゴーニュ公はアッコンまで帰る。リチャードも後追いしていったんアッコンに戻った。前後してサラディンは、配下を率いてヤッファに向かい、これを攻囲した。

　ヤッファから救援の要請を受けたイングランド王は、アッコンのフランス戦士団へ同行を頼み、同意を得ると、救援勢力をテンプル・ホスピタル騎士団に委ねて陸行させ、自らは

†

一部戦力とともにガレー船に乗り込んで昼夜を分かたずヤッファへ進んだ。到着するや、敵方に分取られたヤッファ城砦に乗り込み、馬を下りて配下とともに大奮闘し、これにサラセン勢は皆恐れおののいて逃げ帰り、「イングランド王が、我が方を殺しまくっております」と告げた。

リチャード一世は大勢を討ち取り、城砦を奪い返した。その様子を知ったサラディンは、「馬を下りて、だと？　王者に似合わぬ」と言い、従士の一人に「高貴の身で、臣下同様、徒とはな。馬に鞍つけ届けよ」と命じた。だがイングランド王は、馬を届けてきた従士に礼を述べると、配下の一従士を乗せ拍車をかけた。馬はもと来た道を帰った。サラディンとしては面目丸潰れだ。

こうした逸話が広まり、近辺のサラセン人はイングランド王に大変畏敬の念を憶え、母親も子が泣き止まぬと、「イングランド王が来るわよ」と嚇《おど》し、また馬が木立に怯んで止まると、「イングランド王が潜んでいるというのかい」と、からかうのだった。

さてイングランド王リチャード一世は、改めてエルサレム奪還に向かう段になると、テンプル騎士団はじめ現地フランク人から、状況から見て勝ち目なし、エジプトからの敵側補給路をまず断たねば長期の戦には勝てませぬと諭された。一一九二年一二月下旬から翌月にかけてのことである。イングランド王はエルサレム市内に入ったことがなく、シリア教会系のキリスト教徒に地形など問うが、聖都を囲む三方の丘の何処かから急襲されればお手上げだと告げられる。それに季節は冬で、氷雨や泥濘《ぬかるみ》に戦意は殺《そ》がれ、また一足早くエルサレム入りしていたサラディンは、城外の井戸に細工を施し止水していた。戦わずしてイングランド王に聖地を諦めさせる。それがサラディンの作戦であった。

リチャードは当面エルサレム奪取を手控え、エジプト・パレスティナ間の要衝アスカロン掌握に向かった。サラディンは相手の思惑を見越し、一一九一年九月前半にアスカロンを破壊し無力化していた。リチャードは一一九二年一月中旬から二月中旬にかけてこれを修復し、駐留した。

ところでリチャードは、実妹をサラディンの弟サファディンに娶せ、アッコンやキリスト教徒領有物件は彼女に、エルサレムとサラセン人が沿岸地帯に領有する物件はサファディンに所属するという条件で和議締結を図った。サラディンは了承したが、聖職者たちは猛反対で、実現しなかった。またイングランド王はサファディンに所望して、イスラム音楽をハープと歌で聞いたりもした。和議にむけての演出と受け取られた。

◉コルラド落命——新たな十字軍基地キプロス島

さてエルサレム王国では、一一九〇年一〇月に女王シビーユが逝去すると、その異母妹イザベル一世が王位を継承した。すると、イザベルの夫君オンフロワを気弱で聖都奪回の先頭にたつ器にあらずと見るティール領主コルラドは、大司教や司教や有力諸侯を説き伏せ、彼からイザベルを引き離し、自ら女王の夫君となった。エルサレム奪回の気力に満ちていたのだ。

だがコルラドの懐具合は厳しかった。そこでティールの港に入った商船を襲わせ、多額の金品を巻き上げた。商人たちは返還を要求するものの彼は無視した。彼らは、アサシン団の長老にこの件を訴えた。長老は近隣の君主領主に、命惜しくば献金せよと強請《ゆす》る暗殺集団の頭目である。長老はコルラドに、「略奪物を返還なされ」と迫った。だが当人は素知らぬ顔、そこで長老は刺客二人をティールに送りこんだ。一一九二年四月下旬のある夜、コルラドが小用で某所を訪れた帰り道で襲われ、両脇腹を刺されて絶命した。一説に、サラディンが長老にイングランド王暗殺を促したが、長老は得にならぬと拒否、それならと報酬一万ディナールでコルラド殺害を依頼、長老の命で僧に身をやつした配下が事を果たしたという。フランク人の間では、コルラドを邪魔者と見るイングランド王がやらせたと噂された。

エルサレム王国女王イザベルは、コルラドの子を身ごもったまま寡婦《かふ》となった。アッコンにいたイングランド王リチャード一世はすぐさまティールに赴く。その際、シャンパーニュ伯アンリ二世をともない、現地に到着すると即刻アンリをイザベルと結婚させ、エルサレム王として即位させた。アンリは、リチャード異腹の姉マリー（父親はヘンリー二世）の子で、彼の甥にあたる。コルラド死後わずか二日後にアンリ戴冠という経緯から、イングランド王がコルラド暗殺の黒幕と囁かれたのも無理はない。ついでながら、フランス王フィリップ二世の暗殺を謀ったのも彼だという。

さてキプロス島は、その後、西欧と聖地の中継地として、聖地引揚者の受け入れ先となる。島の住民であるギリシア人は、よそ者が居座って大きな顔をするのに我慢ならず、憤ってニコシア城壁下に大挙結集した。ラテン勢は一〇〇人とおらず、城砦に立て篭もって救援を待つが、兵糧はわずか、城砦も堅固でない。篭城して飢えるよりはと、ラテン勢は打って出た。彼らだけなら勝ち目はなかったが、テンプル騎士団の存在が大きくものを言った。

島の警備を任され駐留していた彼らが、応戦もせず逃げ惑うギリシア人を手当たり次第になぎ倒すその様は、まるで子羊をいたぶるようであったという。教会分裂で異端の徒となったとはいえ、仮にもキリスト教徒に対し、刀剣を振り回したのだ。

彼らは、事後、リチャードのもとに来て、「我らが島を守れるのは、もはやこれまで。あとは御意のままに」と申し出た。当初、テンプル騎士団がキプロス島を買い取って一時領有したのだが、「清貧」を旨とする騎士団にそぐわぬという声があがり、時をおかず売却することとなった。買い手は前エルサレム王ギー・ド・リュジニャンであった。これで彼は、晴れて自前の領土・王位を得、キプロス王となる。一説には、他界したエルサレム女王シビーユの継承者たるべきは、夫君ギーか、シビーユの妹イザベルの夫君コルラドかで大揉めした際、仏英両王が話し合い、ギーにキプロス王位を認め、その見返りにコルラドへエルサレム王位を譲渡したのだという。

以後、ギーは人の移植を図り、パレスティナ、小アルメニア、シリアにまで、来島すれば土地や必要物資を与えると喧伝した。パレスティナで領地や権益を失った騎士、父親や夫を戦で亡くした女たち、さらには有力商人らが押しかけ、騎士三〇〇名、従士二〇〇名に島の土地が分け与えられた。寡婦や孤児となった娘らは嫁ぎ先を世話してもらい、金子も与えられ、新天地での生存が保証された。まさにキプロス島は、聖地から敗退した者たちの代替地、救済の場となった。

テンプル騎士団は、海港地リマソル、島の東端ファマグスタなどにいくつも拠点を得た。パレスティナには、エルサレム王もテンプル騎士もホスピタル騎士も、アッコンやティールに居留まった。もしサラディン勢が大軍で攻めてくれば、到底、対抗できない。当面は、アンリ王側が頭を下げるかたちでサラディンと休戦締結を図るほかなかった。

イングランド王が休戦を要請すると、サラディンは締結の条件として、巡礼の着港地ヤッファをエルサレム王に譲るから、アスカロン、ガザなどエジプト国境に近い城砦の撤去をと要求してきた。聖地巡礼は認める。だが聖都再征服やエジプト攻略はもう止めよというわけだ。巡礼目的のキリスト教徒はエルサレム入城を許可するが、市内での寝泊りは認めず、城壁外側に接するかつて豚小屋だった建物をあてがった。またカイファア、カエサレア、アルスュフなど西欧出自の旧領主には融和的で、取り上げた領有権を返した。代替物件を譲渡する場合もあり、例えば現地名門イブラン家当主バリアンへは、アッコンから二〇キロ離れた一城砦を、旧シドン領主へは、これまでの歳入額の半分と一城市を与えた。また、これら城市の町衆や海港地のイタリア人交易商には、敵対するおそれなしとして定住を許した。

なお、シリア北部の頑強なテンプル・ホスピタル両騎士団の城塞群、トルトサやクラック・デ・シュヴァリエなどについては、従来通りの扱いであった。

イングランド王リチャードは、一一九二年秋、サラディンとアンリとの間に休戦協定が締結されると帰欧の途につく。「人員と資金を充分備えて戻ってくる。難儀だが、それまで踏ん張れ」

彼はそう言い置いた。アンリは、イスラム風の山高帽と衣服を身につけた。サラディンへの恭順の印である。同じ頃、キプロスに王国を築きあげた前エルサレム王ギーが没している。

それから二年後の一一九四年、サラディンが他界する。休戦協定は失効となった。その三年後、一一九七年も終わる頃、サラディンの長子アル＝アフダルはキリスト教徒駆逐の戦いを再開、西欧からの巡礼船着港地ヤッファを攻囲・奪回しにかかった。アンリの方は、対抗上、ヤッファの北二〇キロにあるカイファ攻囲を決意した。

アンリは出立前日、高い塔にある自邸の部屋で傭兵の給金を勘定していた。夕暮れ時、食事を前に、アンリは大窓においた水盤で手を洗おうとした際に、誤ってそのまま転落した。ここには鉄格子が必要だなと、常日頃、口にしていた当人であった。付き人は、王を突き落としたと疑われるのを怖れ、後追いして飛び降りた。真下にいた瀕死の王は、もろに衝撃をくらい、これによって絶命した。

エルサレム女王イザベルは、三人目の夫君アンリとの間に一女アリックスをもうけたが、アンリ没後は周囲の要請により、ギーの弟であるキプロス王アモリー二世と再々婚し、これによりエルサレム＝キプロス連合王国を成立させた。アモリー二世は、エルサレム女王夫君としてキリスト教徒の劣勢を挽回すべく、手はじめにベイルート奪取に向かった。これを迎え撃たんとサラセン勢は城壁の外へ出た。すると残ったキリスト教徒の捕虜二人と大工一人が素早くアモリー勢を城内に導き入れ、堅く城門を閉ざした。戻ったサラセン勢は締め出され、城門の上から落石攻めを喰らって立ち往生、結局、城市を放棄した。

イザベル女王の娘アリックスは、後にキプロス王ユーグ一世（アモリー二世と前妻の子）の妃となる。なおイザベルとアモリー両者が没すると、一二〇五年、連合王国は解消された。エルサレム王位は、イザベルと二番目の夫君コルラドの子、マリーア・ディ・モンフェラートが継承した。

◉その後、近東では

生前エルサレム王アンリ一世は、キリスト教徒の領有地の大方がサラディン側に移ったため、税収が激減して困窮の極みにあり、朝おきても食べ物がなく、ツケもきかないありさまであった。それでもエルサレム王位は誉れ高く、近隣諸勢力のまとめ役を果たしていた。

例えばアンティオキア公と小アルメニア領主が互いに覇権を争って戦ったことがあった。小アルメニア勢はアンティオキア公領下の城市・城砦を猛攻、その最中、アンティオキア公が他界したため、娘婿のトリポリ伯レイモン三世（割礼したレイモン二世の子）が、さっそく、岳父の公領を守りぬくべく、アレッポのスルタンに助けを求めた。日頃、恭順な姿勢をとっていたのだ。それでもキリスト教徒間の争いにイスラムの仲裁を仰ぐのは好ましからずと、一一九七年、アンリはアナトリア南部キリキアの地にある小アルメニアの地まで出向き、アンティオキアと和睦を結ばせた。キリキアの領主は国王を名乗り、アルメニア王国が成立する。その後、アルメニア王レヴォン二世は、近東訪問途上にあった神聖ローマ帝国の宰相に認証してもらい、一一九九年、ドイツのマインツ大司教により戴冠する。アルメニア教会は、ローマ・カトリック教会の傘下に入った。

アンリ一世の噂を耳にしたアサシン団の長老は、ぜひお会いしたい、と申し入れてきた。断われば怖い相手である。アンリはキリキアからの帰途、長老を来訪した。もてなしも領地の案内も、申し分ないものであった。一行がある城砦に来ると、高い塔の狭間に全身白衣の男が二人いた。長老は「陛下、ご配下は陛下のため、わが配下がこのわしのためにするが如きは、やりますまい」と言うや二人に、「跳べ！」と号令した。途端に両名は空に身を躍らせた。

落ちた両名は、首根っこを折って息絶えていた。アンリはこれに仰天し、長老は「お望みなら、他の者にもやらせますがな」と言う。度肝を抜かれたアンリは、「いやもう結構」と答えるのがやっとであった。長老はアンリ王に大枚の金子、宝玉を土産に与え、領外まで護衛をつけた。別れ際、「今日はよくお越し下さった。顔を立てていただいたお礼に、今後御身の安泰を受けあい、また王に敵対する輩《やから》は、このわしが退治して進ぜましょう」と約束した。

サラセン側では、サラディン没後、弟サファディンが、カイロやダマスカスを治める甥たちを追い落として両方面を制し、さらにエルサレムを掌握、居残るフランク人の駆逐を目論みながら、ひとまずアモリー二世と休戦協定を結んだ。ベイルートの領有権移転も書き加えられた。

帰欧後のフランス王は、本土のイングランド王領を取り返そうと熾烈な戦いを演じたが、そのイングランド王リチャード一世は、一一九九年、リモージュ城砦を攻略中、胸に矢玉を食らい、落命した。リチャード一世は、アキテーヌ公妃アリエノールを母とする仏英混血の人で、西欧版豪傑騎士の典型として、イングランド王領下のフランス人にも愛された。

忘れてならないのは神聖ローマ皇帝ハインリヒ六世の動向で、彼は聖地奪回だけでなく、シチリア、南イタリアからビザンツ、近東までも覇権下におくという大構想を練り上げていたことだ。ところがビザンツに向かおうとしたその矢先、一一九六年に病に倒れてしまう。ハインリヒ没後、その弟シュヴァーベン公フィリップが帝位を継ぎ、幼い甥フリードリヒ二世を庇護した。彼は、成人して父帝の遺志を継ぐ。

第二部

ビザンツ、エジプト、チュニジアに矛先を向ける西欧十字軍

†

第八章

ビザンツ攻略、ラテン帝国成立

◉シャンパーニュ、フランドルとヴェネツィア、ロンバルディアの連携軍団

一一九八年、ローマでは教皇インノケンティウス三世が新十字軍遠征（第四回）を宣布、真っ先に参加表明したのは、故エルサレム王アンリの弟シャンパーニュ伯チボー三世、それに隣国のフランドル伯ボードゥアン一世であった。つまりイングランドやフランス王、ドイツ皇帝でなく、フランス王国の有力諸侯らだ。だが、軍団を統率するはずのチボーは出発前に病没、代わってロンバルディアのモンフェラート侯ボニファッチョ（ティール領主だったコルラドの末弟）が遠征団を率いることとなった。

軍団は輸送艦隊の用意を「アドリア海の女王」交易都市国家ヴェネツィアに依頼、莫大な額の艦隊請負契約を結んだ。この契約では遠征途上の戦利品を軍団とヴェネツィア両者間で折半するとあった。だが、当初の熱狂は霧散し、神かけて誓った契約額完済も参加者不足で果たせず、遠征は頓挫しかけた。結構な額に達した寄進は、シトー派修道会経由で

近東に運ばれ、アッコン、ティールなどの城壁修復にあてられたという。使途不明分も多かった。

ヴェネツィアは、こうした軍団の頓挫を予見しており、アドリア海東側沿岸の城市ザダル攻略に協力すれば支払い延期を認める、と提案した。さらに思わぬ筋から予期せぬ話が舞いこんできた。

ビザンツ帝国から亡命してきた若き皇子アレクシオスが、実姉の嫁ぎ先である神聖ローマ皇帝フィリップ（皇帝ハインリヒ六世の弟）のもとへ向かう途中、資金不足に陥った十字軍の噂を聞きつけ、奪取したザダルで越冬中の軍団にわたりをつけて、もし自分を助けてビザンツ帝位につかせるなら、遠征資金を提供し、加えて、一〇五四年に分裂したギリシア正教会のローマ帰服を果たすと申し入れてきたのだ。これが教皇の心を揺さぶった。十字軍団には、何よりの便法であった。またフィリップには、亡き兄帝の夢がかなうかと思われた。そしてヴェネツィアには、国益のため逃しがたい好機と映じた。この交易都市国家は、ビザンツ側と通商・軍事の両面で緊密な関係をもち、ビザンツ帝国の海上防衛を受けもつ代償に、域内での関税免除などの特恵を享受していた。だが、そのあまりの強さを疎まれ、四半世紀前より徹底的に排斥され、幾多の権益を失っていたのだ。十字軍がビザンツを掌握すれば、ヴェネツィアはすべて回復できる。

エルヌールによれば、この方向転換にはさらにイスラム勢も一枚嚙んでいたという。実は、ヴェネツィアと十字軍が契約締結の初期段階で、聖地に直行せず、まずエジプトを攻め、征服したらエルサレムと交換する、と秘密裡に合意していたというのだ。

サラディンの弟サファディンは、ダマスカス、エルサレムを掌握し、エジプトでは地元領主たちの不平不満を封じ、全土の直接支配を果たす寸前であった。十字軍にエジプト侵攻の目論みありと察知した彼は、ヴェネツィアに使節を遣り、元首に大層な贈り物を届けて敬意と友好親善の意志を伝え、「西欧軍がエジプトに進攻せぬよう是非お取り計らいを。その見返りにアレキサンドリア港での関税を免除し、かつ巨額を贈呈する」と願い出た。その甲斐あってか、西欧軍団はサファディン勢力圏を避け、ビザンツへ向かうのである。十字軍の大義を掲げ、西欧は以後、富めるビザンツ、エジプトを狙う侵略勢力となる。

さて、ビザンツ帝国の首都コンスタンティノープルでは、アレクシオス皇子の父親皇帝イサキオス一世コムネノスが、弟のおこしたクーデターで幽閉、目潰しされていた。かつて第三回十字軍の折、ビザンツ帝国領内を行軍するフリードリヒ赤髭帝の動きをサラディンに逐一通報した人物である。

十字軍団はビザンツ勢を打ち破り、皇子を帝位につけた(アレクシオス四世アンゲロス)。だが、西欧キリスト教徒に巨額の報償を約束し、その影響下にある皇子は憎まれ、暗殺されてしまう。軍団は、資金援助の約束一切を反古にされた。

ついに十字軍とヴェネツィア勢は揃ってビザンツ帝国を攻略、首都コンスタンティノープルを征服して、一二〇四年七月、かの地に「ラテン帝国」を打ち建てた。その領域は、ペロポネソス半島、テッサリア（アテネ、テッサロニキ）、トラキア西部、エーゲ海、マルマラ海、黒海に至る沿海地などで、例えばアテネは、フランス人領主が「アテネ公」として治め、パルテノン神殿は、キリスト教の聖マリア教会に模様替えされた。

しかし「ラテン帝国」は、たえず近隣のブルガリア勢力などに攻め入られて疲弊し、ついに一二六一年、ビザンツ勢力に打ち倒される。ギリシア正教会は、当初からローマ教会への帰服など一顧だにしない。文化面、経済面で先進性を誇る「ギリシア」人は、野蛮な「ラテン」人を見下し、武力で優越する「ラテン」人は、政治的裏切りを重ねる「ギリシア」人を侮蔑していた。

ギリシア正教会の信者は、反ローマ・カトリック感情を長く引きずった。

西欧十字軍士は、ビザンツ世界の先進性、とりわけコンスタンティノープルの都市機能（アーケード、水道など）に驚嘆した。とある騎士による体験談は、幕末・明治初期、ニューヨークやロンドン、パリを訪れた遣米・遣欧使節を彷彿《ほうふつ》とさせる。今日、ヴェネツィアで旅人を魅了する大運河沿いの家並みは、ビザンツの都の街造りに倣ったといわれる。だがいっぽう、遠征に随行した修道僧は、度し難い悪徳や頽廃《たいはい》がはびこる町、と綴る。こともまた、バアル・アスタルテ的世界を垣間見せたのか。

なおパレスティナ（旧ビザンツ領）からコンスタンティノープルへは、これまで夥しい数の聖遺物が持ち込まれてきたが、騎士や聖職者はそれらを奪って西欧に持ち去った。金・銀と紅・青・碧の宝玉がきらめくビザンツ工芸品も、たっぷり軍士らの懐に収まった。

もっとも遠征参加者の中には、目指すはやはりパレスティナと、アッコンに到来する軍士も結構いた。「いざサラセン人をやっつけてくれる」と息巻く彼らを、エルサレム王アモリー二世は「今は様子見せねばならぬ」とたしなめた。「ならばアンティオキア公のもとにまいる」と、彼らは北へ向かった。アンティオキア公はアルメニア王と紛争中で、戦士を募っているからだ。聖戦ではなく傭兵としての働き口であった。また、パレスティナに留まって幾度かサラセン圏への略奪行に加わり、それなりのものを得るや、さっさと秋の巡礼定期船で帰欧する者もいた。さらには、ビザンツ征服の報を得て、それなら領地配分や強奪物の分け前にあずかろうと、パレスティナからコンスタンティノープルを目指す例もあった。

そして当のエルサレム王アモリー二世も、配下の騎士を率いて幾度もサラセン領域に侵入し、駆けめぐっては大量の物資を奪い、男女子供を捕虜としていたのだ。その際、前衛・後衛を務めたのは、テンプル・ホスピタル両騎士団である。これまた聖戦にあらず、食糧調達の略奪行であった。

◉荒れる聖地のキリスト教徒

西欧キリスト教徒は、シリア・パレスティナでは締め出され気味なのに、キプロス島やビザンツの地を掌握し、現地から利益を搾り取った。「ラテン帝国」がビザンツに生まれた今、教皇インノケンティウスは、とくにテンプル騎士団に対し、ビザンツ平定とローマ化を確固たるものにするため、現地で鋭意尽力せよと熱く呼びかけた。だが、彼らの反応は鈍い。コンスタンティノープルは「聖都」ではないからかもしれない。

教皇が一二代目テンプル総師ジルベール・エライユに宛てた勅書には、「テンプル人はまるで棄教者のようで、清廉さを失い、傲慢極まりなく、どの町のどの教会へも、荒々しくやって来て入り口の扉を開け、儀式を行なえ、などと吠える」そればかりか「僧を装いながら、言動は全く俗人で、官能の欲求（ヴォルプタス）を満たすのみ」。それで良いわけがない、さあ立ち直れ、と激しく譴責する。

また、テンプル騎士の「豪快な呑みっぷり」はよく取沙汰されたが、それもやるせない思いの表れだったのか。キプロスもビザンツ帝国も、聖地ではない。パレスティナこそテンプル騎士団とホスピタル騎士団の居場所なのだ。だが、そこでは戦えば全滅してばかり、スルタンたちへの恭順がなければ常駐できない。この内的葛藤ゆえに、ストレスは高じ、彼らは荒れるのだった。一二〇九年、教皇は、テンプル騎士団一三代目総師フィリップ・ド・プレシとホスピタル騎士団総師に、キリスト教徒の手に残る領地の保全に邁進《まいしん》せよと叱咤激励する。

†

聖地のフランク人が意気消沈気味なのに引きかえ、アルメニア王レヴォン二世は彼らに代わってシリア・パレスティナ方面で覇を唱えんとした。それはまずテンプル騎士団に挑むものとなった。

テンプル騎士団は、かねてよりシリア・オロント渓谷に建つガスティン城砦を領有し、北の異教徒に睨みをきかす拠点としてきた。ところがレヴォン王は、一一九一年にこの城砦を占拠し、ここはサラセン勢から自分が勝ち取ったものと主張していた。騎士団側は、当時アッコン攻防のため出払った隙に居座ったにすぎぬと反駁《はんばく》、その返上を迫っていた。

教皇は、アルメニア王国とアンティオキア公領を合併させ、さらにトルトサ大要塞をもつテンプル騎士団の勢力をあわせて一大キリスト教国を打ち建て、サラセン勢力へ対抗させようと構想していた。レヴォン王は、教皇路線を受け入れ城砦をテンプル側に返還した。だが、気持ちはおさまらず、テンプル騎士団とアレッポのスルタンとの結託を暴露したり、またボエモン公がアンティオキア総主教（ビザンツ時代のままギリシア正教会に所属）を殺害したりで、ともに教皇に疎まれ、状況は安定を欠いた。

◉ラテン帝国成立の頃、エジプト、パレスティナ、シリアでは

ビザンツ遠征者がかの地支配を固める間、サファディンは全エジプトを掌握、またサラディンの子供たちは大軍をもって叔父サファディンのお膝元ダマスカスを攻囲した。父親から継承し叔父に奪われた領地奪回が狙いだが、サファディン率いるダマスカス勢は彼らを蹴散らした。

聖地常駐戦団たるテンプル、ホスピタル、ドイツの三騎士団は、ビザンツ征服に加わらず、またサラセン勢との戦闘を極力避けたが、物資の強奪が可能と見定めると、よくサラセン領域に出かけた。とくに富めるエジプト方面へは大軍を派遣、目的地はアレキサンドリアよりも、それにつぐエジプト第二の交易地ディムヤートであった。

ビザンツの地に「ラテン帝国」が成立した翌年、キプロス・エルサレム連合王国では、アモリー二世とその妃、イザベルがともに他界した。キプロス王位には、アモリー二世が前妻となした息子ユーグ一世が即き、前エルサレム王アンリが女王イザベルとの間にもうけた長女アリックスを妃とした。またエルサレム王位の継承権は、女王イザベルが前々エルサレム王コルラドとの間になした娘マリー（マリーア）にあったが、女王マリーの夫君が定まり彼女がエルサレム王国女王となるまでの摂政役は、現地名門イブラン家のジャン（バリアンの子）に委ねられた。ジャンの母親は、ビザンツ皇家からエルサレム王アモリー一世に嫁ぎ、王の没後、バリアンと再婚した人である。

エルサレム王位継承者マリーの夫君には、「人品高潔」の評判高いブリエンヌ伯ジャンが選ばれた。やはりシャンパーニュ人である。女王夫君ながら、仮にもエルサレム王を名乗る身となる。推挙したのはフランス王フィリップ二世で、それを受けて、エルサレム王国の総大司教や重鎮諸侯ら、テンプル・ホスピタル両騎士団の総帥らが検討し、決定した。

ブリエンヌ伯は海を渡ってアッコンに到来、恭しく迎えられた。

一二〇九年、ティールに移動した彼は、女王マリーの夫君として王冠を戴いた。

「このままでは聖地を失います、必ず」

現地を見てきたジャンは、教皇に訴えた。インノケンティウス三世は新十字軍遠征（第五回）を宣布した。

第九章　エジプト奪取の大野望

◉その始まり

教皇の宣布に呼応して、ある聖職者が熱のこもった弁舌を振い、遠征気運は盛り上がった。アッコン大聖堂参事会は、こうした人材を是非アッコン司教に迎えたいと、その派遣を懇願した。

教皇はこれに応じ、当人は「海の向こう」に渡った。それが、後年、当時のパレスティナ事情を綴った『イストリア・オリエンタリス――東方誌』の著者ジャック・ド・ヴィトリだ。

教皇インノケンティウス三世は一二一六年に他界し、ホノリウス三世がその後継となった。

今回の遠征先は、パレスティナとエジプトの二手に分かれた。パレスティナ方面では戦いに臨む四国王がアッコンに勢揃いした。ハンガリー王アンドラーシュ二世、アルメニア王レヴォン二世、キプロス王ユーグ一世、そしてシャンパーニュ出身のエルサレム王ジャン・ド・ブリエンヌである。

ジャン王をのぞく三王は、アッコンの東ほぼ三〇キロにある小高いモンタボール山を、ふもとの平原地から攻囲した。この山は高さ六〇〇メートル足らず、聖母マリアが生まれ、イエスが幼年期を過ごしたナザレの町に近く、またイエスが使徒ペテロ、ヨハネ、ヤコブらの目の前で変容し、光り輝きながら、旧約聖書の先人モーセ、エリヤと語り合ったとされる場所だ。

パレスティナ方面でキリスト教国三王の軍団に受けて立つのはサファディンである。彼は大軍を率い、自領モンタボール要塞の防衛に当たっていた。息子アル＝ムアッザムは、血気はやって「さあ、下山してキリスト教徒を叩きつぶしましょう」と進言、すると父親は「その意気、天晴《あっぱ》れじゃ。だが見よ。敵は血気盛ん。下山すれば、おそらく負け戦となろう。彼らに生死の境はない。死ぬ覚悟で戦う気でおる。まったく大した連中なのじゃよ。わしは配下を死なせとうない。なに、我らは黙って見ておればよい。兵糧が尽きれば去っていくわ」と説いて静観した。

キリスト勢は、頑としてサラセン側が動かぬため、「さては、わが陣列とアッコンの間に割り込んで兵糧を遮断する気か」と不安がり、攻囲陣をさっと畳んだ。そしてアッコンまで引くと、三王とも帰国してしまう。サファディンの見込みどおりであった。

ジャン王は、他の三王が攻囲戦に入る前に妃マリー女王を亡くした。エルサレム王位継承権は、二人の間にできた娘イザベルに移る。だが娘であったために、父親たるジャンはそのまま王を名乗り得るのだ。いっぽうで、一二一七年、彼はアルメニア王へご息女を後添えにと所望し、快諾を得て再婚の運びとなった。

ジャン王だけが、エジプト進攻を持ち出し、「アレキサンドリアかディムヤートを攻めとり、エルサレムと交換すべし」と提言した。

一四代目テンプル騎士団総帥ギヨーム・ド・シャルトルは、教皇ホノリウス三世に宛て、当初、エルサレム王も総大司教もホスピタル・テンプル両騎士団も、ダマスカス攻略を目論んだが、結局、主力はディムヤートに向かう旨を伝えた。

だがエジプト進攻の本音は、ディムヤートとエルサレムの交換ではなかった。仮に交換しても、キリスト教徒はふたたび南北両面からイスラム勢力に挟まれる構図となるからだ。エジプトを制覇したうえでパレスティナを確保する。それが真意であった。パレスティナとエジプトは、シナイ半島を間において意外と近い。エルサレム絶対確保のためには、エジプト掌握が必須、というわけだ。

ジャン王はまずアッコン、ティール、カエサレアの防備を固めおき、一二一八年八月、艦隊を率いてディムヤートに向かった。折しもテンプル騎士団では、総帥ギヨームが病に屈し他界、ピエール・ド・モンテギュが一五代目総帥となった。

ジャン王が力頼みとしたのは、テンプル・ホスピタルの両騎士団であった。後衛を務め

†

るホスピタル騎士団、前衛はテンプル騎士団。かのアッコン司教ジャック・ド・ヴィトリは、とりわけ目に映った常駐のテンプル騎士たちの姿をこう綴る。

「異教徒と戦う時は神がかりとなり、一騎おれば敵一〇〇〇を、二騎おれば敵一万を追いかけた。出撃！ の命令あれば、敵の数なぞ問いもせず、敵は何処と質《ただ》すのみ。真っ先に進軍し、退却するのは最後の最後。戦場では獅子、屋内では物静かな羊、キリストの敵に猛々しくも、キリスト教徒には優しかった」

一〇〇年以上前の創設時、テンプル騎士団は健気に巡礼を護衛した。後年、キリスト戦士としてアスカロンで敵方に攻め入った時も、ハッティンでサラディン相手に打って出、捕えられて全員斬首された時も、その泰然とした姿は義勇の手本と称えられた。常々キリスト勢の前衛を務め、総指揮を取る総帥を先頭に、分団長（副総帥）、騎馬隊長、従士隊長に率いられ、騎士、従士、盾持ち、従者らが整然と進み、決して敵に背を向けない。死ぬと分かっていても逃げず、従容と定めに従う彼らなのだ。

さてジャン王率いる艦隊は、ほどなく、ナイル河の一支流をはさみ、ディムヤートから目と鼻の先にある対岸に到達、上陸して陣地を張った。自前の船隊を擁するテンプル勢は、一部の船艇・浮船をこの陣地造りに巧く転用し、大きく貢献した。昨今では、サラディンも知る良からぬ噂の立つテンプル騎士団であったが、戦となれば、さすがの働きぶりを見せていた。ヴィトリ司教は、本分を忘れるなと言いたいのであろう。

サラセン勢は毎日のように対岸の陣地へ攻めかけ、キリスト戦士を殺害して去った。この陣地脇には塔が建ち、城市側との間に鎖を渡して川を封鎖している。キリスト勢は塔を奪取、鎖を断ち切った。お陰で後続のキリスト勢艦船は、味方陣地まで来ることができた。

西欧でも教皇ホノリウス三世は、十字軍参加を誓った騎士従士と聖職者に、いざディムヤートへ、と呼びかけた。また船出の地に来ている大司教・司教へ、戦闘に不参加の小者や巡礼は国許へ帰すよう、路銀を除き所持金は徴収するよう指令した。さらに、遠征を誓ったのに撤回するなら、何がしか寄進せよ、撤回するだけならキリスト教徒と認められぬと告示した。

ついで教皇は、二人の枢機卿をディムヤートの軍陣に派遣した。一人はイングランド人で、現地に到着後すぐ亡くなった。もう一人はペラギウスという名のポルトガル人で、教皇代理として十字軍団を操ろうとするこの枢機卿は、軍団長たるジャン王にとり厄介な存在となる。

ダマスカスにいたサファディンは、キリスト勢が海路エジプトに向かったと知ると、これを牽制するため、エルサレムの城壁と周辺の城砦を破壊した。これでキリスト勢は引っ返し、聖都巡礼をすませたら故国に戻るだろうと踏んだのだが、当てが外れた。

†

◉ディムヤート攻略

サファディンはディムヤートに進軍、城壁下に陣を構えて対岸の十字軍勢と睨みあった。だがサファディンは、その最中に逝く。死の直前、彼は長男アル＝カーミルにエジプトを、次男アル＝ムアッザムにダマスカスとエルサレム、つまりシリアとパレスティナを継がせ、それぞれスルタンとした。

エジプトの新スルタンとなったアル＝カーミルは、かの支流を防御柵で閉鎖し、さらに自軍陣地のある側の岸辺沿いに城市ディムヤートまで防御柵を張った。形勢は膠着《こうちゃく》し一年が過ぎた。ついにフランス王侍従長所属の頑丈な軍船が先頭に立ち、順風を受け満帆で支流対岸の防御柵にぶち当たり、これを突き破った。それから格好の上陸地点を見つけたが、スルタン勢は火矢で激しく攻撃してくる。キリスト勢はいったん中洲に戻り、スルタン勢もディムヤート城壁下の陣地に引いた。スルタンは、この陣地を預かる配下の武将に、ディムヤートに移動して城市を守れと命じたが、その武将は「敵方が城市を占拠したら私は捕虜となってしまう。それは御免だ」と拒絶、預かる陣地を放棄して兵糧・武具も置き去りにした。空になったこのスルタン側陣地を十字軍団は奪取し、そこに居座った。

アル＝カーミルは、弟アル＝ムアッザムに加勢を頼み、またバグダッドのカリフに、「救援なくば領土を失います。キリスト教の教皇に倣い、カリフ自らあまねく宣布して戦兵を募り、是非とも大軍の派遣を」と訴えた。カリフは、これに応える。

ディムヤートの攻防戦。

アル＝ムアッザムの方は、ディムヤート方面で戦うキリスト勢を牽制すべく、アッコンに居残るキリスト教徒を攻めたてた。一二一八年八月末、城壁外に打って出た彼らに潜伏部隊が襲いかかり、流血の修羅場となって、敵味方大勢の犠牲者を出した。アル＝ムアッザムは次にカエサレアを攻囲、城市内のキリスト教徒はアッコンに救援を訴えたが、アッコンにもその余裕はなかった。結局、カエサレアは破壊された。さらに二〇キロ離れた沿岸のテンプル領有地アトリットに築造中の「巡礼城（シャトー・ペルラン）」に攻めこんだが、そこへ兄アル＝カーミルから火急の応援要請が届いたため、攻撃を中断してディムヤートへ向かった。

ディムヤート方面では、連日、サラセン勢がキリスト勢に奪われた旧陣地を奪回しようと押し寄せてきた。キリスト勢は柵の外へ出て迎え撃ち、さらにはサラセン側が新たに設けた陣地に突撃した。大乱戦の果てにエルサレム王ジャン率いるキリスト勢は敗北、敵方の兵糧を持ち出そうとした歩兵は討たれて全滅、フランス王の侍従長など大勢が捕虜となった。

ジャンは無傷だったが、味方は猛暑のなかにあって飲み水もなく、疲労していた。ところがサラセン側も大変な災いに見舞われていた。ディムヤートに疫病が曼延し、城市内では日々、大勢の死者が出ていたのだ。

「このままでは、城市は勢いをなくし、キリスト教徒に明け渡さざるを得なくなる」。アル＝カーミルは、カイロから騎兵五〇〇騎を派遣、それがディムヤート城市内に入るには、キリスト勢の攻囲陣を巧みに通り抜けねばならない。キリスト勢が寝静まった頃、音を合図に城門の一つが開き、騎兵が敵陣内を突き切って城市内にどっと入った。キリスト勢を率いるある諸侯が買収されて、持ち場を敵方に通路として使わせたと糾弾する声が止まらない。事実はどうあれ、当人は軍団を去らざるを得なくなった。

ディムヤート市内の様子は、キリスト軍団や枢機卿が順番に偵察していた。ある夜、人の声が城市内から聞こえないので、空が白んできたところで枢機卿自ら大梯子を登って城壁内の街中の様子を窺った。人影が見当たらないので梯子を降りて開門し、城内に入ってみると、いたるところ死人や病人ばかりで、悪臭すら漂っていた。自力で動ける者は一城塔に退避しており、遺体は川に投げ棄てられ、潮の流れにのって沖に消えるにまかせている。ディムヤートを疫病が襲ったのだ。

◉キリスト勢、ディムヤート掌握。聖者フランチェスコ

キリスト勢は、城市ディムヤートを掌握、金品を押収して配分した。また枢機卿とエルサレム王ジャンが市中を二分し、各々領有すると決まった。この間、総帥ピエール・ド・モンテギュ率いるテンプル騎士団は、ディムヤート近辺に屯するサラセン勢に睨みを効かし、反撃を抑えた。

やがてキリスト軍団内で、ジャンと枢機卿ペラギウスとの間に深刻な軋轢《あつれき》が生じる。ジャン王にとってディムヤートはエルサレム王国と交換する切り札である。だが枢機卿は、ディムヤートを手始めに、エジプト全土を征服して教皇領化しようと目論んでいた。つまりジャン王の存在が目の上の瘤《こぶ》なのだ。枢機卿は人々に「ジャン王のためには何もするな」と命じて、彼を押さえつけにかかった。ディムヤートのジャン王領有地区に住いを購入したり借りた男女は全員、破門に付された。

枢機卿のやり口に嫌気がさしたジャン王のもとへ領土継承の話が突如、舞いこんだ。岳父アルメニア王が他界したのだ。一二二〇年、娘婿である彼は王位を継ぐためディムヤートを離れてかの地に赴いた。

とはいえ、その身一つで現地へ行ったジャンに、アルメニア人は王国をおいそれと渡さなかった。ジャンはやむなく妃ステファニーのいるアッコンまで帰った。すると、「お妃は、姫の毒殺を謀っておられる」と幾人かが彼に耳打ちしてきた。姫とは、王位継承権を

†

もつ娘のイザベルで、彼女があるからこそジャンはエルサレム王を名乗れるのだ。ジャン王は激怒して妃を蹴りあげ、それがもとで妃は息絶えたという。アルメニア王国継承の話は立ち消えとなった。

いっぽう、ジャン王がアルメニアに行っていた一年の間に、ディムヤートは枢機卿がその全域を牛耳ってしまい、十字軍団長の座についていた。聖都エルサレム奪回の話はどうなったのか、別の国の城市を攻略するなど真っ平と、参加者の多くが早々に帰国しようとした。なかには、どさくさ紛れに連れてきた女房子供に借金を背負わせたまま置き去りにし、自分だけ持つものを持って帰国の船便に乗りこむ輩もいた。枢機卿の方も、帰国者から所持する金品を多少なりとも巻き上げ、差し出させた。さもないと乗船許可証を与えず、帰国させなかった。

また、物故した参加者の遺品を黙って持ち去ろうとした者は破門した。持ち主なき金品はすべて枢機卿のものというわけだ。また帰国する巡礼を賃乗させる船主には、枢機卿が出す乗船許可証を見せない限りは乗せぬと宣誓させ、これも破れば破門に処した。船賃を払い食糧を積み込むことは認めながら、乗船許可証がないと出発を差し止める。納得できぬと訴えても、船に乗るなら余分に金を出せと強いた。

とにかく、軍団を去る者からことごとく所持する金品を巻き上げる。総ては全エジプト征服の軍資金である。この点、テンプル騎士団も教皇直属機関として一役買い、イングランド、フランス、スペイン、ハンガリーの各拠点からパリ本部に寄せられた二十分の一税徴収分をエジプトに駐留する軍団へ送った。

サラセン側は、ディムヤートを失ったあと、ただ手をこまぬいてはいなかった。彼らはガレー船隊を海上に配して見張り、アッコンからディムヤートに向かうキリスト勢の艦船を焼き打ちし、拿捕した。またキリスト勢の船隊がキプロス島の基地からディムヤート救援に発つ前にこれを襲撃して積荷を奪い、さらにキプロス島へ進攻した。それを殲滅せんとキリスト勢のガレー船隊がキプロスへ向かうと、島内ではすでに一万三〇〇〇人ものキリスト教徒が討ち滅ぼされていた。

ところで今回の十字軍には、枢機卿ペラギウスとはまったく異なる姿勢を見せる宗教人、中部イタリア、アッシジ出身の聖者フランチェスコ（同名修道会の開祖）がいた。ある日、彼はいつものように粗衣を荒縄で締め、裸足で地を出ていった。彼は枢機卿にスルタン訪問の「勅許」を願い出た。枢機卿は、行けば殺されかねない場所へ行く「勅許」は出せぬと言う。

黙認のかたちで彼が足を運んだ先は、アル＝カーミルのいる幕舎である。フランチェスコの捨て身の行動であった。

アル＝カーミルはフランチェスコに、イスラム教徒になりたいのか、それとも使者としてきたのか、と問う。フランチェスコは「神より遣わされ、御魂《みたま》を神の御もとに引き戻す使

†

者としてまいりました。よろしいか。今の教えを信じたまま逝けば、御身は破滅です」と切り出した。さらに「もし私の説くことに耳を傾けてやろうとお思いなら、お国で最高の賢者を呼びよせていただきたい。方々の面前で、今信じておいでの教えが無価値なることを筋道立ててお話しいたしましょう。もし私が然るべく正道を説けぬなら、この首を断ってくだされ」と結んだ。

同席したイスラムの高僧たちは、「閣下、あなた様はイスラムの教えの守り刀。教えを堅守なさるのが務めです。我ら、神の御名により、また我らに教えを授けたまいしムハンマドの名において、この者の首を刎《は》ねるよう命じます。この種の言説など聞く耳持ちませぬし、あなた様が連中に耳をかすのも禁じます。教えがそう命ずるからです」と述べた。

するとスルタンは、「わが賢僧らはああ言うが、私は少しく教えに逆らい、そちの首は刎ねるまい。わが魂を神に引き戻そうと、決死の覚悟でここまで来てくれたそなたに、恩を仇で返すわけにはまいらぬ。私に仕えてくれるなら、広大な領地と莫大な財産を授けるが、どうじゃ」と質した。話を聞いてもらえぬなら、帰るほかなしというフランチェスコにスルタンは、無事に軍団まで護衛させると言い、また金・銀・絹地をもってこさせると、欲しいだけもっていくがよい、と勧めるのであった。

聖者フランチェスコは、「見た目に高価な品を幾ら頂戴したとて、ご本人の魂を神に引き戻せなかった以上、何にもなりませせぬ」と答え、食事の饗応のみうけて辞去した。

この逸話は有名で、彼の生誕と活動の地アッシジに建つ聖フランチェスコ大聖堂内に、八〇年後にジョット・ディ・ボンドーネが絵筆を揮《ふる》って聖者の生涯を辿った連作壁画の一つに描かれる。

アル＝カーミル自身は、西欧語やキリスト教に大きな関心を寄せ、カイロに幽閉中のキリスト教徒から日頃それらを習得していた。彼は、長きにわたる対立の相手を知り、その世界に馴染もうとする。一途なキリスト教聖者やイスラムの僧とは対照的だ。その彼は、自国に攻め入った異教徒フランク人を、どう処遇したか。

スルタンと教皇フランチェスコ。

　アル＝カーミルは、交易の重要拠点ディムヤートを取り戻すため、交換条件として、エルサレム王国返還と獄中にあるキリスト教徒の解放を提示した。それほどの価値がディムヤートにはあったのだ。一城市を引き渡すだけで、エルサレム王国全体が戻ってくる。戦いの成果として悪くなかった。

しかし、キリスト教徒は欲にかられた。ディムヤートを拠点に、やはりエジプト全土の征服を狙ったのだ。もともとその気の枢機卿ペラギウスは、興奮気味に教皇ホノリウス三世へこの算段を伝えた。教皇は大満悦、西欧キリスト教圏にあまねく知らしめ、遠征を決意した巡礼をすべて動員するよう通達した。フランス王フィリップ二世だけは、エルサレム王国が一城市と交換で得られるなら、重畳、すぐ手を打つべしと唱えていた。だが聖地を真に確保するには、エジプト掌握は不可欠、と教皇も枢機卿も考える。イスラム側には、それは領土侵略にほかならなかったのだ。

◉教皇の思惑、皇帝の目論み

教皇は、全エジプト征服の方針に勝算ありと踏んだ。そして、若き神聖ローマ皇帝フリードリヒ二世に采配させようと考えた。彼のこれまでについて、簡単に振り返っておきたい。

フリードリヒは一一九四年、先帝ハインリヒ六世を父親とし、シチリア・ノルマン王家を継承したコンスタンツァとの間に生まれ、二歳で父と、三歳で母と死別した。その彼を時の教皇インノケンティウス三世は擁護し、また父親の弟で帝位を継いだシュヴァーベン公フィリップが面倒を見ていた。

幼少の頃より彼は、母親の里シチリア島に色濃いサラセン文化に馴染み、アラビア語を習得していた。キリスト教徒ながら異教世界を根元からつかみ取ろうとする彼は、エジプトのスルタンと交叉しながら相通じるところがある。

一四歳の時、皇帝フィリップがドイツ王オットー四世配下の手にかかり斬首される。翌年、オットーは、叔父であるイングランド王リチャード一世の後押しで皇帝として戴冠したが、教皇は残されたフリードリヒに対し、「アーヘンでドイツ王に即位せよ、つぎに自分がローマで帝冠を授ける」と告げた。皇帝オットー四世はフリードリヒのドイツ入りを阻止し、暗殺まで図った。さいわい、通報者がいて危うく難を逃れることができた。そして、教皇を慮ったのか、一二〇九年にテンプル騎士団にシチリア島メッシーナなどを与えると定め、三年後にドイツ王となった。

神聖ローマ皇帝オットー四世は教皇領をも侵犯するが、フリードリヒと組むフランス王フィリップ二世と北フランスのブーヴィーヌの戦いで敗北を喫し、さらにフリードリヒ勢に追い詰められ、一二一五年、ついに自らフリードリヒへ帝衣・帝冠を譲った。

この年、ローマ入りした二一歳のフリードリヒは神聖ローマ皇帝として戴冠、すぐさま聖地遠征を行なうよう勧告されるが、「すぐには行けませぬ。シチリア王国にはサラセン人が大勢おり、これらが隣国チュニスのスルタンに加勢を頼んで王国を奪いかねませぬ。それに南イタリアのカラブリア領、プーリア領でも勝手に領地を占有する不届きな輩がおり、平定せねばなりませぬ」と答える。確かに、南イタリアを預かる代官はオットーに、フリードリヒを亡き者にと持ちかけていた。

ただの「シチリア王、ドイツ王」ではない、今や神聖ローマ皇帝となった彼に、情けを乞うて領地を返上する者や近東に逃げ去る者、捕まって縛り首になる者など続出した。サラセン人は大半が新たに築かれたルチェラの町に集められ、居住を許された。彼の親サラセン感情は途絶えなかったのだ。

同じ頃テンプル騎士団は、反フリードリヒ派を匿ったため、皇帝の勢力圏に拠点の設置を拒否されている。

話をエジプトに戻す。教皇は、新皇帝フリードリヒが大援軍を率いれば、ディムヤートを手放さなくとも聖地は奪回でき、さらにディムヤートを拠点に、カイロ、アレキサンドリアなどエジプト全土の征服さえかなうと期待した。ところが枢機卿ペラギウスは、自分が主導してカイロ征服の先鞭をつけておきたいと目論んだ。ペラギウスにとって新皇帝はただもう疎ましい。

枢機卿の下でキリスト勢は発奮し、新皇帝を待たずカイロ進攻にかかった。

ナイル河には六本の支流がある。本流は首都のバビロン（市街）地区とカイロ（城塞）地区の間を抜けたあと二手に分れ、一つはディムヤート方面に、他の一つはロゼッタ方面に向かう。キリスト勢は、この二支流に挟まれた中洲に新たな陣地を設けた。

さて、春から夏にかけてナイル全体の水量は膨らみ、八月半ばになると、エジプト人はこの二支流の土手の水門を開けて土地全体を水でひたし、水が引いたところで小麦の種をまくのだが、まさしく、そんな時期に入る頃、キリスト勢は艦隊に乗りこみ、首都を目指して進軍した。

サラセン側は、ディムヤート、ロゼッタ二支流の分岐点に「鉄の橋」を設けて遮断、キリスト勢の艦船が二支流間を行き来したり、本流を遡行してバビロン・カイロ攻撃に向かうのを阻もうとした。

枢機卿はディムヤートを出陣前、アッコンにいたエルサレム王ジャンへ、カイロ進攻参加を要請した。ジャンはいったんはそれを断わり、エルサレム王国圏の守りこそ本来の務めであると回答した。

スルタンの方は、戦いを避けるべく、向こう三〇年間の休戦を申し入れていた。条件は、先のディムヤートとエルサレム王国の交換だが、加えて、期限切れまでにサラセン側は破壊した城砦や聖都城壁を修復し、キリスト教徒側は領域内を固めてよしとあった。参加した諸侯も、ホスピタル・テンプル両騎士団も、この申し入れ受諾に傾いていた。

だが枢機卿ペラギウスだけは違った。頑強にカイロ進軍を主張する彼に従い、ディムヤートの陣地に守備隊を残し、全軍団、艦船と並んでディムヤート支流沿いに陸行した。「埒もない」とジャン王もアッコンから軍団に合流した。

スルタンは刀剣も弓矢も使わず、巧みにキリスト勢を締め上げる。スルタンは、ロゼッタ支流に停めてあったガレー船隊をディムヤート支流に回航し、対岸寄りを行く十字軍団も気付かぬ音なしの構えでやりすごして停船すると、ディムヤートから食糧を運ぶキリスト勢船艇を拿捕した。かくて十字軍に食糧が届かず、またディムヤートに軍団の消息が来ず、双方で不安を募らすなか、八日以上が経過した。

その頃、ディムヤートには、皇帝フリードリヒが派遣した一〇〇隻ものガレー船隊が到着していた。だが皇帝自身は来ていない。ガレー船隊の方は軍団の状況がつかめず、救援行動をおこせないという状況だった。

◉十字軍敗退

一〇〇隻もの艦船がディムヤートに到来したとの報に、スルタンは、ならば目にもの見せてくれると、敵側に思いもよらぬ戦術をとった。水をはらんだナイル河二支流の土手の水門を開けたのである。どっと水流は広がった。かくて中洲にいたキリスト勢すべてが水に浸かり、大勢が溺れた。兵糧も使いものにならなくなった。

ジャン王は味方の惨状を目の当たりにしつつも、「お望みなら戦うぞ」と、相手方に虚勢を張った。「我々の気持ち一つで、全員が溺れ死ぬ。さあ、話し合いに来られよ」とスルタンは回答した。

ジャン王は、アッコン司教に取り立てられたジャック・ド・ヴィトリを伴って出かけ、スルタンと会見する。フリードリヒと親交があり、西欧キリスト教徒を多少とも理解するアル＝カーミルの応対は酷ではなかったが、交渉は巧みであった。

「お手前も、あのあたりで苦しみ絶命するご配下も、まことに気の毒。飢えるか溺れるか、いずれかだからの。憐れと思し召すなら、助けてやりなされ」と彼は言った。

「助けるとは？」

「ディムヤートを返上していただこう。そうすれば全員を安全な場所に移し、危機から遠ざけて進ぜましょう」

この時、ジャン王は悟った。エジプト獲得はおろか、エルサレム王国の奪回も夢と消えたのだ。ナイルは魔物、スルタンはそれを御するすべを心得ている。サラセン側は流血をみることなく、ディムヤートを取り戻し、キリスト教徒駆逐をかなえたのだった。

ジャン王は、司教ジャック・ド・ヴィトリを現場に遣り、枢機卿はじめ水に浸かった軍士らに状況を伝えて、その意向を質した。「一刻も早くここから脱出したい。なるべく有利な条件で和睦を」。それが大方の絶叫の言葉であった。一二二一年八月下旬、ディムヤートは返還され、双方の人質解放、向こう六年間休戦の和議がなった。

スルタンは、河中のキリスト戦士が乾いた地面に辿り着けるよう、地元民を集め、橋や堰を築造させた。また「枢機卿の身柄を和議遵守の保証にお預かりしたい、期限は、ディムヤートに自分と配下が入城し、また市内にいたキリスト教徒が城壁外に出たと確認する時まで」と要求した。

†

結局、ジャン王とヴィトリ司教が枢機卿に代わって人質となり、現地に居残った。ジャン王はディムヤートにテンプル騎士団総師ピエール・ド・モンテギュらを遣わし、キリスト教徒撤退とサラセン側への城市返還を通告させた。

それからジャン王は、改めてスルタン、アル＝カーミルを訪れた。その天幕は小高い丘の上にあり、眼下に湖のような水面が広がっていた。スルタンの面前でジャン王は、はらはらと涙した。

「王者に涙は似合わぬ。何をお嘆きめさるか」と彼は尋ねた。

「神より預かった者たちの、かくも惨い死に様を目の当りにすれば、当然でござる」とジャン王は答えた。見渡せば、まだ水面のあちこちに、飢えて溺れるキリスト戦士らの地獄絵図が見られた。アル＝カーミルも、憐れみを誘われ涙を見せた。そして日に三〇〇〇個のパンを四日間、送り届けると告げた。

キリスト戦士らは水から抜け出た。スルタン派遣の使者が、ディムヤート返還完了を報告しに来るまで、彼らは二週間その場に居留まった。スルタンによる食糧支給は絶えなかった。

スルタンから退去の許可が出されると、キリスト教徒は、ディムヤートに移動し、そこから各自の故国に向かう船に乗り込んで、去っていった。ジャン王は、なおもエジプト側に囚われたキリスト教徒解放の任務を数名の騎士にあずけ、アッコンに戻った。そしてダマスカスでも拘留されるキリスト教徒解放にこぎつけるため、然るべき騎士を派遣した。

第十章　新遠征にむけて

◉ジャン王の動き

エルサレム王ジャン・ド・ブリエンヌは、広く近東救援を訴えるため帰欧した。ホスピタル騎士団総帥、エルサレム総大司教、枢機卿ペラギウスらが同行していた。一二二二年六月、到着先の南イタリアのプーリアでは領主フリードリヒが出迎え、丁重にもてなした。また教皇ホノリウス三世までもプーリアに出向き、ジャン王を温かく迎えた。ジャン王は教皇へ、いったんは獲得したディムヤートを手放すに至った経緯を縷々《るる》説明した。

「何もかも、枢機卿殿のせいです。ディムヤートを分割したのが間違いでした。枢機卿殿の意により城市半分の領有権が教皇庁に移り、私はディムヤート全体とエルサレム王国の交換を貫けなかった。どうか今後は、十字軍遠征の成果はことごとくエルサレム王に帰属すると定めて下され」と、彼は悔しがってみせる。せっかく制覇したディムヤートとの交換による聖地回生は虻蜂取らずとなった。悪いのは欲にかられた枢機卿であると唱えた。

†

同じ頃、神聖ローマ皇帝フリードリヒは初婚の妃コンスタンツァを亡くした。周囲の涙もまだ乾かぬうちに、皇帝は教皇から、ジャン王の娘であるエルサレム王位継承者イザベルを後添えに、と勧められた。他方で教皇は、一二二三年三月、南イタリアのフェレンチノに、ジャン王、ホスピタル・ドイツ両騎士団総帥、テンプル騎士団副総帥（聖都分団長）を集め、話し合いの末、二年後に新遠征（第六回）を行なうと決めていた。

フリードリヒにイザベルを娶せ、それにより聖地再征服の暁には彼をエルサレム王に、と考えてのことだ。フリードリヒは岳父となるジャン王には「親しみを憶える」と称え、ジャン王は、「これぞ神の恩寵」と歓んだ。

ジャン王は、教皇とともにローマ入りした。大行列も繰り出す歓迎ぶりであった。パリでは、フランス王フィリップ二世に遠征の報告を行なった。さらにイングランド王ヘンリー三世と会見すべく、海を渡る。立ち寄った城市、城砦での歓迎ぶりは熱烈であった。フランスに戻って間もなくフランス王が逝去、遺言により多額の金子が聖地遠征用にとジャン王に託された。

一二二三年七月から八月にかけ、ジャン王は、亡きフランス王の葬儀と新王ルイ八世の即位式に列席、ついでスペイン最北部の聖地サンティアゴ・デ・コンポステラに詣で、帰路、ブルゴスでカスティリア王に出迎えられ、王妹ベレンガリアを後妻に娶る。結納金は多額であった。それからフランスにしばし滞在した後、南イタリアのプーリアに向かった。

皇帝フリードリヒは、妃となるジャン王の娘イザベルを迎えるため、結婚指輪を一司教に託しガレー船二〇艘を遣わした。アッコンでは、シリアとキプロスから集まった諸侯の前で、教皇、皇帝、ジャン王の勅書が読み上げられた。一行はティールに移動し、イザベルは結婚指輪を嵌め、戴冠した。それから二週間にわたって祝いの行事が続き、その後、彼女は海路フリードリヒの許に向かう。途中、キプロスで、その王妃となった叔母のアリックスと会っている。アリックスはイザベルとの別れ際、不吉な予感を覚えたという。

一二二五年一一月に行なわれた婚礼は盛大であった。ジャン王は、娘婿から所領を譲渡された。神聖ローマ皇帝とエルサレム王との間に、確かな結束が期待された。

ところが、こともあろうにフリードリヒは、イザベルに随行してきたうら若い彼女の従妹に惹かれ、彼女に激情を傾けて新妻を遠ざけてしまう。イザベルの訴えを聞いたジャン王は怒り狂い、娘婿のところへ来ると、歓迎の言葉を述べる相手に、「そなたのごとき不実な人間にあいさつなどせぬ。今すぐ討ち滅ぼしてやりたい」と言い放った。岳父の暴言はとまらず、皇帝は、「わが領土から出て行ってくだされ」とやり返した。

ちなみにフリードリヒは、教皇の手前、領内のサラセン人に厳しく接すると明言しながら、その実イスラム風を好み、いやそればかりか、シチリアに根をおろしたバアル・アスタルテ信仰と聖儀にも通じており、身近に幾多の女性を侍《はべ》らす人であった。

ジャン王は再度ローマに赴いた。浮かぬ顔の彼に、巨額の遠征資金提供が約束された。

†

その後北イタリアのロンバルディアに赴いた。極めて反皇帝色の強い土地である。途中、ボローニャに逗留、それは富裕の町衆が統治する町であった。

エルサレム王ジャン到来の報が届いたロンバルディアでは、都市同盟評議会が開催され、自由決議により、ロンバルディアの城市・城砦の自由市民全員がジャン王に表敬して、是非ロンバルディア王に御即位を、と懇願した。ジャン王は謝意を述べたうえ、「ロンバルディアの地は、エルサレム女王にして神聖ローマ皇帝フリードリヒの妃たる我が娘の所領である。娘マリーの母親（イザベル）は、ロンバルディアの領主、モンフェラート侯家のコルラド殿を実父とするゆえじゃ。ま、皆が望むだけ、当地に滞在しよう」と答えた。

フリードリヒはジャン王を恨み、身重の妃を手酷く打擲《ちょうちゃく》、皆が流産を危惧するなか、妃を一時幽閉すらした。彼も、アルメニア人の妃を蹴り倒したジャン王も、未だ騎士道を識らない。

ジャン王が皇帝家の宿敵ロンバルディア勢力と結んだと知ったフリードリヒは、両者は組んでプーリア・カラブリアに侵攻しかねないと気を揉んだ。そこで、まず妃を牢から出し、いかにも夫らしく細やかな情愛をみせた。そして岳父のジャン王に情けを乞い、無礼の段、充々償う所存と伝えた。ジャン王も、娘婿と戦うなど本意にあらず、快く赦すと応えた。

ジャン王との和解がなると、皇帝は王の仲介でロンバルディアの自由都市群とも和儀を結んだ。その結果、自由都市群は、騎兵五〇〇騎を経費負担のうえパレスティナに派遣するとまで話は進んだ。

教皇グレゴリウス九世は、喜ばしい気分で、ジャン王に教皇領の守りを託した。この頃、テンプル騎士団の教会が、教皇領内あちこちに建ち始める。皇帝は、南イタリアで大規模な艦隊の整備を完了した。教皇は、「神聖ローマ皇帝が海を渡る。出港地ブリンディジに赴け」とあまねく喧伝した。巡礼が大挙して搭乗、食糧も満載された。

◉フリードリヒ二世の遠征、キプロスで一悶着

一二二七年九月上旬、好天を得て、いよいよ艦隊は船出した。皇帝のガレー船は、先頭に立ってアドリア海に乗り出した。だが、すぐと彼は奇妙な行動にでる。夕暮れとなりあたりが暗くなると、自分が乗ったガレー船の舳先をくるりと半回転させ、そのままブリンディジに引っ返してしまったのだ。その手際、密やかであざやか、他の艦船の誰一人、アッコンに到着するまで気付かなかった。

教皇は事情を知ると怒り、唸った。「よくも巡礼たちを裏切りおって。まさしく盗賊、卑劣漢、不忠者の振舞いである」。フリードリヒ当人は、ぬけぬけと、「発病のため船旅を取りやめました」と告げる。教皇は、皇帝を破門に付した。

いっぽう、アッコンに到着した巡礼たちは、統率者が不在のまま、今後の方針を話し合っ

た。そうしたなか、ダマスカスのスルタン、アル＝ムアッザムは一二二七年一一月に他界する。キリスト教徒は、今回十字軍の終息後にアル＝ムアッザムと結んだ休戦協定を破棄し、それを機に、まずイングランド人が中心となって、旧城市シドンの目の前にある小島に城砦を築造した。また陸地から通り道を渡し、入城門と堅牢な塔を道の入り口に建てることとした。海陸両方からの襲来にそなえるためである。またドイツ人は、アッコンから一二キロ離れたドイツ騎士団本部のある地に「フランク城砦」を築き、それが終わるとカエサレアに移って、別の城砦築造にあたった。

アル＝ムアッザムは自分の死後、ダマスカスなど一切が兄アル＝カーミルの手におちると予測した。そこで彼は、なんとキリスト教徒のとあるスペイン人騎士を後見役に選び、継嗣の面倒一切を彼に託した。この騎士はかつてテンプル騎士団に所属していたが、見限ってアル＝ムアッザムに仕えてきた。しかしイエス信仰は堅く、決してイスラムに帰依しない。この律儀さを買われたのだ。このスペイン人騎士は、エジプト勢がダマスカスにもキリスト勢の拠点にも攻め入って来ぬよう、睨みを効かせていた。

ところで皇帝フリードリヒは、以前からエジプトのアル＝カーミルと大使を交換するほど関係を深めていて、このスルタンと培った友好を拠りどころに、教皇らの思惑とは違うやり方でエルサレム王国の今後を考え、使者をスルタンの許に遣って話し合いを進めていた。

使者が帰ってくると、一二二八年六月下旬、皇帝は、さっそくまたブリンディジから海に乗り出した。破門など意に介さず、教皇に赦しも乞わず、出征を知らせもしなかった。

皇帝は、ガレー船、騎馬運搬船、通常船七〇隻を従えてキプロス島に到来、七月下旬、リマソルに上陸した。これらに分乗してドイツ人、フラマン人、シチリア人、プーリア人、それにロンバルディア人までも到着した。いっぽうで皇帝は、アル＝カーミルとの話し合いの案件をまとめるため、艦隊の大半を配下の騎馬大将に委ね、アッコンへ直行させた。

皇帝自身は、キプロス王国の首都ニコシアで実質統治に当たる摂政役ジャン・ディブラン（ベイルート領主イブラン家当主バリアンの子）を呼び出し、年若きキプロス王アンリ・ド・リュジニャン（アリックスとユーグ一世の子）と摂政役ジャン当人の息子三人を連れて来るよう求めた。摂政役ジャンに対立する一派は、かねてよりフリードリヒに、「キプロスを征服なされませ。格好の兵站《へいたん》基地です」と、彼を煽っていた。

ジャン支持派の方は口を揃えて、「皇帝は人も知る悪行の張本人です。従えばご自分もアンリ王も、身を危うくします。我々は新王アンリ様を守り立て、務めを果たしましょう」と進言した。

「だが、それでは世間の目に、ベイルート領主たる私がサラセン教徒をより大事に思い、神聖ローマ皇帝の聖地奪回を阻んだ、と映るであろう」とジャンは答えた。

ジャンが少年王アンリや自身の息子や騎士従士らとともにリマソルへ来ると、皇帝は満面に笑みを浮かべ、また一行が黒衣を着ているのを見て、緋の衣に着替えるよう言った。

†

黒衣のわけは、キプロス王国の摂政を一〇年務めたジャンの弟フィリップが二年前に逝去して以来、皆、喪に服していたからだ。ジャンら一同、礼を述べ、今後は皇帝の命に従うと述べた。翌朝、皇帝が用意し贈呈する緋の衣を着て会食することになった。ところが、前夜のうちに皇帝は、会食する大広間の壁の向こうに、従士および射弩兵三〇〇〇人を引き入れていた。会食では「神聖ローマ帝国のしきたりと定めに従い」、各人に席が割りふってあった。その振る舞いは、宗主さながらであった。

最後の料理が給仕された時、潜んでいた兵士が突入してきた。しかしキプロス人らは平静を保っている。事を予見したジャンが注意を促していたからだ。フリードリヒは、いよいよ地を露呈した。

「ジャン殿、要求したい事が二つある。よいかな」

ジャンは冷静であった。「道理にかなうなら何なりと」

皇帝は、まず「ベイルートの城市取得は不当だから返還なされ」と切り出した。つぎに「幼王アンリの摂政フィリップ殿が、務めの一〇年間に取得した一切を私に返却されよ、ドイツの慣習により所有権は私にある」と唱えた。

ジャンは立ち上がり、滔々《とうとう》とベイルート領有の正当性、そして弟フィリップの清廉な勤めぶりを説いた。相手の言いがかりに反駁して、彼は大要、「ベイルートは、エルサレム王ならびに女王から賜った正当な我が領地です。誰も欲しがらぬ荒地を、西欧からの寄進やキプロスで得た収入を拠りどころに、こつこつと開墾・維持してきたもの。またキプロス王国の摂政報酬を返せと仰せだが、弟は総て国造りに投入してきた。問題ならキプロス王国法廷でけりをつけましょう」と弁じた。

フリードリヒの本音は、キプロス王国の支配であり、高飛車に出て、相手を呑もうとしたのだが、その言い分を吟味してみる。

キプロス王国摂政だったフィリップが他界した一二二七年以降、兄ジャンが役務を代行してきた。ジャン自身、当初はキプロス王国の宰相であったが、ベイルートの領主となる時点で宰相職をおりている。

兄弟の母親は、ビザンツ皇家からエルサレム王アモリー一世の再婚相手として輿入れしたマリアで、アモリー没後はバリアンと再婚して男子二人を産んでいた。彼らはキプロス王妃アリックスの義理の弟にあたり、幼王アンリの叔父である。アンリは生後二カ月で王位を継承したが、父王ユーグが死に際に「摂政は是非とも叔父のフィリップに」と言い遺したため、彼が以後一〇年間、役目を務めてきたというわけである。

「アンリ王の母親アリックスは、摂政選びの際、私の承諾を請うべきだった。戴冠については、私の手から受けるのが本筋だった」。フリードリヒは、そうも唱えた。その根拠は、神聖ローマ帝国宰相がキプロス島に立ち寄った際、アモリー二世から「是非とも貴殿からキプロス王冠を戴きたい」と乞われ、彼が神聖ローマ皇帝の名代として王に戴冠したことにある。アモリー王は皇帝を宗主と仰いだわけだ。

フリードリヒは、宗主に断りなく行なった幼王アンリのキプロス王位継承は無効、と主張しているのだ。しかし戴冠したのは皇帝本人でなく宰相であり、また皇帝自身は破門された身である。フリードリヒの言い分をキプロス王権はどう捉えるべきか。

ちなみにキプロス・エルサレム連合王国は、定めにより、アモリー二世の没後は、連合制は解消され、キプロス王国はアモリー二世の継嗣ユーグが継承、王妃となるのは、エルサレム女王イザベルが夫君アンリ王（シャンパーニュ伯）となしたアリックスである。

ジャン支持派の中には、機を見て皇帝を暗殺すべしと熱心に説く者さえいた。敵対派は皇帝に「キプロスを実力で奪取なされ」と唆した。皇帝は、艦隊に乗せてきたドイツ勢、フラマン勢その他を率い、ジャンと配下のキプロス勢を叩こうとする。そんな気配に、ジャンはリマソルから支持派とともにニコシアへ移り、近くの山中にある城塞地に女子供を匿った。

結局、戦いは回避すべきとする賢人たちの意見が通り、ニコシアは皇帝に明け渡された。

摂政役ジャンは、フリードリヒの言い分については是非の判断をキプロス王国法廷の判断に預けると宣した。すると「裁定が下るまで」フリードリヒはジャンの息子二人を人質に取った。父親としてジャンは、「どうか尊厳をもって息子らを遇し、苛酷な扱いをなさらぬよう」と懇願した。だが二人は、単なる身柄拘束でなく、手枷足枷をかけられていたという。

皇帝のもとへ、岳父エルサレム王ジャン・ド・ブリエンヌが教皇に与して南イタリアのプーリアの皇帝領を蹂躙しているとの情報が入った。また、一二二八年八月には彼の継嗣コンラートを産んだジャン王の娘イザベルが逝去した。

これで皇帝フリードリヒにすれば足元に火がついた思いで、キプロスのみならずパレスティナ・シリアで目論む案件にも、早くけりをつけねばならなくなった。

フリードリヒ配下のある騎馬大将は、アッコンに到来すると、エジプトのスルタン使者と秘密裏に談合を重ねた。合意が成立し、その旨をキプロスにいる皇帝フリードリヒへ報告、すると皇帝はさっそく、キプロスの幼王アンリや摂政役ジャンを伴い、一二二八年九月上旬、海を渡ってアッコンの土を踏んだ。折しも、西欧人巡礼の一団がイスラム領域で大量の家畜、小麦を分捕り、男女子供多数を捕えたという件がもたらされた。通報を受けた騎馬大将は、配下ともども馬に飛び乗り、意気揚々と戻って来る彼らを打ちすえ、略奪物をイスラム側に返却した。西欧人巡礼らは、教皇にこの件を伝えた。

◉エセの聖都奪回

皇帝を出迎えたテンプル、ホスピタル、ドイツ各騎士団の総師は、儀礼上、皇帝の沓《くつ》の爪先に口づけした。またもや彼はいい気になり、三騎士団を傭兵のように錯覚した。同じ頃、キリスト勢はカエサレアの城砦を固めおえ、移動してヤッファその他の城砦を修復していた。

皇帝は、高速ガレー船で使者を教皇へ派遣、「どうか罪の赦しを。私は今、パレスティナにおり、スルタンとの交渉でエルサレム王国の再興が実現間近です。正式に事が成就するまでは、誓って帰りませせぬ」と伝えた。それが彼の切り札だったのだ。

だが教皇は少しも動かされなかった。フリードリヒへの返書には、「そなたに罪の赦しはない。そなたはキリスト教徒とはみなされぬ。そなたはエセ者、裏切り者で通っている」とあった。またエルサレム総大司教、ホスピタル・テンプル両騎士団に向けては、「皇帝は裏切り者、信徒にあらず、その意見に同調・賛同せぬよう、その行動に一切かかわらぬよう、かの者がエルサレム王国に善をなすとは思えぬ、かの者から王国を擁護なされ」と厳命した。

テンプル騎士団は素直に従った。皇帝の専横ぶりに、前々から憤っていたのだ。例えば、「巡礼城」はテンプル領有の城砦だが、皇帝は高飛車に「ここは私が専有したい。皆、退去せよ」と告げ、配下の者で守備を固めようとした。テンプル騎士たちは怒り狂い、城門を閉じて「皇帝こそ、退去なさらずば、二度と出られませせぬ。獄舎に幽閉しますぞ」と声を荒げた。「巡礼城」だけではない。テンプル騎士団領有の他の物件に対しても同様であり、また相手もテンプル騎士団だけでなく、例えばベイルートの領主、キプロス王国摂政役イブラン家のジャンにも、彼がキプロスばかりかシリアに領有する一切を差し押さえると高圧的に迫った。その流儀は、傲慢で独裁的、合議で決裁する現地の慣わしから大きく乖離し、嫌悪されていた。なおベイルート領主ジャンは、最晩年、テンプルの騎士となる。

フリードリヒは、腹の虫が治まらない。テンプル騎士たちを一カ所に召集し全員抹殺さえ画策し、また後日アッコンでは、この地に移転したテンプル騎士団総本部を弩隊で包囲し襲撃の構えすら見せた。建物は頑丈な造りで、騎士団側も巧みに応戦した。ついにテンプル・ホスピタル両騎士団は皇帝フリードリヒ殺害を図り、事前にその理をアル＝カーミルに伝えた。するとアル＝カーミルは、交流のあった皇帝についそれを漏らしてしまう。皇帝と二騎士団の関係は険悪さを増した。

「自分には切り札がある」。皇帝は自信たっぷりであった。

彼はアル＝カーミルに、「自分は今パレスティナにいる。わが配下の騎馬大将を通して取り決められた約定を果されよ」と要請する。交渉にそなえ、彼は南欧各地の獄舎から大勢のアラブ人捕虜を解放し、手土産のように連れてきていた。

アル＝カーミルの方は、皇帝フリードリヒが教皇やテンプル騎士団や聖地のキリスト教徒との間で大揉めしている、と察知していたから、皇帝に、「エルサレム王国領域はダマスカスのスルタンである我が弟、アル＝ムアッザムの所領であったが、当人が亡くなった今、継嗣の後見役が掌握しており、私の意のままにならぬ」と、取り決めを後退させるような回答を寄せた。すると皇帝は、「もし約定に背くなら、今後お手前に平安はない。全土をはぎ取り、頂戴しますぞ」と凄んだ。

エジプトのスルタンは皇帝の言葉を伝え聞くと、亡き弟アル＝ムアッザムの継嗣やその後見役に宛て、「その方らを差しおいて、皇帝との約定を遂行するわけにまいらぬ」と通告し、彼らを呼び寄せた。一同がやって来ると、アル＝カーミルは「ドイツ皇帝は、使者を介して私や弟と交渉を重ね、合意した約定を全うすべく、自身、当地に来られた。方々もこれを受け入れてくれぬと、きっと皇帝から責めをくらうであろう。そうなった場合、我が方から援軍、加勢はないと心得られよ」と伝えた。

アル＝カーミルの言葉を聞くと周囲は皆、「皇帝と和睦して失うものより、戦をして失うものの方が大きい」と述べ、結局、アル＝カーミルの意向承諾に傾いた。そしてアル＝カーミルは聖都エルサレムやナザレ、それにエルサレム王国もキリスト教徒の手に戻すと決定したのである。それがこれまで秘密裡に談合を重ねてきた案件の内容だった。エジプト側にすれば、聖都もエルサレム王国も譲渡するから、もうエジプトに押しかけて武器を振り回すなどしないでほしい、それよりもシチリアでエジプト産の農産物を買い上げてもらいたい、それが本音であった。

この和睦によりエジプトのスルタンは、サラディンによるエルサレム征服時点（一一八七年一〇月）のまま、キリスト教徒に聖都・王国を返還し、これを皇帝が治める、と定められた。ただしエジプトに近いモンレアル城砦は返還から除外された。またシドン、ティールの二城砦については、返還されればフリードリヒ皇帝の直轄となると予見し、領主たちは返還を拒んだ。現地諸侯も、皇帝一党を毛嫌いしているのだ。ティールには皇帝の代理人がおかれたが、住民からは疎まれた。

エルサレム譲渡にはいくつも条件が付いた。聖都の防壁築造は禁じられ、エルサレム王国防衛線上にあるサフェド、ガザその他四つの主要城砦は、エジプト側が握った。また聖都の中心、「ソロモン神殿（アル＝アクサ・モスク）」や「主の神殿（岩のドーム）」には、サラセン側警備兵が一〇〇〇人配置され、サラセン人巡礼は自由にこれらを訪れてよいこと、管轄権はキリスト教徒側にないことなどが定められた。これらはエジプト側から出た要求で、皇帝は妥協して承諾した。皇帝はさらに、「ソロモン神殿」の下層にある旧テンプル騎士団員用宿舎をサラセン人にあてることも認めた。

それがテンプル騎士団を傷つけ怒らせた。聖都がキリスト教徒の手に戻ったというなら、ソロモン神殿一帯の施設はテンプル騎士団に返されてしかるべきだ。皇帝にすれば、サラセン人を街中でバラバラに寝泊りさせまいと図ったからだが、テンプル騎士団は、自分たちが蔑ろにされたとみなした。さらに取り決めには、もしキリスト教徒が聖都完全掌握の動きに奔った場合、皇帝自らスルタン側を擁護するという事項があり、これにもキリスト教徒は憤った。

省みれば、キプロス島内のリマソル、ニコシア、ファマグスタなど方々に散在するテンプル騎士団の拠点や所領についても、フリードリヒからお門違いの執拗な干渉を受けてきた。うんざりしていたのは、騎士団関係者だけでない。皇帝への風当たりは厳しく、同行するベイルート領主ジャンも、「早々に帰国なされた方がよろしかろう」と忠告するほどであった。キプロスでもパレスティナでも、皇帝は大方の現地住民から忌み嫌われていた。

ともあれ和平の取り決めが双方で承認され、むこう一〇年間の休戦が決まった。だが、現地キリスト教徒は、この休戦をエセで邪悪と看なし有効と認めない。無血の聖都返還は、皇帝とスルタンの友愛から出た賜物《たまもの》なのか、それともフリードリヒのひとりよがりのゴリ押しか。ダマスカス寄りのイスラム側史家イブン・アラトヒルは、「神よ、彼らを呪いたまえ」と記すのだった。

皇帝フリードリヒの場合、信教の違いを超えサラセン人を理解し友愛を深めて聖地を獲得したかに見えながら、その根元にある偏狭な覇権主義を、イスラムも西欧も疎んだのだ。

エジプトのスルタン、アル＝カーミルは、唯一ソロモン神殿一帯を除き、サラセン人をエルサレム市内から退去させた。入れ替わりに、フリードリヒが配下とともに聖都入りした。そして一二二九年三月中旬、エルサレム王として戴冠する。

◉祝福されぬエルサレム王戴冠

かくて彼は、神聖ローマ皇帝、シチリア王、プロヴァンス王に加え、新たにエルサレム王を名のる。とはいえ本来エルサレム王国継承権は、女王イザベル（ジャン王と妃マリー女王の娘）がフリードリヒとなした長子コンラートにあり、彼は幼い息子の摂政にしかなれないはずであった。またコンラートが成人となるまで、イザベルの叔母キプロス王妃アリックスが王位をあずかるかたちで保持していた。おまけに皇帝当人は破門中の身であり、各方からその戴冠式はボイコットされ、ドイツ騎士団だけが出席、王冠はフリードリヒ自ら己の頭に戴いた。彼はドイツ騎士団を優遇し、ダヴィデ城塔の前にある国王宮殿を与えた。

その後、皇帝フリードリヒは聖都からヤッファに戻ってきた。聖都滞在はわずか二日であった。あるイスラム僧は、短期間で皇帝が聖都逗留を切り上げたのは、テンプル騎士団関係者の手にかかるのを怖れたためと記録に書き残している。

皇帝は戴冠後、教皇、コンラート、そしてフランス王に、エルサレムの奪回が成ったと書簡で報告した。教皇にすれば、本来なら聖地返還を聖教会あげて祝うべきことであった。しかし、聖都を「奪還」した皇帝は破門中の身であり、また「神殿の丘」一帯はサラセン側に所属すると決まったことから、教皇は、「悪しき和平」と断じた。帰欧にあたり皇帝は、聖都防衛に配備すべき投石砲の半数を乗艦に運び、半分はエジプトのスルタンに譲り渡した。フリードリヒは、聖地遠征のキリスト教徒というより、地中海一帯に覇権拡大を図る神聖ローマ皇帝であったといえよう。

教皇は、キリスト教圏全域に皇帝破門を喧伝した。大軍を預かったジャン王のプーリア蹂躙はその後も続いていた。ジャン王は、皇帝領内の城市・城砦を奪取し、大量の戦利をせしめた。

†

皇帝は事情を知らされ、王国摂政役にあとを託して出航地アッコンに急いだ。港に向かう道すがら、罵声を浴びせられ、肉屋は牛のはらわたを、うるさい老婆たちはゴミを投げつけた。一二二九年五月初頭、彼はヤッファの港に辿り着くと、用意された高速ガレー船に乗り込んだ。

「神よ、彼を二度と来させたまうな！」エルサレム総大司教は溜息交じりにそう吐いた。

皇帝が去った後、サラセン側はエルサレム譲渡に釈然とせず、市中のキリスト教徒を襲った。キリスト勢はそれを予期して守りを固め、五〇〇〇人を返り討ちにした。彼らの犠牲者は唯一人だった。もっとも北方のシリア方面では、アレッポのスルタン勢三〇〇〇名と戦って、騎士従士一〇〇名、射矢兵三〇〇名を失っている。

皇帝フリードリヒの方は、帰欧して、本拠地とする南イタリアのプーリアに辿り着くや、領域内にあるテンプル騎士団の拠点群排斥と各拠点が蓄える資産を差し押さえ、テンプル騎士排除を行なう。次いで大軍をしたててジャン王撲滅にかかった。ドイツにいる継嗣コンラートにも加勢を呼び掛けた。敵わぬと見たジャン王は、教皇に状況を伝えた。教皇は、フランス王にジャン王救援を要請、するとフランス王直轄領ボーヴェの司教が、大勢の騎士をジャン王のもとに送りこんできた。

教皇グレゴリウス九世との確執も凄まじく、双方、諸国君主に宛て文書による刺々しい誹謗・中傷合戦を繰り広げた。教皇が、「皇帝は、モーセもイエスもムハンマドも蔑ろにする」「牙や爪で襲ってくる獣」とまで言い切り、「皇帝破門状」を各国に送りつけると、皇帝の方も「教皇は金の亡者」とこき下ろし、「自分は神に服するキリスト教徒」と弁明、さらに、ロンバルディアの要ミラノが反逆的なのも、教皇の扇動ゆえと決めこんで神経を尖らせた。教皇が用いる武器は、敵に回った者の破門とその宣布、つまり破門対象者の孤絶化、主の懐からの締め出しだ。

そんなフリードリヒにも味方がいた。イングランド王リチャード一世を継いだ弟のジョン欠地王は「マグナ・カルタ」以来、勢いづく貴族勢力に対抗するため、教皇を宗主に頂いたが、その継嗣ヘンリー三世は、昨今、自国教会に入る税収を教皇に掠められていると思う折から、教皇の理不尽を幾度も訴えてくる義兄、神聖ローマ皇帝フリードリヒに共感し同情していた。イングランド王ヘンリー三世とコンウォール伯リチャード兄弟の末妹が、ジャン王の娘イザベルを亡くしたフリードリヒの後添えとなっていたのである。

こうした情勢にあって、フランス王ルイ九世は、調停役を果たす。同王はフィリップ二世の孫、ルイ八世の継承者で、信仰篤く、歯をむいて吼え合う教皇・皇帝両者を宥《なだ》め、教皇があてつけに王弟ロベールを神聖ローマ皇帝に推しても、乗らなかった。

テンプル騎士団もフランス王ルイの意向を受け、第一六代新総師アルマン・ド・ペリゴールが皇帝との和解を進めた。その結果フリードリヒは、領下プーリアやシチリアにテンプル拠点の設営を認可した。また教皇の方も、領内にテンプル教会の増加を認めた。

ジャン王は、その後コンスタンティノープルに招かれ、一二三一年、ラテン帝国皇帝に即位する。

◉フランス、イングランドの小規模遠征

一二二九年にフリードリヒがエジプトのスルタン、アル＝カーミルと結んだ休戦条約は一〇年を経て期限切れとなった。かくて新たに遠征が宣布された。この頃、教皇と皇帝の間に、さらなる軋轢がサルディニア島をめぐって生じていた。コルシカ島の南、四国の一・二倍の面積をもつこの島を、グレゴリウス九世は教皇領にと意図していた矢先、皇帝がこれを占拠し、領有の意志を示した。教皇は憤り、一二三九年、皇帝に二度目の破門を宣告した。

イスラム側では、その前年にアル＝カーミルが没し、その長男アル＝アーディルが跡を継いでいた。ダマスカスはアル＝カーミルの次弟イマド・エッディン、もう一つの重要拠点アレッポはサラディン三男の孫アル＝ナシル・ユスフが堅守していた。

そうした最中、シャンパーニュ伯チボー四世（第四回遠征を起《た》ちあげたチボー三世の長男）が、時のブルゴーニュ公やブルターニュ伯らフランス諸侯とともに新十字軍遠征を行なった。一二三九年九月一日、騎士一〇〇〇騎ほどがアッコンに到着、緊急に戦う必要もなく、エジプト国境方面のアスカロン城砦固めに向かったが、途中、ヤッファまで来たところでガザ駐留のエジプト勢に気付かれ、攻め込まれて敗走した。同行のテンプル騎士もホスピタル騎士も捕らえられたり討ち取られたりで、チボーらの十字軍勢は、ヤッファ、さらにアッコンへ逃げ帰る。その後も、せいぜい隊商を襲って略奪を働く程度であった。これに倣って別の一隊が、他の隊商を襲撃、だがエジプト勢に逆に打ち負かされ、捕虜となった。

またカイロでは、一二四〇年五月半ば、アル＝アーディルの異母弟アル＝サリ・アイユーブがアル＝アーディルを亡きものにし、スルタンの座についた。

ダマスカスのスルタン、イマド・エッディンは、エジプトの新スルタンにダマスカス乗っ取りの下心ありと警戒し、アッコンに舞い戻った十字軍に助勢を申し入れた。見返りは、ヨルダン河以西の城砦数カ所の明け渡しとダマスカスでの武器調達許可である。これに応えてチボーらは、今後ダマスカス側に断りなくカイロと和平を話し合いはせず、さらにエジプト勢のダマスカス攻略を阻止すると約束した。

この件で仲介にひと肌脱いだのは、かのテンプル総帥アルマン・ド・ペリゴールである。彼の尽力に対し、ボフォール、サフェドという二大要塞がダマスカス側から同騎士団に返ってきた。この総帥は知人に宛て、アイユーブ一門は内輪もめに明け暮れ、なかにはキリスト教徒の加勢を得るため洗礼を受ける者もおり、このぶんならキリスト教徒の聖地再征服も十分可能、と伝える。テンプル騎士団はイスラム僧を団内に招くことまでして、融和・交流をはかるが、それが後に大問題となる。

二大要塞がテンプル騎士団に移譲されたと知って面白くないのはホスピタル騎士団で、こちらはエジプトのスルタン相手に、別途、キリスト教徒との休戦を働きかけた。するとカイロ側は、ダマスカスと張り合うように、チボー側へ和平と捕虜解放を申し入れてきた。チボー側はそれをも受諾する。彼は敵対し合う両者と盟を結んだかたちとなり、動きが取れなくなった。ところが一二四〇年九月、無責任にもチボーらはそのまま帰国してしまう。

これと入れ違いに、イングランド王ヘンリー三世の弟コンウォール伯リチャードが、軍団を率い潤沢な資金をもってアッコンに到来、いったんホスピタル騎士団宿舎に身をおちつけた後、ヤッファに移り、現地キリスト勢と合流した。

テンプル騎士団は、ダマスカスのスルタンとの間で締結された休戦条約の遵守こそ宣誓すべしと要請、ホスピタル騎士団の方は、改めてエジプト側との条約遵守を誓うよう申し入れた。板挟みのリチャードは、アスカロンに赴いて城砦固めを行ない、次に義兄フリードリヒ皇帝の在エルサレム代官に城砦を引き渡した。

結局、エジプト側との休戦協定を重んじたかたちとなった。これによりエジプトのスルタンは、ヨルダン河西岸もキリスト教徒側に戻し、エルサレムを占拠する身内のダマスカス勢を撤退させ、さらには一二四一年三月、過去の戦いで捕虜となり現在カイロの獄舎につながれる多数の重鎮キリスト教徒解放に踏み切った。

後日、コンウォール伯リチャードは大勢のフランス人捕虜を故国へ連れ帰り、フランス王に感謝される。この捕虜解放がリチャード遠征の大成果となった。

アル＝カーミルがフリードリヒとの話し合いで曲がりなりにも聖都をキリスト教徒に譲って以後、ホスピタル騎士団が、エルサレム国王を名のるフリードリヒの命で、彼の代官とともにこの聖なる都を管理・警備していた。だがテンプル騎士団総帥はイマド・エッディンとの盟約がある以上、「聖都を治めるべきは自分たちだ」と主張し、ホスピタル騎士団を力ずくでエルサレムから立ち退かせた。そして、エジプト寄りで事を運んだイングランド王弟リチャードを「青二才めが」とくさした。

さてエジプトのスルタン、アル＝サリ・アイユーブは、イングランド王弟と休戦協定を結んだ後、細部の交渉を半年も長引かせ、ヨルダン河西岸譲渡については、除外する城市・城砦をつぎつぎ挙げて実行を渋った。そうなることを見越していたかのように、テンプル総帥は、この休戦協定への署名者の一人なのに端から無視し、むしろエジプト側に戦闘すら仕掛けた。ダマスカスのスルタン、イマド・エッディンの方は、いずれ聖都エルサレム

†

はじめヨルダン西岸を、キリスト教徒へ完全譲渡すると自分の口から提言した。従来のダマスカスのスルタンに対するテンプル騎士団側の恭順は、友誼《ゆうぎ》的な色合いを帯び、スルタン側もパレスティナの全フランク勢を味方に付けようと算段していた。それには、思わぬところにわけがあった。

この頃、世界帝国実現に向け、はるか中央アジアから西進してきたモンゴル勢力が、ついに東欧やシリアにまで到達し、ヨーロッパやイスラム圏を前代未聞の恐怖と混乱に陥れていたのである。

第十一章　モンゴル帝国、版図拡大

◉キプチャク・ハーン勢の東欧・バルカン進攻

モンゴル帝国の西進は二手に分かれた。まずチンギス・ハーンの孫、キプチャク・ハーン国のバトゥは、ロシアのキリスト教徒を襲って残虐非道で震えあがらせ、幾多の民を征した。そしてポーランド、ハンガリーへと向かった。

バトゥとは別に、将軍バイジュ率いる軍勢は、西アジアのイスラム圏各地に容赦ない猛攻を加え、次々と征服した。

一二四一年四月上旬、ポーランドのレグニーツァで、バトゥ軍を迎え撃ったキリスト教勢のなかに、ラトヴィアとリガのテンプル騎士がいて、「フランス・テンプル騎士団総長」を名乗るポンス・ドボンなる人物がフランス王ルイ九世に宛て、「タタール勢は、ポーランド公の所領を荒らし、公と配下のキリスト戦士五〇〇人、我がテンプル騎士六名を斃しました。こうした事態に、ドイツ・ハンガリーの全諸侯・聖職者が十字の御旗を掲げました。

とはいえ、もし神意によりこれらが敗北するなら、この凶徒を阻む者はフランス王国まで皆無となりましょう」と通報した。

ハンガリー王ベラ四世は、バトゥから絶対服従の最後通牒を突きつけられた。ベラ王は神聖ローマ皇帝フリードリヒに「是非とも火急の救援を。されば我ら陛下に臣従いたします」と訴える。だが当のフリードリヒも、バトゥから同じ最後通牒を受領しており、彼は全欧に連帯を呼びかけ、領下の南イタリアのルチェラやシチリア島に居住を認めたサラセン人をも動員した。

ブダペストはほどなくタタール勢に踏みこまれ、国王ベラ四世は一〇万の勢力で応戦、辛くも撃退したが、この侵攻勢力は、大勢の住民が逃げ込んだ教会を炎上させた。

一二四一年四月中旬、ブダペストの南五〇キロにあるモヒの戦いでは、キリスト勢に、プーリアやシチリア島から来たサラセン兵やテンプル騎士団ハンガリー本部（一一七〇年頃に開設）の騎士従士が加わり、引くと見せたモンゴル勢を追撃した。するといつの間にか、多勢の敵に周りを取り囲まれ、惨敗を喫した。ベラ王は、ほうほうの体で戦場を脱出し、アドリア海に浮かぶダルマティア諸島のひとつに落ちのびた。

そこからベラ四世は教皇に「このままいけば、モンゴル勢に服従する外なし」と悲痛な調子で訴える。食糧や金品の大略奪、民人のむごい殺戮《さつりく》・凌辱《りょうじょく》が行なわれたというのだ。またハンガリーのある司教はパリ司教に宛て、「彼らこそゴグ、マゴグの民（『黙示録』にある、世の終わりに現れ出でる反キリスト）、人肉を貪り人の血を呑み、蛙も犬も蛇も食らう短足胴長の輩」とまで形容する。それでもキプチャク・ハーン国のモンゴル勢は、強力なドイツ勢に阻まれ、ウィーン以西には踏み込めなかった。

またフランス王やイングランド王のもとには、将軍バイジュの巧みな猛攻に晒されるペルシアのシーア派勢力から使者が到来、「今こそキリストとイスラムが団結し、モンゴルに対抗せねばなりませぬ」と申し入れた。モンゴル勢到来が間近と見て、パレスティナで一四〇〇年続いた二項対立の当事者、イスラム・キリスト両教徒は歩み寄った。ダマスカスのイマド・エッディンとテンプル騎士団は一層親密な関係に入る。フランスでは、タタール恐怖が増幅され、人々は、遠来の大軍に踏み込まれキリスト教圏が滅亡すると震えおののいた。逆に海に囲まれたイングランドでは人心ののどかで、「モンゴルとイスラムを争わせておけ。共倒れすればキリスト教世界は万々才だ」と嘯く声もあった。

◉ホラズム勢力の動静

モンゴル帝国将軍バイジュ指揮下の軍勢は、中央アジアのサマルカンドを首府とするイスラム教徒ホラズム人の大国を攻めおとした。それは、チンギス・ハーンの服従命令を届けた使節をホラズム王が斬り捨てた報いで、以後ホラズム人は執拗にタタール勢に押しまくられて西方にむかい、メソポタミアを経てようやく小アジアでセルジュク勢力から領土を分け与えられていたという歴史がある。

ところがバイジュ勢は、バグダッドを除く西アジアのイスラム圏を席巻、さらにホラズム人の後を追うようにメソポタミアへ、小アジアへと突き進み、一二四三年春にはセルジュク朝ルーム国のトルコ勢を屈服させた。ホラズム人は居場所を追われ、七月までにシリア方面へ南下移動した。足場の定まらぬ彼らは、必死に命綱を求めた。

こうした状況下、小アジアの一キリスト教国アルメニアは、独特の生き延び方を採る。ローマ教会には仲間入りしたが、西欧は遠く、近隣のアンティオキア公国やテンプル騎士団とは敵対している。そこでアルメニア王はどうしたか。なんと将軍バイジュに、自ら進んで保護国になると申し出たのだ。そしてモンゴル勢力を後ろ盾に、シリア、パレスティナで西欧勢力を凌ぐ威を振わんと意気込んだ。

バイジュ指揮下のモンゴル勢力は、その後シリア、パレスティナに襲来し、ついでアイユーブ一門が治めるエジプトに押し寄せるであろう。フランク勢よりも怖い敵の進攻を前に、アイユーブ一門が一枚岩であることは、イスラム全体にとって必須であった。バグダッドのカリフも、警告を発していた。

エジプトのスルタン、アル＝サリ・アイユーブは、叔父イマド・エッディンに、「ダマスカスの支配権を認めるから、宗主権は自分にお認めなされ」と説いた。だがイマド・エッディンは拒絶、裏でアル＝サリ・アイユーブが、バグダッドへ遣わす使者に、ホラズム人の首長と接触してダマスカス平定協力を取りつけよと指令したことをつかんだからである。

　これに対抗するためイマド・エッディンは、テンプル騎士団との結束をさらに固めた。両者は盟約まで結び、対エジプト戦闘行為に協力し、その見返りにキリスト教徒へのエルサレム完全譲渡を謳った。「神殿の丘」も例外ではなく、「岩のドーム」は、すぐさまテンプル騎士団に戻された。他にも、サフェド城塞地などのテンプル領有が確認され、大要塞の築造が許可された。加えて、ヨルダン河西岸も概ね引き渡された。一二四四年春には聖都からサラセン人の姿が消えた。

　エジプトのアル＝サリ・アイユーブは怒り心頭に発した。そこで彼は、ホラズム人と連携する。首長の名はベルケカン、やはりイスラム教徒である。

　ホラズム人は定住地をもてず、農作も徴税もできぬまま町々を襲っては略奪行為を働き生き延びてきた。イングランド王弟リチャードが聖地に到来して間もない頃、彼らはアイユーブ一門が治める北の要所アレッポを襲撃、大略奪を働いた。この時、ダマスカスから援軍が出撃、ホラズム勢を蹴散らした。それでも略奪行をやめぬ彼らは、アレッポ勢やセルジュク勢に叩かれる。

「どこか住める土地を我々に」とホラズムの首長は乞う。するとアル＝サリ・アイユーブはこう持ちかけた。

「パレスティナ沿海地には、キリスト教徒と呼ばれる連中がおってな。わがイスラムの教えを蔑み、手に負えぬ連中だ。彼らは、エルサレムにもいる。これらを叩き出して居住地とせよ。実入りは大きい。土地も豊かで、楽ができるぞ」

一二四四年八月下旬、ホラズム勢はエルサレムになだれ込み、この聖なる都の大破壊、主人顔するキリスト教徒の大殺戮をしてのけた（ホスピタル騎士団総帥のイングランド・ニューカッスル支部宛報告書簡による）。

◉ホラズム勢力、エルサレムのキリスト教徒殺戮

衝撃的なのは、エルサレム総大司教、ナザレ大司教はじめパレスティナの司教らが連名で、仏英の大司教、司教、僧院長に宛て書き綴った内容である。

「東方のおぞましい野獣がエルサレムの地にむけ進路を取った……。ペルシア中を荒し回ったタタール勢に、巣穴から叩き出された蛇のように住処《すみか》から押し出されたホラズム勢は、他所に居住地を求めるもサラセン人から相手にされず、唯一エジプトのスルタンから、キリスト教徒が住みつく土地を狙えと唆《そそのか》されて侵攻してきた」「他のサラセン人なら敬意を払って手をつけないキリスト教徒至高の聖域、聖墳墓教会や、郊外ヨシャパテ谷に建つ聖母マリアの墓がある教会や、イエス生誕の地ベツレヘムにある教会までも荒らし汚し、歴代エルサレム王の墓を暴き、尼僧、老人、病人すら首かき切って殺害した」と綴られる。

ホラズムの蛮行はエルサレムに留まらない。アッコンやティールなどキリスト教徒が住

みつく町々をつぎつぎ襲っては破壊し、犯し、殺し、略奪した。その後は、キリスト教徒から徴税し、サラセン人からも、彼らがキリスト教徒の領主に納めていた税や貢ぎ物を取りたてた。

もちろん、激減したとはいえ聖地のフランク勢も安穏とはしていない。ダマスカスのスルタン勢と、これと盟を結ぶテンプル騎士団など西欧勢は、十字の御旗とイスラムの象徴である三日月の御旗を揃って棚引かせながら、エジプトへ向かった。ホスピタル・ドイツ両騎士団は概ねいつもエジプト寄りだが、この時ばかりはイマド・エッディンに与した。

かくてあわせて一万六〇〇〇のダマスカス・キリスト勢力は、三万五〇〇〇のエジプト・ホラズム勢とエジプトの手前ガザ近くのフォルビで激突、と思いきや、何とダマスカス勢は土壇場でさっと引き返して遁走、取り残されたキリスト勢はホラズム勢に包囲されてしまう。結果はまたしても惨憺たるもの、戦闘に斃れたテンプル戦士は三四八名中三一二名、ホスピタル戦士は三五一名中三二五名、ドイツ戦士にいたっては四〇〇名中生存者三名のみ、なかんずくテンプル騎士団総帥アルマン・ド・ペリゴールも、他の二騎士団総帥も揃って落命し、また捕虜の数およそ八〇〇人という壊滅的敗北を喫した。戦場が静まると、ホラズム勢は累々と横たわる屍の間をぬって戦利品を漁った。

この報告書をもって、ベイルート司教が、あたふた教皇のもとへ海路旅立った。報告書は一二四五年、リヨン宗教会議の場で読み上げられた。

†

見過ごせないのは、神聖ローマ皇帝フリードリヒがイングランド王弟コンウォール伯に宛てた書簡の中味だ。ホラズム蛮行の最大原因は、テンプル騎士団にあるというのである。いわく、「せっかく伯がエジプト側と結んだ休戦条約があるのに、テンプル騎士団がダマスカスのスルタンとの間で、キリスト教徒への神殿の丘の譲渡を盛り込んだ盟約を結んだものだから、怒ったエジプトのスルタンが、ホラズム勢を聖地に送りこんだ」、そして現地の修道僧から聞いた話として「テンプル騎士らは、ダマスカスのスルタン一行を騎士団館内に迎え入れて歓待し、彼らがムハンマドの名を唱え奇妙な祭儀を行なうのを黙許している。これはイスラムとの融和親善を越えた背教者の行為だ」と咎め立て、さらに「テンプル団は西欧圏内に数多く拠点を擁し、資金も戦士も十分揃え、エジプト勢力殲滅も可能なのに、やりおおせれば、そのあと自分たちの存在意義が消えると恐れ、莫大な富を抱え隠匿しながら、敵攻撃に手加減している」などと記す。

こうした悪評を意識してか、ホラズム勢との戦いで斃れたテンプル総師アルマン・ド・ペリゴールは、生前、「エルサレム巡礼の安全確保には親ダマスカス、反エジプトの策が有効」とイングランドのテンプル騎士団分団長宛ての書簡で語っている。

それにしてもテンプル勢が、親交を結んだ盟友から土壇場でかくも苦い背信行為を食らうとは……。イマド・エッディンは、エジプト勢が怖かったのか。同族間の流血を忌んだのか。

エジプトのスルタンは、ホラズム勢を懇ろにねぎらい、豪華な衣装を贈った。「次ぎはダマスカスだ。ガザでわが軍勢と合流してもらいたい」。ホラズム側はすぐさま応諾した。カイロでは宮殿に幾夜も明かりを灯し、入城門の上に敵の首を並べたて戦勝を祝った。結局、エジプトのスルタンがエルサレムを再び掌握、またホラズム勢を動かし、ダマスカスとその領域をも征した。叔父イマド・エッディンには、バアルベクを代替地として与えた。

キリスト勢力を激減させたアル＝サリ・アイユーブは、アイユーブ一門の雄となった。それなのに、彼は心穏やかでない。エルサレムの奪回に西欧十字軍は必ずまた襲来する、モンゴル勢もパレスティナを席巻したら、次にはエジプトへ進攻してくる。二手の敵を迎え撃つ戦力は、彼にない。

ホラズム勢は、富めるダマスカス市街での略奪許可を当然のように期待した。そこは、サラディンの霊廟があるイスラム誇りの麗都だ。

「あの蛮族に荒らされてなるものか」。アル＝サリ・アイユーブは、別所を相手にあてがおうとした。これにホラズム勢が怒り、そしてバアルベクに追いやられていたイマド・エッディンの傘下に入るのだが、結局ダマスカスに駐留するアイユーブ一門の勢力によってたかって攻めたてられ、一二四六年五月下旬、滅亡する。

イマド・エッディンは、甥を恐れてアレッポに逃げ込んだ。その身柄引き渡しをアル＝

サリ・アイユーブはアレッポのスルタンに迫るが、同スルタンはきっぱり拒絶し、当人を保護した。

この頃、西アジアのイスラム圏平定を推し進めてきたモンゴル軍将軍バイジュは、シリアのアンティオキアへ使者を送り、高飛車な要求を突きつけていた。「城市・城砦の胸壁を取り壊せ、金銀の全収益を献上せよ、若い娘三〇〇〇人を差し出せ」というのである。領主アンティオキア公は断固拒否、相手は公を罵倒して去った。あとに何が起きるか。皆、恐怖におののいた。バイジュの使者は、フランク人だけでなく、アレッポのスルタンにも服従を押し付けていた。彼は、埒もなしと、軍税の支払い要求に応じた。モンゴルの覇権を容認したことになる。

アンティオキアの総主教は、ドイツ騎士団の新総帥共々、神聖ローマ皇帝フリードリヒのもとへ向かった。総主教はギリシア正教会に所属する身で、ローマ教皇には直接会えないのだ。

第十二章　ルイ九世のエジプト・パレスティナ遠征、迎え撃つバイバルス

◉教皇の対モンゴル外交

イスラム圏では血脈の繋がった者同士が、域内で覇権を争った。西欧でも、血縁のある者同士が戦った。ともに国民国家では未だなく、いわば部族の集まりで、フランス本土西半分をめぐる仏英両王の戦いすら、当初は「身内のもめごと」であった。

とはいえ、宗教圏としては全体を束ねるローマ教皇とバグダッドのカリフがおり、宗教上は互いを敵として戦った。そして今やはるかモンゴル平原の地カラコルムから、世界制覇を謳う脅威のタタール勢が押し寄せてきた。ホラズム勢の聖地蹂躙も、遠因はそれだ。西欧の視界は中近東から中央アジアへと広がる。フランス王ルイ九世が、新たな十字軍遠征（第七回）を行なう時、頭に描く異教徒は、もはやイスラムだけではなかった。

彼はすでに一二四二年、タイユブールの戦いでは、イングランド王ヘンリー三世に打ち勝ち、フランス王国西半分を統治するという相手の目論見をつぶした。イングランド

王を盾に、フランス王権からの独立を意図したフランス封建領主たちもフランス王に臣従、王権は逆らいがちだった諸侯らの手綱を握り王国統合を進める。イングランドでは、あまりにフランス色の強い王家を疎んで、地方の諸侯たちが新たな国造りにアングロ・サクソン色を意識し始める。こうした民族意識の覚醒は、異教徒との大々的な接触と無関係ではない。

一二四三年、教皇インノケンティウス四世が即位、対処すべき異教徒関係の懸念材料は、ホラズム、アイユーブなどイスラムの動静、そしてモンゴルの進攻であった。

教皇は、外交使節団をモンゴル圏、イスラム圏に派遣し、現地探査と折衝に当たらせた。任務を果たすのはフランチェスコ派やドメニコ派の僧で、教皇の手足となって活動する直属スタッフである。

イタリア人ジョヴァンニ・ダル・ピアノ・ディ・カルピニ（以後ピアノ・カルピニと略記）は、ヴォルガ河西岸近くに本営を構えるキプチャク・ハーン国のバトゥのもとに赴き、恐怖に震えながらキリスト教徒殺戮の即時停止を訴えた。バトゥは彼に、遠いモンゴルの本拠地カラコルムまで赴き、大ハーンの威光に縋れと言う。現地では、第三代大ハーンに即位したグユグから、モンゴルの全世界支配は天与の定め、服従すれば現状の一切を認めるが、さもなくば滅亡あるのみと謳った「最後通牒」を手渡される。それはチンギス・ハーンの、「究極の神は世界征服者に我を指名し、必勝の後ろ盾となった」という遺訓に則るも

教皇インノケンティウス四世とモンゴル使節。

のだ。

モンゴルの地には、仏教、イスラム教、キリスト教（ネストリウス派）、アニミズムの神々が信じられていたが、それら一切を超越した究極の神とその守護を「大ハーン」は疑わない。教皇使節ピアノ・カルピニは、モンゴルの特異な風習・武器・戦術をつぶさに調査した。

やはりイタリア人のアスチェリーノは、ペルシア南部にあるバイジュの本営を訪ねるが、取り次ぎから「バイジュの面前で跪け、帽子を脱いで頭を下げろ」と言われて断固拒否、バイジュ側近からは、使節の生皮を剝いで藁人形にかぶせ教皇に送り返せという声すら上がった。結局、例の「最後通牒」と服従拒絶者への対応を記した「内部指令書」写しをあずかり帰る。

イスラム圏を巡ったフランス人アンドレ使節は、パレスティナ・シリアのイスラム教徒と接触し、イマド・エッディンはじめ大方が、キリスト教徒に好意的であると報告、またダマスカスに駐在するエジプトのスルタン代理は、ホラズム勢のエルサレム襲撃に一切関与せずと断言した旨を伝えた。

一二四五年七月、教皇はリヨンで宗教会議を開催、議題は聖地遠征、ラテン帝国救援、フリードリヒ破門、そしてモンゴル対策であった。リヨンに到着していたベイルート司教が、ホラズム勢によるエルサレム襲撃の報告書簡を読み上げた。ここに新たな十字軍が宣布された。

ラテン帝国関連では、小アジアのニカエア勢力がモンゴルに敗北し、巻き返しの動きは止まったが、バルカン半島の諸勢力が絶えず襲来、またギリシア正教会にローマ帰服の意思なく、西欧からテコ入れが不可欠と説かれた。また教皇は参加者の見守るなか、フリードリヒの代理人と激しいやりとりを展開し、皇帝破門を宣告した。

新遠征を率いる君主は、フランス王ルイ九世のみ。イングランド王ヘンリー三世も、対モンゴル全欧結束を唱えた神聖ローマ皇帝フリードリヒも旗揚げしない。ルイ王は教皇に留守中の一切を託した。

◉派遣使節の帰還――フランス王軍発進、モンゴル側使節の到来

ピアノ・カルピニが持ち帰ったグユグの「最後通牒」には、「大ハーンこそ全世界の支配者。教皇自ら諸王を率い伺候しに参れ」とあった。服従すれば、現行の信仰・習俗をそのまま認めるというのだが……。

アスチェリーノは帰路、チンギス・ハーンの顧問を長く務め、モンゴル支配下の西アジアで教会網作りに当たるシリア派キリスト教徒の長ラバンアタなる人物と接触、「前代未聞の巨大勢力襲来を前に、教皇と皇帝が争っている場合でない」と言う彼の勧告を、教皇やフランス王に伝えた。

一二四八年八月下旬、フランス王ルイ九世率いる聖地遠征艦隊は、南フランスの軍団基地エグモルトから地中海に乗り出した。艦隊は九月半ば、キプロス王国リマソルに到着、アッコンまで南東へ約二六〇キロ、エジプト沿岸へは南西に三五〇キロの地点である。そこには、遠征にそなえ数年前より小麦やワインなどが周到に備蓄されていた。

ルイ九世らは翌年五月中旬まで内陸の地ニコシアに駐留する。その間に、パレスティナからテンプル・ホスピタル両騎士団、その他のキリスト勢が合流した。彼らは詳しいパレスティナ・シリア・西アジア情報をルイ王軍団にもたらした。

一七代目テンプル騎士団新総帥ギヨーム・ド・ソナクは、進軍先を、パレスティナでなくエジプトにと説く。戦いの相手は、エルサレムを実質掌握するエジプトのスルタンなの

だ。それにモンゴル勢のパレスティナ侵攻は間近と予測され、フランス王が直接対決する事態は避けたい。

　フランス王周辺は、今回も、エジプト征服が聖地獲得につながると踏んでいた。だが、ニコシアで、遠征先をエジプトにとする働きかけが思わぬところからあった。

　クリスマス当日、ルイ王のもとに、モンゴル勢の将軍バイジュの使節が来訪したのだ。そして「我々はキリスト教徒である。フランス王方とイスラム撲滅の共同作戦を展開したい。近々、我らはバグダッドを攻撃する。フランス王には是非ともエジプト攻略を」と申し入れたのだ。イスラム圏を、ローマ教会の戦士たるフランス王とともに潰そうという。なるほどモンゴル人の中には、古来ネストリウス派の信者がいた。この提案は、フランス王側にすれば聖地再征服につながる。が、モンゴル側にとっては、イベリア半島西端サンティアゴ・デ・コンポステラに至る大帝国樹立構想の主要な一翼を、フランス王に担わせるものだ。

　フランス王の方は、聖書の重要場面を刺繡《ししゅう》した天幕式礼拝堂を彼らに贈る。真にキリストの教えを分かち合おうというわけだ。

　先頃教皇の命でダマスカスその他のスルタンらを歴訪したフランス人アンドレが、今度はルイ王の答使として天幕式礼拝堂を届けにカラコルムへと旅立つ。モンゴルに派遣された教皇使節。キプロスにフランス王を来訪したモンゴル使節。欧亜史の大きな節目となる出来事である。

●ルイ王軍団、エジプトのディムヤートへ

十字軍艦隊は、一二四九年五月下旬にリマソルを出航、一二日後、風向きにより、アレキサンドリアに次ぐエジプト第二の交易港をもつディムヤートの城壁下に到来した。

エジプト側に戦意乏しく、ルイ王十字軍は、六月上旬、難なくディムヤートを掌握した。その昔、聖母が赤子イエスと逃げて来た市内の聖マリア教会は、モスクに模様替えされていたが、さっそく元の姿に戻された。半年を経て一一月末、十字軍団はナイルの流れに沿って南へ向かい、カイロを目指した。

遠征にはルイ九世の弟三人も加わっていた。「この分でいけば、全エジプト征服もかなおう」。最年長の弟ロベールは、エジプト王即位を夢見ている。兄のルイ王も軍団も、この目論見にのっていた。ディムヤートは単にエルサレム獲得の交換材料ではない。あわよくば全エジプトを獲得してフランス王国の一部とし、ここを基地としてエルサレム攻略・掌握を図ろうという算段だ。三〇年前、枢機卿ペラギウスが教皇庁の立場で推し進めた企てそのままである。

この頃、ダマスカスにいたエジプトのスルタン、アル＝サリ・アイユーブは、十字軍の動きを知り急遽《きゅうきょ》帰路についた。だが末期の肺ガンに侵されていて、カイロの手前で絶命す

る。跡を継いだのは長子トゥーラン・シャーであった。

軍団は、ディムヤートからナイル主流沿いに南へ遡航し、この主流から東に枝分かれする支流にぶつかると、この支流の手前で布陣した。翌年二月上旬、支流対岸に布陣するサラセン勢から飛道具の総攻撃をくらいつつ、血気逸るルイ王弟ロベールは流れを渡った。敵兵はいち早く退散、王弟は対岸にある村落を襲い、女子供すら容赦なく殺害した。六年前、聖都でホラズム勢がキリスト教徒に加えた残虐行為への報復という。

王弟の一隊は、そのままナイル主流沿いの城砦マンスーラに向け突き進んだ。そこはジャン王が率いた前々回遠征のあと、将来キリスト教徒のカイロ侵攻ありと想定し築造された前哨基地である。

この時、ロベールに待ったをかける声が上がった。声の主は、テンプル騎士団総帥ギヨーム・ド・ソナク、ルイ王第五子の代父を務めた名士である。

その彼は「人馬とも疲労しており、後続のルイ王を待ってしばし休止を」と進言、これに対しロベール側近は「敵に利するばかりだ。テンプルやホスピタルや聖地の連中は不真面目だな。本気ならとうにエルサレム奪回も叶ったはずよ」と吐いた。

ロベール本人も「今や異教が滅びキリスト信仰が永遠となる寸前なのに、屁理屈こねて邪魔立てする気か。騎士団の連中は、我らに服したらうまい汁が吸えなくなると思うから、サラセンとつるみ、十字の御印に命を捧げんとする者を、無駄死にさせるのだ」と、こき下ろす。皇帝フリードリヒさながらの言い分である。

「聖地では、サラセン側と対決一本やりではやっていけぬ。我ら僧衣をまとう身で、キリスト教会を葬り、自らの魂をも滅すと仰せなのか。十字の御印を掲げ一丸となって戦えば勝利もあろうに、これでは霊的偉業なぞ成りませぬな」と、総師は反駁、険悪な空気が漂った。

両者のやり取りは、近東と西欧のキリスト教徒が胸中にためる相手への憤懣を激しくぶつけ合うものとなった。さいわい長剣の名手、イングランド人騎士ウイリアム（国王ヘンリー二世の庶子）が割って入り、「西方の若輩に東方人の力量は測れませぬ」とロベールを戒め、総師を宥めたため、その場は鎮まった。

◉マムルーク隊長バイバルス登場

だが結局は、エジプト征服の夢も儚《はかな》く消える。ロベールもウイリアムも、そしてテンプル総師ギヨームも、マンスーラに入った途端、サラセン勢の巧みな迎撃をくらって総崩れとなった。ロベールは逃げに転じ、重装備のまま流れに嵌って溺死、ウイリアムも落命、テンプル騎士団総師は行方知れず、またテンプル・ホスピタル・ドイツの三騎士団合わせて、全滅に近い一〇〇〇人以上の犠牲者を出した。

すぐさま一八代目テンプル騎士団総師となったのは、騎馬大将ルノー・ド・ヴィシエで

†

あった。そしてサラセン勢を指揮していたのは、マムルーク隊の雄にして後の大スルタン、バイバルスである。

エジプトのスルタン、アル＝サリ・アイユーブの跡を継いだ息子トゥーラン・シャーは戦術に長け、ラクダの背に軍船を荷わせて陸路を運びナイルの流れに投入して、十字軍艦船がディムヤートから陣営まで食糧・物資を届けるのを遮断した。補給を絶たれたルイ王軍は戦いどころでなくなり、しかも疫病が流行り出して、ついに降伏、ルイ王はじめ全員が捕虜となった。病弱者は次々と三日月形のサラセン刀で斬り殺されていった。ちなみにマンスーラにはこのときフランス王が拘束された家が現存する。

ところがその直後、イスラム側に内乱が生じた。ルイ九世らの目の前で、マムルーク勢力がトゥーラン・シャーにクーデターを起こし、エジプトはマムルーク勢力の支配下に入る。バイバルスが、捕虜となったフランス王ルイの頭上に血刀を当てる場面もあった。

一二五〇年五月上旬、結局ルイ王らは身代金により解放され、十字軍団はパレスティナに渡る。以後、四年と三カ月の間、ルイ九世の十字軍はアッコン、カエサレア、ヤッファ、サイエトなど沿海地のキリスト教徒圏に留まり、各城砦の修復工事に当たった。この間、相対立するダマスカスのアイユーブ朝スルタンとエジプトのマムルーク朝スルタンの両方から結盟を求められた。フランス王側は両方と掛け合い、各々の獄中にあるキリスト教徒を解放させた。

バグダッドのカリフは、モンゴルの不気味な動きに憂慮をふかめ、ダマスカスとエジプト双方に警告を発した。

レバノン山中にいくつも拠点をおくアサシン団の長老（シーア派系）は、イスラム圏のスルタン（スンニ派）やキリスト教圏の君主や領主を、「命惜しくば貢献せよ。せねば生かしておかぬ。すれば敵から守ってやる」と脅し、金品をせしめていた。しかしこの手法は、テンプル騎士団やホスピタル騎士団の総帥には通用しない。倒されてもすぐ代わりが現れる。で、逆に長老の方が総帥らに貢物を納めていた。長老の使者はアッコンにフランス王ルイを訪ない、総帥らへの納貢を免除してくれたら、王から貢物がなくとも王の身の安全を保証すると申し出た。居合わせた総帥らは断固拒否を進言、使者にむかって、「再度来たらアッコンの泥海に叩き込むぞ」と凄んだ。すると長老はがらりと態度を変え、後日、自身の下着をルイ王に贈って、今後は両者一心同体なりと唱えた。カイロもダマスカスもスンニ派が治める状況下、孤立感を深めるシーア派は近東のフランク勢に盟友を求めたのであろう。

フランス王ルイは、パレスティナに駐留する間、まさに教皇の代行者であった。例えばあるテンプル騎士がダマスカスのスルタンと領地交換を無断で行なうと、フランス王はこれを咎め、パレスティナから当人を追放する。当人はその後、はるかスペインのカタルニア支部の長となった。それは、欧州・近東にまたがるテンプル騎士団組織の大きさ、移動空間の広さを物語る。教会網と並ぶもう一つのネットワークがヨーロッパに出来上がっていたのだ。

またルイがキプロスからモンゴルに遣わした使節アンドレが同王のもとに帰還、「タタール人はルイ王に服従を迫っている」と報告した。フランス王が真のキリスト教を教示しようと贈った天幕式礼拝堂を、モンゴル側は進貢と見なしたという。彼は新たに使節ルブルックを今後のモンゴルの動向を探査すべく遣わす。

イスラム側に台頭したマムルーク勢力、世界帝国を目指すモンゴル。ルイ王は身をもって最前線で体験した異教徒勢力の動静にたじろぎながら、「帰国し、足元を固めねばならない」と決断した。フランス王ルイがエルサレムに足を踏み入れることは、以後ついぞなかった。

「フランス王ルイでは聖地奪回は無理だ。やはり皇帝フリードリヒでないと」。西欧ではそんな声も聞かれた。だが、フリードリヒ本人はすでに一二五〇年に他界、また嫡子のコンラート四世も、一二五四年に二六歳で世を去っていた。

第十三章　モンゴル勢の西方大遠征、パレスティナのキリスト教徒

◉フラグ勢、アサシン団とバグダッドのカリフ撲滅

フランス王ルイ九世がエジプトからパレスティナに渡った頃、モンゴル世界では、実力者バトゥの強い後押しを得て一二五三年に第四代大ハーンの座についたモンケが、いよいよ世界制覇をめざして采配を振るう。彼は、すぐ下の弟フビライには東アジア平定を、その下の弟フラグ（フレグとも）には西アジア征服をゆだねた。

モンケ・ハーンの前で西アジアのイスラム教徒平定を積極的に説いたのは、小アジア南部キリキアの地にあってモンゴルの保護国となっていたキリスト教国、アルメニアの王ヘトゥム二世であった。彼は自国保全のためはるばるモンゴルの首都カラコルムまで赴いて、モンケ・ハーンへの服従と協力を申し出た。モンゴルから安全保証を得たあと、自身はフラグ勢力を後ろ盾に、シリア・パレスティナにいるフランス人やイングランド人まで

も駆逐して、聖地方面で覇を唱えようと大いに気を吐いていた。

ルイは帰欧に先立ち、改めてモンゴル側の動きを探査するため、新たに使節ルブルックをバトゥとモンケ・ハーンのところへ送り出した。また自ら聖地防衛隊をもうけ、運営資金を提供した後、一二五四年四月下旬に帰国艦隊に搭乗した。

その後、モンゴルから近東に舞い戻った使節ルブルックは、大ハーンのモンケにフランス王国進攻・制圧の意志あり、探査要員を西方に送り出した旨を書簡で報告する。

フランス王ルイがパレスティナを去った翌年、フラグは、シリア・パレスティナのテンプル・ホスピタル両騎士団に、宗主権を認めよと迫った。さらに次の年、アッコンのテンプル騎士団分団長はフランスのオルレアン司教宛てに、「タタール勢は、コニア（小アジア・セルジュク・トルコの首府）などサラセン領域を荒らし、またアルメニアの王によれば、来春には聖都エルサレムへ進軍するもよう」と伝える（一二五六年一〇月四日付書簡）。なお、ルノー・ド・ヴィシエを継いだ一九代目テンプル騎士団総帥トマ・ベラールは、この頃、エルサレムに駐留する一二名のテンプル騎士を、危険だからと海港地ヤッファまで立ち退かせていた。どの騎士団とも一丸となって時局に当たる要を弁《わきま》えるようになり、争いを避けていた。

モンゴル侵攻にそなえた城砦群の補強は必須であった。しかし必要資金の調達先を、現地でジェノヴァ、ヴェネツィア、ピサなどイタリア交易都市の銀行家に求めるも、彼らはモンゴル圏との通商拡大を念頭におき、戦いの巻き添えを避けてアッコンなどから姿を消していた。となれば西欧で調達するしかなく、テンプル拠点網が集金・送金上、大いに役立つことになる。

同じ頃、フラグは大軍を率い、いよいよイラン南部アラムート山を目指し、このあたり一帯に拠点網を張るアサシン団（シーア派イスマイリ勢力。エルサレム王アンリが訪問したのはレバノン支部）を巧みな戦法で潰していった。『元史』に拠ると、この折、「郭侃《かくかん》」という名の漢人将軍が大活躍したという。またアルメニア王ヘトゥムも、終始、フラグ軍に加わっていた。かつてアサシン団の長老ははるばる西欧を訪れ、モンゴル襲来の危機を訴えて、キリスト・イスラム両教徒の同盟をフランス王ルイとイングランド王ヘンリー三世に提言してきたが、恐れていたことがアサシン団に起きてしまったわけである。

そして二年後、フラグの大軍は、イスラムの「法王」たるカリフのいる本拠地バグダッドを南、北、東の三方向から攻め込んだ。莫大な金銀財宝が掠奪され、全都炎上、貴重な文化財が大量に焼失した。カリフ一族をはじめ、重要人物は全員、殺害された。これが一二五八年二月のことである。またフラグは、この頃から「イル・ハーン」を正式に名乗るようになる。

モンゴルによるカリフ打倒とバグダッド制圧には、アサシン団を襲った惨禍に震えあがった他のシーア派が加担した。

†

モンゴル勢の動向は、西欧に強い衝撃を与えた。教皇も王権と争ってばかりおれない。ルイ九世は、イングランド王家との間で長年抗争のもととなった領有権問題に決着をつけるべく、話し合いの結果、イングランド王ヘンリー三世はフランス本土のノルマンディー公領、アンジュー、ポワトゥほか二つの伯領を正式に返還し（ルイ九世二人目の弟アルフォンスがポワトゥ伯、末弟シャルルがアンジュー伯を名乗る）、フランス王側は見返りに巨額の金と、リモージュやペリゴール方面の土地、最西南部ギエンヌ領とボルドーほか二城市を封地としてイングランド王側へ授けた。かくてイングランド王はフランス王に臣従し、一二五九年一二月、「アキテーヌ貴族王」の称号を得た。

イングランド王の臣従式と祝宴が、イングランドの高位聖職者や貴族も大勢列席するなか、パリで催された。イングランド王一行の宿所となったのは、かのテンプル城郭内パリ本部の建物である。

さて、バグダッドを征したフラグ勢力は、その後、シリアに突入する。彼らの野望は、パレスティナからエジプト、さらにその先へとイスラム圏を席巻していくことだ。すでにアレッポ兼ダマスカスのスルタン、アル＝ナシル・ユスフはバイジュに軍税を納めていた。アンティオキア公も貢物を献上してモンゴルからの災いを避けようとしていた。そして今やイル・ハーン勢力は、徴税だけでなく町々の実効支配にのりだした。テンプル・ホスピタル両騎士団にも、単に恭順ではなく服従せよと圧力を強めていた。シリア各地でイル・

ハーンのモンゴル勢は、スンニ派の住居を焼き打ちし、キリスト教徒やユダヤ教徒やシーア派には災いを及ぼさなかった。陥落後、モンゴル人が土地の首長となり、アルメニア人やシーア派の人物が補佐役となった。

アレッポ兼ダマスカスのスルタン、アル＝ナシル・ユスフは、モンゴル勢に服従の意思を疑われた。そのため彼は丁寧な言葉で酒宴に招かれ、酩酊したところを、殺害された。

フレグの遠征軍によるバグダット制圧。

破竹の勢いでモンゴル勢が進撃する間、テンプル騎士とホスピタル騎士は懸命に迎え撃った。だが、多勢に無勢、交戦すればほぼ全滅の憂き目にあった。このことをテンプル騎士団総帥トマ・ベラールは、イングランド王ヘンリー三世や騎士団ロンドン本部総長に宛てた書簡で愁訴し、さらに「モンゴル勢はシリアを蹂躙し、アッコンの城門に到達して近隣を四〇日間制圧した。彼らは、降参し命乞いしてきた者を盾代わりに先頭に配して進軍した。また女子の射弓兵がいて馬上から前方の的、後方の的を見事に仕留めながら、エジプトからの加勢軍を蹴散らし、今ではダマスカスも掌握した」と、相手方の奇異な巧みさを綴る。西欧は大きなショックを受け、イエスの無力を悲しんだ。

一二六〇年四月の復活祭の頃、ルイ九世のもとにも教皇から、タタール勢がキリスト教国アルメニアの勢力を従え、アンティオキア、トリポリのキリスト勢、ダマスカス、アレッポのサラセン勢を制し、アッコンにも危険が迫ってキリスト教徒の富が危ういとの報告が届いた。王は、諸侯、高位聖職者、騎士らをパリに集め、「主に守護を祈願し、罪を改めよ、贅沢な衣食は控えよ、弓・弩の腕ならしならまだしも遊技はやめよ」と説いて人心を引き締めた。

この新たな強敵の前に立ちはだかるのは、シリアでは、テンプル騎士団領有のトルトサとシャステル・ブラン、ホスピタル騎士団のクラック・デ・シュヴァリエなど、強大な城塞、また南に下ってパレスティナでは、テンプル騎士団の「巡礼城」、サフェド、ボフォール、ドイツ騎士団のモンフォートなどの城砦であった。だがこれら城砦から出撃する騎士従士は、ことごとく惨敗を喫した。この頃モンゴルの地では、フビライが大ハーンの座についた。

●タタール勢、マムルーク勢に敗北

モンゴル勢力はサラセン人を敵とし、親キリスト教徒を標榜するが、服従を強い、従わねば、仕打ちは容赦なかった。この頃、サラセン勢はイル・ハーンのタタール勢と戦うに際して、キリスト教徒に領有地通過の許可を要請し、目立って敵対はしなかった。一二六一年六月末、テンプル騎士団総帥トマ・ベラールは、「教皇が検討すべき重要案件として、聖地、シチリア王国、ラテン帝国へのテコ入れと並んでモンゴル対策があり、とくにモンゴルの軍門に下ったアルメニア王（イル・ハーン国に服従）、ロシア王（キプチャク・ハーン国に服従）、アンティオキア公（イル・ハーン国に進貢）らをどう扱うか早急に決断する要ありと進言するよう」、パリの騎士団本部に伝えた。

またテンプル騎士団はスペインに、ホスピタル騎士団はフランスに、ドイツ騎士団はドイツに使者を送って救援を訴えるのだが、実は彼らが西欧各地に辿りつく前に、シリアを席巻したイル・ハーン勢力の覇権はあっさりと崩れる。一二六〇年九月上旬、エジプトのマムルーク朝第三代スルタン、ムザッファル・クトゥズ指揮する軍勢と、ナザレ近くのアイン・ジャールートでイル・ハーン勢に遭遇したのだが、巧妙な作戦が効を奏して何とこれを撃退したのだ。これによってパレスティナからモンゴル人の姿がさっと消えた。剛猛きわまるタタール勢が、エジプトのマムルーク勢には敵わなかったのである。

その後、さっそくイル・ハーンのフラグは直にパリのフランス王ルイのもとへ使節を遣り、改めて友好・結盟の申し入れを行なった。世界帝国実現を諦めてはいないのだ。とはいえ、彼らだけで事は成就しない。フランス王こそ傘下に入って行動を共にしてほしい存在

†

だ。イル・ハーンは、小アジアでセルジュク勢に雇われた十字軍崩れの騎士や従士と戦った経験から、西欧の中でもフランス王国の戦士を最強と見、力ずくで屈服させ意に従わせるのは無理と心得ていた。

同じ頃、キプチャク・ハーンからも使者が到来、こちらは高飛車な服従命令を申し渡した。フランス王権はどちらも丁重に承り、そのまま無視した。

いっぽう、エジプト・マムルーク側では、勇将バイバルスが、クトゥズを機略により討ち取り、第四代マムルーク朝スルタンとなる。彼はダマスカスも掌握、覇権をシリアにまで広げた。

バイバルスは、キリスト教徒にとって穏やかならぬ動きに出る。ロシア・東欧方面を支配するキプチャク・ハーン、ベルケと同盟を結び親善・友好を深めようとしたのだ。きっかけはベルケが、エジプト勢に撃退されたイル・ハーン支援のため軍勢を派遣したものの、かねて第五代大ハーンをめぐってフビライを支持したフラグと反フビライの彼との間でくすぶっていた軋轢が顕在化し、派遣隊に、行き先をバイバルスのもとへと転じさせたことにある。

バトゥの異母弟ベルケは、母親がイスラム教徒で、自身もイスラムを信奉していた。バイバルスはベルケ派遣隊を大歓迎した。自身の生まれ故郷キプチャクの地はベルケ支配圏にあり、またエジプトにあって再三西欧勢力の侵攻を受け、そのうえイル・ハーン勢の侵略を恐れる彼にとって、イル・ハーンと敵対し西欧をも睨むキプチャク・ハーンは、唯一無二の友邦たり得たのだ。

バイバルスは、イル・ハーン勢を東から牽制するべく、インド半島デリーにあって覇を唱える勢力とも盟を結んだ。通商面でも、中国・インド・インドネシアの産物を入手するうえで、カスピ海の北、つまりキプチャク・ハーン国圏経由の方が、敵対する南のイル・ハーン国圏経由より好ましかった。

◉バイバルスの大構想

バイバルスは二手の異教徒、イル・ハーン勢と西欧勢とに立ち向かうこととなる。アイン・ジャールートでフラグ勢を打破しただけでは、イスラムは蘇生しない。「沿海地に残存するフランク人掃討をやり遂げる。イル・ハーン、タタール勢力には、二度とパレスティナの地に踏み込ませぬ。マムルークたる自分が、強いイスラムを築く」

この時、イスラムは異教徒への寛容を棄てたのだ。

バイバルスは、バグダッドから逃れてカイロに到来したカリフ家の血筋を引くムスタンスィル二世をカリフの座に据え、その威光により自身スルタンとしての格式を高めた。一年足らずしてムスタンスィルは三〇〇の兵力を率いてバグダッド奪還のため進軍、だが一二六一年、フラグ配下に返り討ちされた。バイバルスは当初、ムスタンスィルに兵一万を預けるつもりだったが、もし事をうまく収めれば当人はカイロ掌握をも狙うのではないか、という進言にのった結果である。

いっぽうイラクへ逃げのびた者の中に、カリフ一族の若人ハーキム・ビアムアッラーがいた。バイバルスは彼を招き、新カリフに仕立て上げた。キプチャク・ハーン勢と結び、西欧キリスト教圏にまで踏み込む。そんな覇気漲《みなぎ》る構想を、彼は培《つちか》っていた。

一二六三年早々、バイバルスは、カイロにあるスルタンの居城「山の館」の謁見の大広間に、ベルケ派遣隊のモンゴル人や、これからベルケの許に旅立つバイバルス使節らも列席させ、一同の前で自ら新カリフに臣従を誓い、また彼に即位の抱負を語る大演説を行なわせた。彼はとりわけイル・ハーン、タタール勢によるバグダッド襲撃とカリフ一族撲滅を語り、ムハンマド信奉の要を述べた。皆、バイバルスを「聖俗両面における主柱」と称えた。この式典はダマスカスでも催された。

その後もイル・ハーン勢は時折襲来するが、バイバルスに歯が立たない。バイバルスは、パレスティナ・シリアに点在するキリスト教徒の城市・城砦を攻撃し続けた。イエスが少年期を過ごしたナザレの町は徹底破壊され、由緒ある教会は跡形なく消えた。この頃、捕虜の交換にせよ横奪物の返還にせよ使者の扱いにせよ、キリスト教徒は姑息で信義に欠くと、イスラム史家は記す。

バイバルスは、キリスト教徒の最重要拠点アッコンを攻囲し、また、エジプトに近くカイロ進攻に最適の前線基地となり得るモアブ城砦を城主から取りあげた。城主はイル・ハーンと気脈を通わせていたという。その後、キプチャク・ハーン、ベルケはエジプトへ、バイバルスの方もベルケへ使節を派遣した。両者ともコンスタンティノープルを経由するのだが、エジプトとキプチャク・ハーンの結びつきに危惧を覚えたビザンツ皇帝は、エジプト使節を拘束、一年間もコンスタンティノープルに留めおき、ベルケ使節には自らの使節を同伴させ、贈り物を持たせてカイロへ向かわせた。イル・ハーンとの同盟一本やりでは立ちいかぬ状勢と、再興ビザンツの皇帝は悟った。

新カリフとなったハーキムは、到来したベルケ使節の前で、ベルケ安泰の祈願を捧げた。ベルケは、帰還した使節から報告を受けると、正式にイスラム帰依を唱えた。なおまたベルケ御加護の祈りをメッカなどイスラム聖地でも行なうよう、指示が出された。その後、エジプト・キプチャク間で使節交換は幾度か繰り返される。

強い味方を得た思いのバイバルスは、翌一二六五年二月下旬から四月下旬にかけ、パレスティナからフランク人を一掃せんと、カエサレア、アトリット（巡礼城）、アルスフを次々と攻撃、城壁を崩し、街中を徹底破壊した。アルスフでは、バイバルス自ら日に三〇〇本の矢を放った。イスラム僧、司法行政担当者までも戦いに動員され、修道女が戦士の世話をした。

またテンプル騎士団領有の城砦を睨みつつ、馬上にあって槍を手に、木々が一本残らず根こそぎにされるまで四日間、じっと動かぬバイバルスの姿があった。略奪したものは買い上げてやり、奪還した所領は気前よく配下の武将らに配分した。皇家王家の出自ではない。奴隷市場からのしあがってきた苦労人なればこその気遣いであった。またこの年バイバルスは、カリフのハーキムを幽閉している。

イル・ハーン国ではフラグが没し、一二六五年に息子のアバガが跡を継いだ。イル・ハーン国からかキプチャク・ハーン国からか、タタール人が大勢エジプトに流入し、なかにはイスラムに帰依して武将に取り立てられる者もいた。同じくイスラムに改宗する西欧キリスト教徒もいた。

◉バイバルス、機略によりサフェド大要塞を奪取

パレスティナはバイバルスの独壇場となった。猛攻にさらされ、フランク勢は敗退を重ねた。桁違いの大軍と対峙し、テンプルの騎士従士は、必ず敗けると予見しながら逃げずに撃って出、ばたばたと斃れていった。フランク人の多くが聖地に見切りをつけ、帰欧した。

一二六六年、バイバルスは、テンプル騎士団領有とされるサフェド城塞へ大攻勢をかけた。これはダマスカスのスルタン、イマド・エッディンから一二四〇年に譲渡されたものである。テンプル側は、これに巨額を投じて一大要塞を築造し、大量の食糧・武器類を収蔵していた。戦士二二〇〇人を擁するも、西欧出身のテンプル騎士は五〇人、従士は三〇〇人にすぎず、他は現地採用で、従士五〇〇人、弩兵三〇〇人、その他の団員八〇〇人、捕囚も四〇〇人いた。城塞の築造、必要物資の備蓄を支える資金は、パリ本部城郭内の大金庫から南フランス、シチリア、イタリア半島などの海港地を経由し、テンプル騎士団所属の船舶で運ばれてきたと推定される。

サフェド城塞のキリスト教徒は、「かくなる上は、バイバルスに和睦を願い出るほかなし」と、話し合いのため現地出身のシリア人を使者に立てた。バイバルスは彼に回答を託し、「城塞を明け渡し降伏すれば、アッコンまで全員無事送り届ける」「騎士団員は、離脱すれば恩赦を与える」と伝えさせた。そこで彼らは全員、開門して城砦の外へ出た。だがテンプル騎士従士だけは、隔離されて近くの丘に連れ出され、全員、斬首に処された。総帥トマ・ベラールだけが死を免れた。サフェド城塞は徹底破壊された。バイバルスは騎士団の存続を認めたが、キリストの戦士たることは封じ、服従を強いた。例の使者はイスラムに改宗させられた。

ホスピタル騎士団は恐れおののき、テンプルの二の舞は避けねばと、すぐさまバイバルスに、「ご容赦を」と願い出た。なお同年、キプチャク・ハーンのベルケが亡くなった。

フランス王ルイ九世は、サフェドや、かつて自ら城壁修復に当たったカエサレアの惨状を伝え聞き、二度目の聖地遠征を決意する。だが王は、そのとき重い病を患う身となっていた。

エルサレム総大司教は一二六七年、テンプル騎士団パリ本部総長へ、「アッコンに十分な軍資金を備える必要がある。現在、雇い入れた射弓兵の給金、フランスから到来した騎士五〇名分の維持費（六〇リーブル）、アッコン駐留の聖地防衛隊の年間経費（一万リーヴル）を借り入れており、返済には、テンプルのパリ本部に預け入れた貢租歳入をあてるほかなく、これを送金して貰いたい」と記し、また教皇には、「バイバルスとの戦いに巨額の軍資金、大軍の戦士が必要であり、ぜひ新たな十字軍を発動なさるよう、またジェノヴァとヴェネツィアは権益争いに明け暮れ、他所に融資する余裕のない状態にあり早急に両者の諍いを止めて下さるよう、さらにはキプロス、エルサレム両王国で徴収される十分の一税を戦費決済に回すことをお認めあるよう」と訴えた。

バイバルスの軍勢は一二六八年三月上旬から四月上旬にかけて、次々とヤッファ、ボフォール城砦、バニアスを攻略した。翌月上旬にはオロント渓谷に点在するテンプル騎士団拠点のひとつ、ガスティン城砦も陥落した。ここでは従士の給金・兵糧用の資金が底をつき、団員の一人が城門の鍵を投げ出し、自ら降伏した。さらにバイバルス勢は、渓谷沿いに北へ下りアンティオキアに到達、これに大攻撃を加えて一万七〇〇〇人のフランク人を殺戮した。彼はまず絹織物産業で栄えるトリポリを猛攻、そこへアンティオキア公が救援に駆けつけ不在の間に、アンティオキアを襲ったもので、それはキリスト勢とイル・ハーン勢両者への、マムルークの覇権掌握を知らしめる強烈なメッセージとなった。事後、バイバルスは、領主アンティオキア公宛ての書状に「タタールとは手を切れ」「アッラーにかけ、お前の心臓を抉《えぐ》り出し、火で炙《あぶ》ってやる」などと強烈な文面を認めた。各地のフランク人領主が叩き出され、どんどん撤退していった。パレスティナ・シリアで西欧キリスト教徒の数は激減した。

◉信教の優劣

どんなに踏ん張っても、バイバルスにはかなわない。「十字架も教えも意味なし」「神は敵に味方し我らを滅ぼす気なのか」「神は眠っている」。テンプル騎士でもある歌人オリヴィエは、そんな苦い思いを詩文『イーレ・エト・ドロール（怒りと苦悩）』で詠じた。歌人だけではない。サフェド城塞陥落の折、死を免れたテンプル騎士団総帥トマ・ベラールは、「主は我々をお見棄てになった」と、ついに憤懣をイエスに向ける。

対照的にバイバルスは、対異教徒常勝の成り行きに、「神の加護」を実感していた。かつてキリスト教徒は戦で異教徒に敗れると、「我らの罪深さゆえに」と内省した。かつてサラディンと戦って負けを重ね、ついにエルサレム全面撤退へと追い込まれた時は、「イエスにより聖地に値しないと見限られたゆえ」と自身の生きざまを悔いた。だが今やキリスト教徒は怒りのもとだ。状況は、現地のイスラム・キリスト両教徒を内面から大きく変えつつ

†

あった。

バイバルスの方はアッラーの援けを実感し、大いなる構想を培った。パレスティナ、エジプトに侵略すること数度に及んだ西欧へ、キプチャク・ハーン勢力と結んで返礼することだ。ベルケは他界したが、前キプチャク・ハーン君主のバトゥばりの有力なる将軍ノガイがいる。

これに比べ、主に見棄てられた思いのキリスト教徒は、テンプル騎士団の入団審査に露骨に反映させる。古参の騎士や従士は、純な心をもって入団を志願する青年に、旧来通り「貞潔」「清貧」「絶対服従」を誓わせながら、そのすぐ後、思わぬことをさせたのだ。祭壇の後に引き入れると、小十字架を取り出し、「キリスト像に唾棄せよ」「三度キリストを否認せよ」と命ずるのだ。驚きたじろぐ若者に追い打ちをかけ、「口、臍《へそ》、背骨の最下部（アヌス）にキスせよ、しきたりだからやれ」とまで強いる。すでに一二六〇年の時点でこうした審査は行なわれた(ミシュレ編纂テンプル裁判証言集)。聖地では異教徒に打ち勝てぬ、キリストは救いの手を差しのべぬ、団内ではソドミーに慣れよ、と捨てばちな気持ちを初心な若者にぶつけてしまうのだ。

「仲間内で（ソドミックな）乱倫に耽溺《たんでき》」（サラディン）、「ダマスカスのスルタン、イマド・エッディンに服従し、館にイスラム僧を招いて行なわせる祭礼を見物」（フリードリヒ）など、聖地ではキリスト護教の最前線にある精鋭騎士団の信じがたい姿が取り沙汰され、西欧は苦りきっていた。

そんな風潮への反動として、例えば「聖杯伝説」は生まれたのであろう。最後の晩餐でイエスがワインを呑み、またその磔刑時、流れる血を受とめた杯をキリスト的聖徳に準《なぞら》え、行方知らずとなった「聖杯」を探索する。「円卓の騎士」修業譚の主要テーマである。その原型は対サラディン劣勢に傾く一二世紀後半、シャンパーニュの作家クレティアン・ド・トロワが編み出したが、一世紀後、聖地から見放された思いのキリスト教徒は、立ち直りを夢想したのだ。

しかし、夢想でなく、それを自ら体現しようとした存在があった。第七回十字軍のリーダーであるフランス王ルイ九世である。

ルイはエルサレムを見ずしてかの地を去った。西欧では、「キリスト教ではだめだ」という声すら聞かれた。だがルイ自身は、ニヒリズムとも対ムハンマド優劣論などとも無縁の堅信を抱いていた。戦いによる聖都エルサレム再征服は果せなかった。だが、彼は新たな信念を育んでいた。「祖国こそ聖地に」という思いである。イエスはヨーロッパで蘇るのだ。

帰国後、ルイ九世はパリとその近郊に、貧者・弱者の救済施設を次々と造営した。夥しい数の教会、修道院、医療舎の設立を援けた。とくに目の不自由な民人には、安定した生存の場を与えた。すでに若くして、同じ皿の食べ物をハンセン病末期の患者と分かち、彼に勇気と安らぎを与えた人である。この気高さは、イスラム側でもサラディンに見られた。

半世紀前、エルサレムを離去するキリスト教徒をサラディンは手篤く遇した。西欧キリスト教徒は、信教を超えて「救い」の手を差しのべた敵将を神の前に称えた。西欧騎士道の源はサラディンにあるとさえ言われる。また、第五回遠征の終わりにエジプトのスルタンや民人は、ナイル河中で窮地に立つキリスト教徒のため、周到な配慮を惜しまなかった。惨たらしい戦闘での勝敗なぞ、信教の優劣とは無関係なのだ。

しかし、一神教では他教を教義として意識した途端、寛容が消える。「問答無用。相手を刃でグサリとやるほかなし」。自らの教義を曲げぬユダヤ教徒を見て、青年ルイ王はそう言った。イスラムの高僧も、命がけでスルタンにキリスト教帰依を説く聖フランチェスコの斬首を進言した。王弟ロベールは、カイロ進軍途上の小村でイスラムの女子供や老人まで虐殺した。その場に居合わせたルイ九世の伝記作家、シャンパーニュのジョワンヴィルは、「彼らがもし異教徒でなければ本当に憐れを催したであろう」と綴る。実は、憐れみや心の痛みを憶えるからこそ、こう記すのであろう。

第十四章　フランス王ルイ末弟シャルルの動き

◉シャルルの思惑、異教徒の西欧進攻

今や、教義の違いから戦いは起きない。動因は他者の領土支配だ。そこでは攻勢こそ最大の防御となる。この時代を動かしたのは、そんな目論みと目論み、構想と構想のぶつかり合いであった。バイバルスは、キプチャク・ハーンのベルケとくみ、その娘を娶って継嗣をもうけている。結束は堅かった。キリスト教徒に、もうエジプト襲来はさせない。そして聖地から西欧キリスト教徒を徹底排除するのだ。それどころか彼は、これまでイスラムが手を出さなかったキプロスやビザンツにまず狙いをつける。その後、さらに……。

イル・ハーン勢は、大御所フビライの世界帝国樹立の構想に沿い、西欧へ連帯を飽かず働きかけてきた。潜在的なモンゴルへの恐怖は消えていない。フランス王ルイ九世は、マムルークやタタールが連携して西欧まで進攻してきた場合、対応できるのか。身を竦めるだけでは危ない。新構想を練り、積極的に動くのだ。

†

バイバルスがベルケの娘との間に子をなしてほどなくベルケは他界、一二六六年に彼は弔問の書簡を、継承者でバトゥの孫であるモンケ・テムルに届ける。使節の交換は続けられた。バイバルスにとり、ベルケの甥、将軍ノガイとうまく連携できれば、両者でビザンツもバルカンも影響下におさめ、バトゥに倣う西欧進攻の覇気も湧いてくる。報復の執念に燃えるエジプトのマムルークと世界帝国を諦めぬモンゴル。キプチャク・ハーンは、東欧もしくはバルカン半島経由で、マムルーク勢は、パレスティナ、小アジアと進み、バルカン半島でキプチャク・ハーン勢と合流、その一部は地中海を渡り、アドリア海に入ってバルカン半島西岸地で陸行勢と合流し得る。現にマムルーク勢は、アレキサンドリアやディムヤートの造船所で艦船建造を盛んに進めていた。加えて、北アフリカからイベリア半島にかけてはイスラム教徒が治めている。西欧は、東西と地中海を挟んだ南の三方から異教徒の脅威に囲まれている。

こうした状況を見極めていたのは、フランス王ルイ九世の末弟シャルルであった。バイバルスやフビライ同様、彼も確固とした遠大な構想を打ち立てていた。ウルバヌス四世やクレメンス四世といった教皇たちも、これを支えた。西欧からビザンツ、パレスティナに至る地中海一帯に覇権を築くという大計、それが二異教徒勢牽制につながるからだ。

すでにシャルルは、父王ルイ八世の遺贈により一二三二年にアンジュー伯領、結婚により一二四六年にはプロヴァンス伯領を得ている。またバイバルスがパレスティナ・シリアでキリスト教徒を強烈に叩いていた頃、一二六六年から一二六八年にかけて、彼は神聖ローマ皇帝フリードリヒ二世の所領である南イタリアとシチリア島を、その継承者である庶子マンフレート王、ついで孫のコンラディンを斃して掌握し、ナポリ・シチリア王を名乗っていた（カルロ一世）。ホーエンシュタウフェン家は途絶え、シャルルにとり神聖ローマ皇位も非現実ではなかった。

　これと平行してシャルルは、バルカン半島にある三王国（アルバニア、セルビア、ハンガリー）と結盟を進めた。その先にあるのは、一二六一年、旧ビザンツ勢力によって滅亡したラテン帝国の再興であった。彼は帝位を追われたラテン皇帝ボードゥワン二世と盟約を締結、そこには同皇帝の嫡子と自身の三女を結婚させ、再征服達成の暁には全領土の三分の一をシャルルが得ること、また皇帝嫡子と妃との間に子がない場合、シャルルが全ラテン帝国を受け継ぐこと、などが謳われた。また、ラテン帝国滅亡後もフランス人領主が支配し続けるアカエア公領（ペロポネソス半島全域）の女性継承者を息子の嫁とし、両者の間に継嗣なき場合、シャルルが領主権を得るという約盟も結んだ。さらにはハンガリー王家とも子供同士を婚約させ、バルカン方面への影響力拡大を図った。

　そしてビザンツの都コンスタンティノープル。その海港に出入りする無数の交易船は、日々多額の関税収入をもたらす。巨富を生み蓄えるこの地は他に渡せない。だがラテン帝国再興は、彼の究極の狙いではない。地政的にここを征すれば、バイバルスとキプチャク・

ハーンの連携の要を奪い、異教徒勢力の西方進出を阻止することが叶うからだ。

バトゥ軍怒涛の東欧侵略の報に、母親である王妃ブランシュが「われらは聖教会とともに滅びるのかえ」と憂えた声が、今もシャルルの耳元に残る。またバイバルスは、エジプトで捕虜となった兄ルイの頭に、血刀を当てたというではないか。

西欧防衛と聖地再征服は表裏一体となった。フランス人教皇を表に立てて聖地奪回を謳わせ、全欧に、ビザンツに、そしてバルカンに自身の影響力を拡げ、二手異教徒の攻勢を押し止める態勢を築いて初めて、エルサレム王国再興は成る。これら全体がシャルルの大構想だ。それは彼一代では達成できず、フランス王権の構想となって受け継がれる。

◉シャルル艦隊、ビザンツへ。兄王ルイ艦隊、チュニジアへ

シチリア王となったシャルルは、亡き皇帝フリードリヒの親エジプト路線を踏襲した。この時点で、パレスティナを席巻したバイバルスを敵に回せない。加えて、聖地で弧立無援にあったフランク人がシリアやパレスティナに辛うじて保持する諸々の領有権・権益をさらに失わせないためにも、バイバルスとの融和は必須であった。

そして兄王ルイとその側近は、シャルルがビザンツ進攻にあたって要請した連携作戦を受け入れた。バイバルスもシリアから小アジアを経て、キプチャク・ハーン国へ向かう経路を確保するには、ビザンツは避けて通れない。つまりシャルルはバイバルスとぶつかり

合う。要はバイバルスより先にビザンツを征することだ。

そこで彼は兄王に、背後からバイバルスを引き止めるよう頼んだ。一二七〇年、それに応えて、ルイ王率いる十字軍（第八回）艦隊は、近東方面でなくチュニスに南下した。さすがのバイバルスも、エジプト危うしと引き返し、さらにチュニス側へ水補給の井戸の用意を要請することになった。

その頃、モロッコから友好を求める使節がパリを訪れ、モロッコ以西はバイバルスと連帯しないと伝えてきた。ルイ王は不治の病に侵され、意識朦朧としていた。それでもフランス王軍が来るというだけで、イスラム側はつよく牽制された。フランス王ルイの聖徳の評判は広く知られ、モロッコの異教徒もそれに動かされたのだ。バイバルスは覇気を殺がれた。

イングランド王太子エドワードも、そしてキリスト信仰を謳うイル・ハーンも、パレスティナ方面で対バイバルスの戦いに参加したい意向を表明していた。ちなみにこの頃、大ハーンのフビライは大都《だいと》（北京）にモンゴルの府を移し、元朝を開闢《かいびゃく》、モンゴルによる全ユーラシア支配、世界帝国の構想を飽かず進めていた。

いっぽう、前回遠征で、ルイ王はエルサレムのごく近くまで行きながら、聖墳墓もゴルゴタの丘も見ぬまま帰仏していた。今回カルタゴに到来して迎撃勢と交戦するも、ルイ王の病状は悪化していき、脳裏混濁するなか「ああエルサレム、エルサレム」と呟いていた。

†

時を同じくして弟シャルルは、バルカン地域であれこれ手を打ったあと、ラテン帝国復活、ビザンツの地の再征服にかかるべく、アドリア海に艦隊を勢揃いさせていた。また、シャルル傘下にあったテンプル騎士団は、アドリア海沿いの港を拠点に自前の艦船を備え、ビザンツへ向かうシャルル艦隊へ合流する手筈を整えていたと推定される。

両者揃って目指すは、エーゲ海、ダーダネルス海峡、マルマラ海、そしてボスポラス海峡北岸の地、コンスタンティノープルである。

シャルルの目論みは図に当たった。小アジアを北上する気でいたバイバルスは、チュニジア方面にルイ王軍到来と知って引き返したのだ。シャルルとしては、バイバルスがテンプル騎士団などキリスト教徒に土地領有権を認めて和睦路線を取っている以上、北アフリカでもパレスティナでも彼とは戦えない。だから兄王に背後から彼を牽制してもらうその間に、自身はコンスタンティノープル掌握に向かおうとしたわけだ。

ところがその思惑は外れだす。兄王の病状を知らされたシャルルは、アドリア海に勢揃いした艦隊をカルタゴに回さざるを得なかった。そしてフランス王ルイは、ついに身罷った。シャルルが到着したのは、その翌日であった。

シャルルには、チュニジア人と戦う気などはなからない。代わりにシチリア王として当地のスルタンに対し、彼が皇帝フリードリヒやシチリア王マンフレートには納めながらシャルルには未払いのままにしている賦税を、今後倍額で納めよと強く出て、受け入れさせた。この賦税は、シチリア向けチュニジア産小麦の輸出を認可する見返りである。バルカン・ビザンツ戦略の遂行に巨額を要する折から、これまたシャルルには重要なる資金源であった。

ルイ王艦隊もシャルル艦隊もカルタゴを去っていった。遠征参加を誓っていたイングランド王太子エドワード率いる艦隊がようやく到来したのはすべて終わった後で、王太子はそのままパレスティナへと向かった。

フランス王と王弟の二艦隊は、三日後、シチリア島の東端トラパニに到着する。だがその夜に大嵐が一行を襲った。予期せぬ天災をもろに受け、両艦隊は壊滅、大勢が犠牲となった。やむなく総てを諦めた一行が、棺を連ねてイタリア半島を北上し、フランス入りしてパリに帰る姿は、まさしく十字軍の葬列であった。

◉バイバルス、フランク人駆逐に拍車

シャルルはせっかく整えた艦隊を失い、構想実現の第一歩で躓いた。ビザンツ遠征は振り出しに戻った。だが、彼は自らの構想を放棄はしない。一〇年あまりかけて再度遠征準備を整えるのである。

シャルル艦隊壊滅の成り行きに安堵したのは、再興したビザンツ帝国パラエオロゴス朝の皇帝ミカエル八世であった。コンスタンティノープルは、キプチャク・ハーンやイル・

ハーンらモンゴル勢にもバイバルスらイスラム・マムルーク勢にも、自らの伸展のため他に譲れぬ要衝の地だ。ミカエルもそれが見通せるものだから、近隣諸勢力の間を巧みに泳いでビザンツ保全を図った。

フラグを継いだイル・ハーン国のアバガは、従来通りの親キリスト教を掲げ、フランス王や教皇に使者を遣って同盟を働きかけ、聖地奪回に協力参加の意志を伝えていた。だがイングランド王太子エドワードが幾ら待っても、アバガは約束の日時・場所に現れない。後日、彼は「内紛が発生したので」と伝えてきた。

「出直すほかなし」とイングランド王太子エドワードは、当てにしたイル・ハーン勢も到来せず、遠征挫折の苦味を味わっていた。そんな彼も、バイバルスには排除すべきフランク人である。バイバルスは彼に刺客を放った。寝込みを襲われ、半年もがき苦しんだエドワードは怪我からやっと立ち直ると、キリスト・イスラム両教徒間で向こう一〇年一〇カ月有効の休戦協定締結を促した。一二七二年四月、怪我が癒えて帰国の途につく王太子とともに、イングランド勢は聖地を撤退していった。

バイバルスは、イル・ハーンとむすんでローマ教会に所属する小アジア南部のキリスト教国アルメニアを幾度も攻めたてた。またパレスティナ・シリアに残留するフランク人を叩いて力を削いだ。さらにテンプル騎士団領有の城砦シャステル・ブラン、ホスピタル騎士団の大要塞クラック・デ・シュヴァリエ、アッカー城砦、そしてドイツ騎士団所属のモンフォート城砦を陥落した。ただ、トルトサのテンプル大要塞だけはおとせなかったのだが、それが果たせれば、小アジア、ビザンツへと北上する道を掌握し得るわけだ。バイバルス傘下にはアサシン勢もアイユーブ勢も加わっていた。これに対し西欧勢の方は、パレスティナ・シリアにおけるバイバルスの苛烈な駆逐攻勢を止めたい。かくて一二七三年五月、バイバルスとアッコン統治府との間で、先にエドワードの促した休戦協定がシャルルの仲介で正式に成立した。

さて休戦成立により、現地キリスト教徒はしばしバイバルスの気持ちを鎮め、足場を保持した。テンプル騎士団は旧来の領有地・権益確保のため、バイバルスに服従した。同じ年、第二〇代テンプル総師の座にギヨーム・ド・ボージューなる人物が就いた。フランス王フィリップ三世宰相の弟である。以後一八年間、パレスティナでテンプル騎士団を率い、西欧キリスト教徒の総撤退を見送りつつ壮絶な死を遂げる総師となる。

いっぽう時の教皇グレゴリウス一〇世は、一二七四年、ビザンツのラテン帝国再興と新たな聖地遠征を掲げてリヨンで宗教会議を開催するが、この時、教皇のすぐ脇にはボージューが座した。また親キリスト教を標榜するイル・ハーンの使節も列席した。アジア人ではない。モンゴル帝国に組み込まれた西アジアのグルジア人であった。

「もはやイスラムと戦う時代ではない」。宗教会議に集まったものの、列席者は皆さめた思いで、結局、何も決められなかった。しかし会議で全欧が大集結したこと自体、マムルークとキプチャク・ハーン両勢力の意気を多少とも制したかも知れない。それでもバイバルスは、アルメニアを押さえたあと、中部のイスラム教国セルジュク朝ルーム国に侵入、カッパドキアまで兵を進めた。二国とも宗主はイル・ハーンである。

これを機にルム国の宰相がモンゴルの頸木《くびき》から遁《のが》れ、同じイスラムのエジプト体制に入りたいと考え、バイバルスを招来した。バイバルスは、エジプト、ビザンツ、バルカンそしてキプチャク・ハーン圏をつなぐ回廊を獲得できると心逸らせた。

が、イル・ハーンは黙っていなかった。アバガは大軍を小アジアに繰り出した。

●バイバルスの継承者カラウン「シチリアの夕べの祈り」

バイバルスのもとに参集すると予期した他のトルコ勢力は意外と少なく、押し寄せるアバカ勢を前にバイバルスは引いた。「アナトリアは、エジプトからあまりに遠い」

一二七七年五月、疲労困憊してダマスカスまで戻ったバイバルスは、酒宴で一杯やったのだが、途端に気分が悪くなった。そして、そのまま息を引き取ったのである。五四歳であった。叛徒《はんと》と疑った人物を始末するため毒杯を用意したのだが、手違いでうっかり自身が呑んでしまったのだ。結局、バイバルスの大構想も、萌芽の段階で朽ちるかとおもわれた。

彼は豪腕なだけではない。貧しい民へ施しを怠らず、武将たちへ戦利の土地を気前よく与え、何かにつけ配下に高価な衣装を授けた。ただ、敵には情け容赦なかった。

同じ年、シチリア王シャルル（カルロ一世）は、誉れ高いエルサレム王位を、アンティオキア公家のマリーから買い取った。彼女はイザベル女王の孫で、王位の継承権をもつ。彼女の曾孫《ひまご》で現エルサレム兼キプロス王位にあるユーグ三世が異議を唱えたが、シャルルは継承権順位を持ち出し、教皇に認証させた。シャルルは代理人に教皇および自身の書簡を託して現地に遣り、あっさりエルサレム王に即位した。その威光は増した。テンプル騎士団総帥ギヨーム・ド・ボージューはシャルルの代理人となり、ユーグ三世を無視した。怒ったユーグはキプロス島内リマソルなどのテンプル騎士団の拠点を潰しにかかる。

バイバルスはベルケの娘を娶っており、継嗣はトルコとモンゴルの混血の人となる。まさにバイバルスが構想、希求したマムルーク・モンゴル一体化の体現者であった。だが、ベルケもバイバルスも亡き今、その継承者は格別に意味なしとされ、スルタンとしても凡様と見なされ、ほどなく蟄居《ちっきょ》させられた。代わりに、その弟が担ぎ出されるも、やはり同じ処遇を受けた。

結局、その側近の一人、アル＝マンスール・カラウンが、一二七九年にカイロのスルタンとなった。本拠をカイロに置く「イスラム帝国」唯一のスルタンである。支配圏はエジプトからユーフラテス川に及んだ。

カラウンは一二八〇年、キプチャク・ハーン国に新任あいさつの使節を派遣、だが一行

†

の到着時、モンケ・テムルが病により身罷った。甥の将軍ノガイは、跡目を争う亡きハーンの弟たちを巧みに操り、またキプチャク出身の一貴族スミレッツをブルガリア王の座につけて、バルカン半島東部支配を図った。シャルルのバルカン進出に対抗するためだ。

しかしその後、彼はこのスミレッツ王を亡きキプチャク・ハーンの孫に殺害させ、この孫を新キプチャク・ハーンの座に据えた。しかしノガイはやがて新ハーンに疎まれ、戦って敗北する。以後、放浪を重ねて一五年、憔悴しきった彼をとあるロシア兵が目にとめてあやめた。得意顔でノガイの首を差し出したこの兵は、却って怒りを買い処刑される。

いっぽう、イル・ハーンのアバガは新スルタンであるカラウンのお手並み拝見と進撃し、一二八〇年秋、アレッポを焼き打ちした。さらに一年後、都督としてダマスカスを預かる武将がカラウンに反旗を掲げ、なんとアバガに加勢を求めてきた。乞われてアバガは、傘下のアルメニア王レヴォン三世にグルジア人、アルメニア人、西欧人らキリスト勢三万を預け、末弟にモンゴル兵五万を託して送り出した。これにカラウンは自ら乗り出して迎え撃ち、シリアのホムズでイル・ハーン勢六七〇〇〇人を討ち取った。

カラウンは、バイバルスが推し進めたキプチャク・ハーンとの同盟路線を引き継ぎ、それにビザンツを引き込もうと図り、ビザンツ皇帝ミカエルには、シャルルの艦隊が襲来するならわが艦隊を差し向け相手方を叩く、とまで豪語した。今やエジプトは、結構な海戦能力を擁していた。

エルサレム王シャルルは、ビザンツの地にラテン帝国の復活を狙っている。ミカエルは、この危険極まりない敵シャルルに余儀なく対峙する折から、貴重なキリスト教徒の味方を得ていた。今は亡き神聖ローマ皇帝フリードリヒのお抱え医師で、その厚い信頼を得ていたジェノヴァ人、ジョヴァンニ・ダ・プロチダである。彼はビザンツ、シチリア、アラゴンを渡り歩き、シャルル失墜を工作する。

シャルルはシチリア王として、島民の感情を逆なでする統治を行なってきた。例えばアンジュー伯領やプロヴァンス伯領から人材を移植し、交易活動などで優遇、そのため土着民はシャルルばかりか島に居着く高慢なよそ者フランス人を憎悪していた。もともと彼らはアラブ系の人々で、シチリア島は隠れた宗教民族対立の小舞台だったのだ。

さてジョヴァンニは、コンスタンティノープルで皇帝ミカエルから活動資金を預かり、シチリア島民蜂起とその後の、スペインのアラゴン王ペドロによるシチリア支配を画策した。ペドロはシャルルが斃したマンフレートの娘婿である。

一二八二年三月三〇日の復活祭主日、パレルモ郊外にある小さな聖霊教会外壁の鐘が「夕べの祈りの刻」を告げた。それが合図となってパレルモで一斉にフランス人虐殺が始まった。騒乱はシチリア各地に広がり、一カ月の間続いた。その最中、ビザンツ再征服、バルカン掌握、異教勢力の西進抑止を念頭にシャルルが一〇年かけて再建造・再装備した大艦隊は、メッシーナの港に勢揃したところを焼き打ちされ、炎上した。またも彼の執念は、

†

潰えた。

ビザンツ皇帝ミカエルは、これで祖国は救われたと安堵しつつ、ほどなく世を去った。

イル・ハーン勢がカラウンに大敗を喫してのち、アバガは病に臥し、半年後に他界する。

第十五章　モンゴル、マムルーク、西欧それぞれの覇権構想の行方

◉フビライ派遣使節ラバン・バール・サウマ、カラウンとの盟を求めるテグデル

大ハーンのフビライは、大都（北京）に移り、一二七六年に元朝を開くと、東方では高麗を征し、ついで日本に狙いをつけ、西方には、イスラム圏平定の共同作戦申し入れを、イル・ハーンのアバガを通してほぼ毎年、行なっていた。

フビライは、エルサレムと西欧に向けてネストリウス派キリスト僧ラバン・バール・サウマを派遣する。真意は、近東・西欧探査だ。彼は若きマルクスを伴って遠路の旅に出た。紆余曲折をへて一二八一年、マルクスは師の推挙で、アバガによりタブリーズでネストリウス派教会総大司教に任ぜられた。

イル・ハーン国では、アバガが病床に就いてより、弟アフマド・テグデルが一二八二年から二年間、イル・ハーン代行役を務めていたのだが、その彼が思わぬ動きに出た。使節をカイロへ遣り、意外な申し入れをカラウンに行なったのである。使節に託された書簡に

は、大要、「自分は神のお陰で、イスラムこそ真の教えと会得した。《クリルタイ（大会議）》で、『峻峰《しゅんぼう》もすくみ、剛岩もしなう巨大軍勢を諸国に派遣し、恐怖で世界を凍えさせよ』との決定が下され、長兄アバガもそれに則った。だが自分の意には沿わなかった。流血なき平和をよしとするイスラムこそ真の善であり、それ以前の総ては消滅すべきである。巡礼も隊商も国々を安全に往来できるよう図り、我が兵士には交易商人迫害など厳禁している。托鉢僧《たくはつそう》姿のスパイ潜入などよろしからぬ。どの民族も平穏の地上に暮らし、わけてもイスラム教徒は、屈辱と辱めの頸木から解放さるべきである。我々双方が一つとなれば、それが叶う」とあった。

アバガでもマムルーク勢には打ち勝てなかった。親キリスト教だけで世界帝国は樹立しえない。そこでテグデルは、強いイスラムとの連携に新たな活路を求めたのだ。彼は二〇歳を越したばかりの若者で、身近にいたアブダル・ラーマンというイスラムの長老を師と仰ぎ、教義を学んでいた。この人物は手品の達人で、当初テグデルはその妙技に幻惑されたという。書簡もアブダルが綴り、彼自ら主使となってカイロに赴くのだが、国境を越えると粗末な扱いを受け、道行きも夜間のみ、高貴な身分を誇示するパラソル使用も禁じられた。

カラウンは返書をこの主使に託す。内容はテグデルの書簡を大きく超える長さだが、要点は、「主が人の心に降り来たってこそ、真の正義を果たし、戦に勝利する」と相手を教え諭すものだ。だが内々では、「テグデルのイスラム帰依表明など方便だ」と洩らしていたという。ただ、東西交易は当時どんどん拡大しており、往来の安全は切に求められた。書簡にある「平穏の地上」とは単なる方便の言葉ではない。だが親イスラムは、本家フビライの世界戦略にそぐわない。アバガが没して一カ月後の一二八二年五月上旬、テグデルの軍勢はアバガの長子アルグンの軍勢と対決、勝利するも、配下の武将連が叛逆し、彼を拘束、断罪した。

イル・ハーン国君主の座に就いたのはアルグンである。アルグンは父親に倣い西欧への働きかけを続けるが、フランス王権やシャルルは、まともには相手にしなかった。これに対しイタリアのジェノヴァの商人やイングランドの聖職者が、イル・ハーン宮廷に入り込み、顧問として東西交易拡大や異文化間相互理解の橋渡し役を果たしていた。どうやら彼らが、モンゴル世界帝国などという大構想をなし崩し的に潰すのに、一役も二役も買ったのではないか。

●最後の休戦協定とシャルルの死

一二八三年、一〇年前にアッコン統治府がバイバルスと結んだ休戦協定が期限切れとなる。そこで事前にテンプル、ホスピタル、ドイツの三騎士団各総帥は、テンプル騎士団総帥ボージューをアッコン統治府代表として、カラウンと互いの統治範囲を明確に定め、今

†

後一〇年一〇カ月一〇日と一〇時間有効となる休戦協定を結んだ。

アッコン統治府が領有するのは、アッコンとこれに付帯する七三件の農耕地・村落・森林、他にアトリット（巡礼城）およびシドンとそれぞれ周辺の付帯物件、復活したナザレの教会と巡礼用の館と定められた。またこれらの間の陸上移動はできず海上移動に限定され、新たな城砦築造は一切禁じられた。これら以外のすべて、エルサレムもベツレヘムも、スルタン側が領有すると決められた。

なおテンプル騎士団総師は、独自にスルタン側と休戦協定を結び、騎士団領有のトルトサ城塞に隣接するアンタルトゥスの城市および周辺の町村、スルタン側統治下にあるアレッポやハマの城市、テンプル領有下にあるこれら城市の周辺地域につき、相互に現状維持、不可侵、城砦の築造・修復など戦力増強不可を謳った。さらに相手方の難破船を押収した場合、そのまま相手方へ引き渡し、商人・交易品も同様に扱う旨の事項が盛り込まれた。ティールの領主（女性）も、同様の協定をスルタン側と締結した。

さらにアルメニア王国について、テンプル騎士団総師ボージューがアルメニア王の代理人となり、カラウン側との実際の和睦交渉を、シス（王国内の騎士団拠点）の分団長に指示した。

アルメニア王は、過去幾度もカラウンに交渉の使節を遣わしていたが、無回答で使節も戻らなかった。それがテンプル騎士団総師の仲介で和睦が成り、結局、アルメニア王の領土・領有物の一切がスルタンのカラウンに所属すると明記され、また毎年スルタン側に王が負う納税、馬その他の納貢の詳細も定められた。これにより捕虜交換がなされ、キリスト教国アルメニアは、イスラム従属下に入った。

ただ、この休戦協定締結後も時として、カラウン配下の騎兵歩兵二〇〇人が斃されたり、アッコン市内で残留キリスト教徒が、市中に居住するイスラム商人を片っ端から殺害する挙に出たりし、カラウンを怒らせた。

この頃、シャルルに対し、エルサレム王位の継承権をキプロス王ユーグ三世が改めて主張してアッコン掌握を企てるも、テンプル騎士団に阻まれた。報復のため、ユーグはキプロス島にあるいくつものテンプル騎士団の拠点を破壊した。しかしそのユーグ王も、一二八四年に他界する。

そして、一二八五年一月上旬、シチリアおよびエルサレム王シャルルが世を去り、彼に追従してきたフランス人教皇マルテイヌス四世も、間もなく早世した。ラテン帝国再興を謳いあげ、ビザンツ側派遣の使節に、「皇帝ミカエルは異教徒、よって廃位」などと暴言を浴びせた教皇である。

これでシャルル自身のバルカン、ビザンツ、パレスティナにわたる広域覇権、これによる西欧防衛構想は夢と消えたのだろうか。いや、それはそのまま終わりはしなかった。

†

◉フビライ使節の西欧各地歴訪‥カラウンのキリスト教徒駆逐作戦

さてフビライの使節バール・サウマは、その後一二八七年から翌年にかけ、イタリア人顧問を含む随行員三〇〇名を伴って西欧各地を歴訪する。彼は、コンスタンティノープル、ローマ、パリ、ボルドー（イングランド王領首府）を巡って、ビザンツ皇帝、教皇、フランス王、イングランド王に謁見した。イル・ハーンのアルグンはバール・サウマに、聖地エルサレム奪回を提案する書状を託していた。

一行は、まずビザンツ皇帝アンドロニコス二世から大歓待を受け、またイエス聖骸布、聖ルカの画いた聖母像、マグダラのマリアや十二使徒ゆかりの聖遺物を目のあたりにした。すべて、往年ビザンツ領だった聖地からコンスタンティノープルに移されもので、当地は聖遺物の宝庫となっていた。

次にローマでは、教皇ホノリウス四世の没後、後継者は未だ決まらず、バール・サウマを迎えた枢機卿らは「キリスト教徒の身でモンゴル王の使節を務めるとは」と胡散臭げに応対し、また教義の細部の違いばかりを取り上げ、バール・サウマを辟易《へきえき》とさせた。彼はモンゴルや中国でのキリスト教の広まりを説いて相手を啓蒙する。

パリでは超大国の使節団として儀仗兵《ぎじょうへい》も並ぶ盛大な歓迎を受けた。イル・ハーンのジェノヴァ人顧問が随伴する謁見の場で、若き国王フィリップ四世は、アルグンが提案した新聖地遠征へ大変乗り気な姿勢を見せた。

ボルドーでは、イングランド王エドワード一世から、ぜひ宮廷ミサを、と請われ執り行なった。

バール・サウマは、帰途、再度ローマを訪れ、新教皇ニコラウス四世にアルグンと東方教会総大司教マルクスの書簡を手渡した。教皇は涙すら見せて喜び、バール・サウマへ直に聖体拝受を行なった。当人は感涙に咽《むせ》ぶ。また教皇はバール・サウマに、イエスが身に着けたという衣の断片と聖母が用いたと伝わる薄絹顔隠しを贈った。それからイル・ハーン国東方教会の総大司教宛てに、同教会の管轄委任状を託した。とはいえこの教会が現実にローマ教会へ編入されることはなかった。

一二八八年、いよいよカラウンは、先の休戦条約の枠外にあるフランク人の城市トリポリを攻囲、その四三日目に市内へ突入した。キリスト教徒の女子供にも容赦ない苛烈な攻めであった。バール・サウマは、エルサレム来訪こそ生涯の願望としながら、道中あまりに危険なため、断腸の思いで諦めざるをえなかった。トリポリは、優れた医学校で名をはせ、絹織物産業が盛んで、白大理石の街並を誇る麗都であったが、それら一切が徹底破壊された。

ちなみに当地のテンプル騎士団は、後述のように拡大する欧亜間交易の決済に銀行的役割を果たし、イスラム商人にも不可欠な機関となっていたから、カラウンはそれまで潰すのか、と、皆が衝撃を受けていた。教皇側は、対抗措置として対エジプト禁輸を発令した。

が、それはトリポリなどの経済を破綻させる結果を招き、フランク人から強い禁輪反対の声が上がった。エルサレム総大司教さえも教皇に、禁輪の撤廃をと訴えた。

イタリアの通商都市ジェノヴァは、イスラム・キリスト両教圏の断絶をものともしなかった。ジェノヴァにとりトリポリは、主要な公易拠点だ。だから、それが壊滅して蒙った通商上の損害補償として、アレキサンドリア市場での特恵拡大をエジプト側に要求した。ジェノヴァは、イスラム圏ともモンゴル圏とも交易活動を手広く行ない、それが生む巨富を交易相手と分け合っていた。また既述のようにモンゴル、イスラム、西欧の商人それぞれに、相手との交渉技術を教え、各方に必要な情報を与えるコンサルタントの役回りを果たしていた。フビライの遣欧使節バール・サウマも、パリへ向かう途中ジェノヴァで、交易業者から貴重なアドバイスを数々受けていた。

バール・サウマは、一二八八年夏、フランス王の答使を伴ってイル・ハーンのもとに帰還する。各地で探査し収集したさまざまな情報が、アルグンからフビライに届いたことであろう。

いっぽうでアルグンは、フランス王と教皇へ東西連帯にむけ熱烈な呼びかけを行なう。フランス王のもとへジェノヴァ人使節が届けた書簡には、「寅年冬の最後の月始め（一二八九年一月一日）出陣し、春最初の月一五日（二月二〇日）、ダマスカスを攻囲する。お約束どおりアッコンまで出兵されよ。エルサレム奪回が成れば、これを差し上げ、自分は洗礼を受ける。うまく歩調が揃わねば、一切が徒労に帰すであろう」とあった。

また使節は「バール・サウマに同行したフランス王答使は、アルグンの面前で三跪の礼を求められ、『イル・ハーンがまず洗礼を受けるなら』と返答した」こと、またアルグンは『グルジア王ともども騎兵二万を投じ、お国から運搬困難なら、当方から馬一、三万頭を無償または格安で提供する。お望みなら牛、ラクダ、小麦をトルコで必要量調達する』と提言した」ことなどを報告した。

これを受けて教皇ニコラウス四世は、一二九〇年二月、三年後に聖地遠征を行なうと正式に発表した。カラウンは激怒した。「キリスト勢もイル・ハーン勢も殲滅する」と彼は吼えた。またアルメニア王宛書簡では、「フランク人を一人たりと生かしておかぬ」と綴り、アッコン攻撃を宣言したのであった。

†

第十六章

近東総撤退まぢかの現地西欧キリスト教徒

◉テンプル騎士団の場合

イル・ハーンから、改めて懸命に対マムルーク共同作戦をもちかけられても、つまりはモンゴルの世界的覇権主義に加担させられるだけと分かれば、西欧勢は白けるばかりだ。

サフェドの大要塞がバイバルスの機略により陥落して七年後の一二七三年、テンプル騎士団総師となったギヨーム・ド・ボージューは、フランス王ルイ九世の末弟シチリア王シャルルに臣従しながら、バイバルスにもカラウンにも恭順の姿勢をとってきた。総師就任直後にはリヨン宗教会議で、教皇の右隣に座し、その存在を印象づけた彼は、パレスティナに渡ってからは、スルタンはじめサラセン人に対し、大いなる友誼（マグナム・アミキティアム）、過度な親密さ（ニミアム・ファミリアムタテム）を示した。

総師は、「そうでもせねば、近東ではやっていけぬ」と説き、また「身の安全のため」、サラセン人若干名を傭っていた。彼に長く仕えた一騎士などはイスラムに帰依したほどだ。

アッコン、ティール、アルメニアとカラウン側との一二八三年の休戦協定延長も、ボージューの仲介あればこそなのだ。

反面、彼に不信を憶えるキリスト教徒も増え、その結果、せっかくテンプル側にカラウン内部から洩れてきたスルタン勢襲来の秘密情報を伝えても、トリポリやアッコンのキリスト教徒は信じようとせず気にも留めぬため、迎撃準備に遅れをきたし、被害甚大になったといわれる。

それにつけ、キリストに仕える騎士団にあるまじきスルタン側との過度に親密な交わり、そしてスキャンダラスな事柄とはいったいどんなものだったのか。

先に一二四四年、神聖ローマ皇帝フリードリヒは、イスラムの祭司がスルタンつまりイマド・エッディンの配下共々テンプル騎士団の館に招かれ、イスラムの祭儀を行なうのを団員が見守るという修道僧の証言を書簡に記した。彼らの真の想いは奈辺にあったのか。

西欧にあっては、テンプル騎士団入団を志願してくる覇気ある若者に、主査は「清貧」「貞潔」「絶対服従」を誓わせる。当初はここまでだった。だが一三世紀後半になると、三つの誓いのあと、主査は小十字架のイエス磔刑像を取り出し、「唾棄せよ」「イエスを三度否認せよ」と強いた。相手は、人生をキリストにかけた真摯な若者、審査する側は、惨めな敗退を重ね、強い疑念をイエスに抱く近東駐留体験者だ。

ひるがえって一一六六年、サフェド城砦が陥落、捕虜となった第一九代テンプル騎士団総帥トマ・ベラール（在位一二五二年〜一二七三年、ボージューの一代前）は、配下のテンプル戦士全員が首を断たれるのを尻目に、ただ一人解放された。スルタンから「テンプル騎士団が非キリスト教団体ならば存続を許す。そのことを入団志願者に示せ」といわれ、応じた結果が、入団審査時における、三度のイエス否認、十字架への唾棄など、「邪悪で背信に充ちた密則」適用なのだという。使徒ペテロの故事に倣い、捕虜となった場合に身を守る方便としてイエス否認に馴れておく、ともいうのだが、実際は異教徒に勝たせてくれぬイエスへの面当てこそが動機だ。トマ・ベラールの場合と同様の反キリスト的審査を、最後のテンプル騎士団総帥ジャック・ド・モレも入団時（一二六五年）に経験したと後年証言している。サフェド陥落以前からイエス冒瀆の審査はあり、バイバルスは、その定則化を条件にテンプル騎士団へパレスティナ滞留を認めたといわれる。

だが時を経るにつれ、志願者審査は異常さを増した。アヌス接吻が加わり、さらに「十字架を踏みつけよ」「十字架に放尿せよ」とまで志願者に強いる瀆神《とくしん》の場となった。無垢な入団志願者の中には、審査の最中に哭《な》き出す者、審査者に小部屋へ連れ込まれ、無体な扱いを受けたのか、蒼白になって出てくると自らを「堕落者」と称しやがて衰弱死した者、審査後に団外の修道会に駆け込み、仮そめにもイエスを冒瀆した罰を自らに課そうと、長期に及ぶ水とパンだけの準断食や苦行衣着用に服す者の陳述例がある。それだけではない。深夜、戸や窓を閉め切って集会祭儀が行なわれるが、目にしたことは外部に漏らすなと、いわくありげに指示されるのだという。
これが聖地でキリスト教徒を代表した戦闘団の成れの果てなのか。一般キリスト教徒も聖地で、窺い知れぬ不信と絶望の深い淵にあった。

◉イエス不信。新たな活動領域

テンプル騎士団員が館にサラセン人を招いてイスラム祭礼を見ていたのも、単なるへつらいやおもねりからではない。ムハンマドはアッラーの預言者だが、イエスは、三位一体が真なら、預言者以上に神そのもの、「メシア＝救世主」だ。それなのに救ってはくれない。ユダヤ教徒などは、端からイエスを無視している。戦いで常勝するか、窮地で救いの手を実感できるなら、イエスの優位に異論はない。だがサラセンとの戦いでは、たいていいつも敗北、最前線で戦うテンプル騎士団戦士は遁走しないから、敗北とは全滅である。イエスはどうしたのか。流血の「聖なる戦い」など、キリストの与かり知らぬところなのか。

騎士団総師ボージューのもとでは、高貴な騎士よりも戦いを生業とする従士が多く発言をして騎士団の内部事情をさらけ出す。入団志願者に、三つの高貴な誓いをさせるのは騎士、三度の否認や十字架への唾棄などキリスト冒瀆行為を求める段階では、たびたび従士が主査を務めた。従士は血なまぐさい実戦の只中に身をおき、兜でなく鉄帽子を被るなど軽装備だが、その数は騎士の数倍に達した。パレスティナにおけるテンプル騎士団の終焉期、彼らは総帥に、約束された三カ月毎の給金を三カ月分声高に要求した。総帥は「まだ何の働きもしておらぬぞ」と拒否する。パレスティナで戦闘は激減し、従士たちは帰欧後の見通しも立たぬまま、アッコン周辺の城砦群に留めおかれていたのだ。頼みの綱は総帥だが、その財布の紐は堅い。飢えや渇きにイエスは何の奇跡もおこさない。「かくなるうえは、カトリック信仰を棄て、サラセン方につくほかなし」と、ついに従士四〇〇人が脱団、イスラム教徒となった。

今や騎士団の主要な役割は、流血の戦いではない。先にキリスト教徒がパレスティナで異教徒と出会い、宗教を離れ科学の諸分野に開眼した次第を語ったが、一般信徒と違ってテンプル騎士団は、もともと欧州と近東にわたる大組織の拠点間で人・物・金の輸送に携る経験を蓄積し、また中国、インドとも取引するイタリア人、アラビア人の交易業者や銀行家に触発されて、通商・運輸、送金・融資など今日なら商社や銀行が行なう世俗的事業に主軸を移していた。カラウンも、非宗教活動に留まるのであれば、領域内に滞在を許可している。

こうした事業の先駆けは一二世紀半ば、フランス王ルイ七世が遠征中、イタリアの銀行から経費を借り入れした際に裏書保証した時である。一三世紀半ばには、ルイ九世率いる十字軍参加者の預かり金を櫃《ひつ》に収め、騎士団専属の艦船に載せて随行させた。やがて預かり金をそのまま移動せず、西欧側のテンプル騎士団の拠点で預け入れすれば、渡航先、例えばアッコンやティールで証書提示によって換金できるようにした。沈没も時々起きた当時、それは飛躍的な便宜提供となった。当初から広域組織網を備えたことから、ヨーロッパにおける為替業務の創始者となったのである。預かり金を守る気構えは堅実で、たとえフランス王家関係者であれ、理不尽なら拒む一徹さを保ち、信用度は抜群であった。

彼らは、こうした事業遂行にあたり、先進の帳簿記載法を修め、時として複式簿記の記載法を使用した。ヴェネツィアの数学者、ルカ・パチョーリが「スムマ（会計大全）」を著す三五〇年前のことである。イタリアの交易商・銀行はサラセン人と取引する場合、簿記上アラビア数字を使用したが、テンプル騎士団の担当者も、ジェノヴァの銀行に倣い、サラセン人業者相手の融資・為替決済で、アラビア数字を用いることもあり得たであろう。ルイ九世の伝記を綴ったジョワンヴィルは、サラセン人について「数字の詐術に長《た》けた」と記す。これは、「高度な帳簿に秀でた」ことの裏返し表現だ。

騎士団の預かった金がパレスティナで行方知れずになる事態もおきたが、徹底的に調査・解明し、金は預け主に返納された。戦場で「逃げない」ように、帳簿面でも「うやむやにせず」、信用保持を心掛ける。護教の戦士が堕落し敗退ばかりすると批判されても、金を扱う業務の評価は、高い。テンプル騎士はもともと修道僧と見なされた存在なのだ。

常駐騎士団は、今や、西欧でも近東でも融資・為替などの面で不可欠の存在となっていった。利子は取れないため、「手数料」を融資額面から天引きして貸与した。またジェノヴァの銀行が融資する場合、銀行はまずテンプル騎士団の裏書保証を求めるのであった。これも抜群の信用度ゆえである。その源は、テンプル城郭パリ本部に納められた寄進や貸与手数料の膨大な蓄積、さらにはそれを元手にパリ市内で買い付けた一〇〇軒以上もの家屋所有にあった。

しかも、ルイ九世の治世下、フランス国王領が拡大し税収が増えるなか、王権は国庫管理をテンプル騎士団パリ本部に委ね、直領代官（バイイ）は本部に直接徴税分を納めていた。さらにまた、ルイ王の兄弟アルフォンス（ポワティエ伯領主）、シャルル（アンジュー伯領主）はじめ主だった地方領主たちも、同じように金銀財宝などの資産・税収をパリ本部に預け、さらに帳簿管理まで任せていた。拡大する銀行的活動と自らの資産の運用の果実を得、騎士団員個人の私財不所持の原則は守りながらも、モットーの一つ「清貧」は、死語に近くなっていった。また、西欧・近東の主要な海港に独自の倉庫・商館をもち、専有の艦船を擁し活動する海運業者でもあったことも特記に値しよう。

これがイスラムと常に最前線で対峙してきたキリスト教徒の変貌した姿であった。

それから七〇〇年後、第二次世界大戦末期の一九四四年五月、英米連合軍はイタリア中部のモンテカシーノのベネディクト派僧院を枢軸国側の重要拠点と見なし、激しく空爆した。この僧院はテンプル騎士団関係の膨大な記録・史料を収蔵していたが、一切が建物もろとも焼失した。なかでも帳簿の類が夥しい数量あったといわれ、テンプル騎士団の実像を知る上で惜しむべき戦禍とされる。

◉アッコン撤退

マムルークのスルタンに恭順で、西欧とアジアをまたぐ交易活動・銀行的業務にたずさわるいっぽうで、テンプル騎士団は西欧で新団員を募る。志願者は絶えず、入団審査では表向き「清貧」「貞潔」「絶対服従」を誓うも、既述のように、裏でキリスト冒瀆を強いられ、唖然としていた。夜半の「集会」では、窓や扉が閉め切られ、驚愕の儀式が行なわれる。「集会で見聞きすることは口外無用」と命じられるものの、やはり秘事は漏洩《ろうえい》し、テンプルの「大醜聞《グランディア・スカンダラ》」として巷《ちまた》に広まった。噂の集会の実態がどんなものであったのか。それを明々白々とするのは、二〇年後のテンプル裁判における一証人の暴露証言だ。

それに拠ると、一二九一年に入って早々、三年後に騎士団最後の総帥となるジャック・ド・モレが、滞在中のキプロス島ニコシアで「嫌悪すべき悪癖が集会で行なわれており、根絶せねばならぬ。さもないと、早晩、騎士団に災いが起きる」と吐露した。かの証人や室外にいて戸口の割れ目・穴から目撃した仲間によると、集会の終わりに祈りが唱えられるなか、全員がひれ伏し、頭と両手を床につけてわずかに両脚を上げ、一人が別の一人の後ろにきて破廉恥な接吻を始める。すると皆がそれに倣い、その折、揃って、「同じ館で同志が集うのは、何と快いことか」（『詩編』一三三章）を唱和したというのだ。しかも、それは「生身の恥を晒すから」懺悔せずとも罪を赦す。だがこの祭事をとり仕切るのは聖職者でなく騎士団幹部で、団付き司祭は追認するのみという。

こうした証言は、騎士団廃絶を狙うフランス王権が拷問もしくは買収によりでっち上げたものともいう。一九世紀のフランス人歴史家ミシュレは「恥ずべき慣行」でかたづけるが、二〇世紀のイギリス人歴史家ランシマンは、証言内容を真実と捉え、自然に反する奇妙なオルジーがテンプル集会にあった、と断定している。ちなみにミシュレ編纂の『テンプル裁判証言集』の中に「主がマグダラのマリアをお赦しになったように、自分たちもお赦しあれと乞うた」という陳述箇所が複数ある。これを解析すれば、「神殿娼婦としてバアル教の付随女神アタルガティスの神殿や社殿でオルジーを仕切っていたマリアを主は赦された。ならば同様に、テンプル騎士団内集会でソドミックなオルジーを行なうテンプル団員にもお赦しをと主に願った」という内容が浮び上がる。

ニコシアで総帥モレが危惧した災い。ほどなくそれはアッコンのキリスト教徒を襲った。すでにカラウンは、アッコン攻略、フランク人徹底駆逐の強い意志を固めていた。だが直前の一二九〇年早々、病に侵され他界してしまう。カラウンの息子アシュラフ・ハリルが跡を継ぎ、父親の遺志を果たす。

一二九一年四月五日、西欧キリスト教徒最後の重要拠点アッコン攻囲が始まった。イスラム側ではアイユーブ、マムルーク（アラブ系とトルコ系）両勢力が総結集し、騎兵六万、歩兵一六万、工兵数千、キリスト勢側では要塞の住民三、四万、騎士・従士八〇〇、歩兵一万四〇〇〇、市街地のテンプル・ホスピタル・ドイツの三騎士団はじめシリア勢、キプロス勢、西欧から来た巡礼・軍士が固めた。

ヴェネツィア人、ピサ人は市内の各居住区に詰めていた。ジェノヴァ人はハリルと独自に交易協定を結び、アッコン防衛戦の外にあった。一カ月後、キプロス王アンリが手勢を率いて到来する。

このときは西欧から大挙援軍が駆けつけることなどなかった。キリスト勢の中核は常駐三戦士団、なかんずくテンプル騎士団であった。攻囲は四四日にわたる。エジプト史家も、キリスト勢は毅然とし、騎士団も勇猛果敢、昼夜、城門を閉さず、何時でも討ち入って来いと言わんばかりに泰然と構えていたという。

イスラム側は、強力投石砲で城壁・城塔を攻撃し、外壁をよじ登り、堀を埋めて内壁に穴を開け、突入した。攻囲して一カ月目のこと、嵐が吹きすさぶ中、貴族の奥方も姫たちも、商家の女将も娘らも泣き叫んで港へ逃げた。サラセン兵は母親から赤子をはぎとって地面に叩きつけ、母親に暴行を加えた。馬が幼子を踏みつけながら駆けていく。港に出て船に乗り込んでも、海は折悪しく大荒れで船を出せず、阿鼻叫喚の街中に戻るほかなかった。

†

四三日目、ハリルは最終攻撃を敢行する。テンプル、ホスピタル、ドイツの三騎士団は、アッコンを三分割して守備に当たっていた。テンプル騎士団は船着場のある南地区を担当していた。

三騎士団の総帥たちは死を覚悟し、最後まで救出活動に当たった。テンプル騎士団総帥ギヨーム・ド・ボージューは重傷を負い、テンプル本部に運ばれたが、悶絶の果て、翌日、果てた。

ハリルは街中に居残る兵士・住民皆殺しの命令を下し、その翌日、アッコンは陥落した。唯一テンプル本部は、主塔と小塔五つを備え、造りは堅固、さらに一〇日間持ち堪えた。その間にサラセン側は休戦交渉を申し入れてきた。そこで、騎士団側から若干名が指定場所に赴いた。だが彼らを待っていたのは騙し討ちであった。

もはやこれまでと、テンプル聖都分団長（主計担当）は、内部にあった財宝を持ち出し、シドンへ向け去った。

テンプル騎士団アッコン本部の建物は土台を破壊され、崩落した。騎士団員もマムルーク兵も、瓦礫に埋まって二〇〇〇名が悶え死んだ。生き残った者は、修道僧すら容赦なく殺害され、女子供は奴隷として売られた。アッコンに続いて、ベイルート、ティール、カイファ、トルトサが次々と、そして最後にシャトー・ペルラン（巡礼城）も明け渡され、徹底破壊された。二度とキリスト教徒に足掛かりとなる拠点を渡すまいというハリルの決意は堅かった。もっともイスラム側にとって異教徒はキリスト教徒だけではない。城砦群を破壊し尽くした今、もしモンゴル勢が侵略してきたら、どうなるか。そう案ずる声も上がった。

キプロス島はパレスティナからの大量避難者で混乱した。生き残ったホスピタル騎士団員はキプロス島まで退却した。テンプル戦士たちも同様で、リマソルに司令部を置き、大量の財宝もシドンから運び込んだ。キリスト教徒は所領もすべて放棄し現地との絆も柵も断って、パレスティナから去った。以後十数年、彼らはキプロスからパレスティナ・シリア復帰の機会を窺うが、相手はあまりに強い。西欧からは、聖地再制覇のため戦士が送られてはきたが、騎士はごくわずか、ほとんどが従士で、数も知れていた。

いっぽう、教皇は対エジプト禁輸を発令し、とくに武器製造を用心して鉄の輸出を厳禁した。しかしイタリア交易船は、監視船を無視して堂々とアレキサンドリア港に出入りしていた。この地に、インドから輸入した夥しい数量の交易品を収納する倉庫群が取り残された。

「パレスティナの全キリスト教圏を滅ぼし、キプロスに逃げ込んだ信徒を根絶やしにする。バグダッドを奪還し、カリフの座につく」。勢いづくハリルは、そう息巻いた。

その後も一時的に残留キリスト教徒がエルサレムに侵入し、居座ることもあった。が、長くはいられなかった。

◉モンゴルの動きと法曹家デュボワの覇権構想

パレスティナからキリスト教徒が総撤退し、一二九四年にフビライが世を去った頃、「元」の首府である大都（北京）やイル・ハーン国の首府タブリーズは、仏教徒、キリスト教徒、ユダヤ教徒、イスラム教徒そしてアニミズム（精霊崇拝）その他もろもろの土着宗教を奉ずる信徒が共存するコスモポリスであった。対照的に、エジプト、パレスティナ、シリアを掌握するマムルーク圏では、イスラム（スンニ派）教徒が一神教でまとまり異教徒を排斥、西欧も排他の度を強めていた。

イル・ハーンのテグデルはマムルークのスルタンに服従するかたちでイスラム帰依を表明したが、後継者アルグンは親キリストに戻り、一二八九年から一二九〇年にかけてフランス王フィリップ四世や教皇ニコラス四世に対マムルーク共同作戦を提案した。アルグンの後継者である弟ゲイハトウや息子ガザン、オルジャイトウは、西欧キリスト教徒が一二九一年にパレスティナ・シリアから総撤退し、親西欧のフビライ・ハーンが三年後に世を去ると、イスラム教徒の側近に影響されて気迷いし、またもスルタンを名乗るようになった。

だが、やはりイスラムの掟（シャリア）でなくモンゴルの定め（ヤリック）に則って事を決めていた。教皇ホノリウス四世は、以前キリスト教の洗礼を受けたオルジャイトウに、「モンゴルの約束事を大切になされ」と説諭、洗礼もイスラム帰依も、深遠なる魂の希求にあらずと見たのであろう。第二代大ハーンのオゴタイなどは「人生はうたかたの一朝の夢。地上に生きてある間、精一杯やるべし」と吐いていた。

とはいえ一三〇二年四月、ガザンは時の教皇ボニファキウス八世に書簡で、翌年春、シリアに侵攻すると予告した。これを察知したマムルーク側は、イル・ハーン側軍馬の餌となる平原の草を焼き払い、その進軍を抑えた。これがモンゴル最後のシリア戦役となる。ただ、その後も弟オルジャイトウは、一三〇五年五月にフランス王に宛て「もし、我々両者の協和を望まぬ者あらば、共に戦わん」と書き送っている。

キプチャク・ハーン国では、モンケ・テムル・ハーンや将軍ノガイが世を去り、マムルーク勢力との絆も弱まり、後継者は旧来のアニミズム色を強めた。

他方、ぶれて萎え気味のモンゴル勢力に引きかえ、マムルーク勢は強力で、西欧勢のアッコン総撤退後も、キリスト教国であるアルメニア王国に侵入し脅かした。彼らの方も、いずれまたフランク勢力が、パレスティナはおろかエジプトまでも襲来すると予測し、そんな動向に備えんとした。

西欧キリスト教徒は、決して内にこもらない。フランス王ルイ九世の末弟、シチリア兼エルサレム王シャルルとその側近たちは、バルカン、ビザンツ、パレスティナに覇権を築くという構想に沿って動いたが、二〇年後、ノルマンディーの法曹家ピエール・デュボワがこれを練り直し、改めてフランス王権に提言した。一九世紀のフランス史家ルナンによればその大要は、「フランス王家が全西欧から近東にわたる覇権樹立を進め、テンプル・ホスピタル両騎士団を統合してキリスト戦士団とし、フランス王フィリップ四世次男、フィリップ・ルロン（長身フィリップ）が統帥すべし」というものであった。

実現すれば、結果的にタタール・イスラム両異教徒勢の西進抑止もなるわけだ。なおまたデュボワは、タタール人に倣い王家の血縁者で世界各地を治めるべく、フランス王フィリップ四世は祖国に留まり子作りに専念するよう真面目に勧言する。

◉「法務騎士」ノガレが目論むテンプル騎士団壊滅と教皇権威失墜

西欧とりわけフランス王権は、デュボワ構想に則ってなすべきことを次々と行なう。これを采配したのは凄腕の「法務騎士」ノガレである。すでに一三〇三年、フランス王権に逆らう教皇ボニファキウス八世を憤死に追いやった彼は、今また一三〇五年に即位したクレメンス五世をも、フランス王フィリップ四世の意志に従わせようとする。

西欧キリスト教徒がパレスティナを総撤退して一五年、教皇はテンプル・ホスピタル両騎士団総師に今後の見通しを質すべく、召喚した。

ホスピタル騎士団総帥はこれに応じない。手元に残る資金でロードス島征服を進め、一三〇九年にこれを果たすと「キリスト巡礼の保護」という大義を掲げた。慧眼の彼は、騎士団はいずれ取り潰されると踏んでいたのだ。

一二九四年にテンプル騎士団最後の総師となったジャック・ド・モレは、のこのこやって来た。彼は今後の聖都再征服につき、思い切った艦船の大型化、山越えの多いアルメニア王国行軍回避などを提言した。だが、イスラム相手に改めて事を構えようにも、アッコンを撤退してあまりに時は過ぎ、再征服の志は萎えきっている。しかしアッコン撤退直後ですらテンプル入団志願者は絶えなかった。高貴な大義は時代にそぐわずとも給金・年金、そして護教者の誉れを得、中国・インドなど別世界の豊麗な物品に触れうる交易、それを支える金銀移動の妙に惹かれるからだ。

近東で戦ったキリスト教徒は、失望の末にイエスを否定した。テンプル戦士は、最もイエスに絶望した者たちだ。しかし彼らは、異教への改宗や無神論には向かわなかった。

彼らの中から、「デウム・スペリオルム―上位の神」「デウム・カエリ―天上の神」、つまり、あまたの神々の上にいます天神を口にする者たちが現れるのである。テンプル戦士だけでなく、パレスティナに渡来した西欧人は、王侯貴族も一般キリスト教徒も、ユダヤ、イスラム以外にもバアル神や女神アスタルテに出会ったし、アルテミスやケレス（作物豊穣神）、ミネルヴァ（知の神）、ウラニア（建築術を導くフェニキアの神）を識った。聖戦で苦い敗北を重ねてきた昨今、もはやキリストが唯一絶対で、他教の神々に優るとは信じられぬ。神々を超え総てを統べる究極の造物主がいるはずだと。

キリスト信仰を支柱に、他教を排し、全欧、ビザンツ、近東にまで覇権構築を図るフランス王権に対し、イエスは至高の極みにあらずと言い切る近東のフランク人、とりわけテンプル戦士団。しかも彼らは十字の御旗を掲げて巨額の富を掻き集め貯め込みながら、アッコンを撤退して一五年、何の行動も起こさない。教皇直属のこの大組織の今後につき、クレメンス五世は考えあぐねていた。

いっぽうでフランス王権には、進むべき遠大な路線がある。デュボワの説く覇権拡大だ。もっとも、その前に片を付けるべき目先の難事があった。イングランドやフランドルとの間に羊毛原料と製品販路の争奪が戦争に発展し、国庫は枯渇、やむなく断行した通貨劣化政策に国中が怒る折から、困り果てたフランス王はテンプル城郭を見遣った。巨額の金銀があれに唸っている。それは隣国との戦いばかりか、あの大構想の遂行をも可能とする。

知恵者の法務騎士ギヨーム・ド・ノガレの出番だ。彼はテンプル騎士団撲滅計画を周到かつ大胆に推し進める。武力は使わぬ智謀戦であった。その顚末の大筋はこうだ。

一三〇七年一〇月一三日金曜日の早朝（この期日・曜日を厄日とする慣わしは、下述の出来事に由来する）、教皇に事前の通告なく、国王はパリ本部はじめフランス王国内の全テンプル拠点へ兵を遣り、一斉突入させて団員を拘束した。だが、期待した金櫃はすでに何処かへ運び去られていた(今日なお行方知れずとされる)。教皇は勅書でフランス王権を咎めるが、口調は遠慮がちであった、以後足かけ五年、テンプル騎士団の糾弾が法廷で続けられる。

早くも六日後、パリで王権側に立つパリ司教主宰の法廷が開かれ、一カ月あまりの間に団員一四〇人が証言、この裁判劇の狙いは騎士団の反キリスト性を公にさらすことであった。かつてテンプル入団志願者は審査の際、表向き当然の質問に受け答えして高揚感つのるなか、突如主査からキリスト像の付いた小十字架を見せられ「これにツバせよ、三度イエスを否認せよ、そして私の口・臍・背骨の端（アヌス）にキスせよ、しきたりだ」といわれて仰天し、心ならずも従ったと大半が自白した。そう陳述するよう、さもなくば、と凄まれていたのだ。最大の標的は総師モレである。

まず早々に、長くモレの付き人を務めたギヨーム・ド・ジアッコなる若者が引き出された。彼は入団審査の模様を一通り述べた後、何と、キプロスのリマソルで総師と一夜に三度契ったと暴露、拷問も脅しもない、ありのままの事実だと証言した。女人は禁ずるが、団員間では黙許される。だが総師となれば、話は別だ。

他の証人たちの陳述が続いた後、六日目、総師モレの番がきた。「過去にソドミーを行なったか」との訊問に、彼は「断じて」と否定した。ジアッコ証言は、わずか三日前、モレの不面目は極まった。ノガレはほくそ笑んでいた。

二年後、教皇側はこの成り行きに対処すべく、新たに法廷を開き、騎士団の弁護にあたる有志をフランス王国全土から募る。集まった二三〇余名にとり、入団審査時、近東は未知の世界、対する主査はイスラムとの戦いで辛酸を嘗めつくしたベテランで、それが「しきたりだ、やれ」というので従ったが、イエス冒瀆・否認も本心からでなく、いかがわしい接吻もかたちのみと陳述する。こうした弁明をフランス王権側は逆手に取るのである。

改めて証言台に立った総帥モレは、何とか己の体面と騎士団の名誉を取り戻そうと、典礼の壮麗さ、貧困者への施しの多さ、犠牲者の数の夥しさを挙げ、教皇へのお目通りを懇願した。

すぐとノガレがしゃしゃり出て、「フランス王家年代記」には、サラディンがテンプルの敗北は、ソドミーに淫するがゆえにと明言し、また時の総帥はサラディンに臣従していたと言うではないかと暴いた。他方、分団長ポンサールは、入団審査で志願者に十字架のイエス像への唾棄、三度のキリスト否認、主査への奇天烈な接吻などは、拷問や脅しで無理強いされた証言であり、また拒否した者はパリで三六名、他所でも多数が命をおとしており、彼自身は拘束中、狭隘な穴倉で後ろ手に縛られたなど陳述した。他にも、踵を骨が露出するまで炙られたり、口中に止めどなく水を注がれたりした(刑吏は修道僧)例が明るみに出た。あまりの酷さに、ついに騎士団所属の司祭二名が、公正な裁きを求めて立ち上がった。

だが、王権を支え動かすノガレや教皇そっちのけの総大司教二人には勝てない。結局一人は獄死、一人は逃亡した。一三一〇年五月一二日、王権は、拷問にめげず不服従をつらぬく五四名を荷車に載せ、火刑台に運んで処罰した。

また先の法廷で心ならずも「三度のイエス否認、十字架への唾棄、不適切な接吻」を為したと口にすれば、懺悔したと見なされ赦免されるのだが、後の裁きの場で騎士団の名誉のため弁解めいた発言をすれば、それは再棄教したと見なされ、最も重い処罰の対象となる。例の五四人の中には、そうした者もいた。火刑後は、反抗的な証言者は激減し離団者がふえた。

他方でテンプル騎士団の悪を暴露する陳述がつづき、過激なものとなっていく。「審査後、別室に連れ込まれた志願者が、やがて顔真っ蒼で出てきた」「十字架に放尿せよ、足で踏みつけよと指示された」「審査時に強いた反キリスト行為は、一三世紀半ば、戦に敗れ捕虜となった時の総師ベラールが、スルタンから解放の代償に、今後やれと命じられたため」などだ。

さらには定例テンプル総会で、バフォメット（多くの証言では単に「偶像」）という奇妙な頭像に団員が礼拝し、しかも集団で罪深い行為に耽り、終えると総師が勝手に司祭に成り代わって赦免し、おまけに外部に洩らすなと箝口令をしいた。これは真に騎士団の恥、「グランディア・スカンダリア」だという証言がつづけざまになされ、もはや救いようなしと、教皇もテンプル騎士団を見限った。フランス王権は教皇を蔑ろにし、以後その役割は一切の事後承諾とテンプル騎士団廃絶宣言のみとなった。

総師モレも、幽閉七年、一三一四年三月一八日に最期を火刑台で迎えた。フランス王自身、法務騎士ノガレの掌にあった。

テンプル騎士団幹部を重鎮貴族として遇したイングランド王国すら、フランス王権からも教皇からも要請を受け入れ、国是により禁じてきた拷問を使用し、テンプルの反キリスト証言を集めた。イングランド王エドワード一世は、貴族扱いしてきたロンドン・テンプル総長に手枷足枷を掛け、息を引き取った後もはずさなかった。ただスペインのアラゴン王国では、教皇のテンプル廃絶宣言後、団員の赦免が発令され、別名で騎士団は存続した。ムーア勢との戦いは続行していたから、その戦力は棄てがたかったのだ。

●フリーメーソンとテンプル騎士団「工務騎士」

ここで再考すべきは、近東のテンプル団員たちが団内集会で礼拝していたといわれる異教の神像「バフォメット」だ。もしこれがマフォメットのもじりなら、テンプル団員はイスラムの預言者を拝んでいたことになる（だがイスラムは偶像を認めない）。洗礼者ヨハネ（バプティスト）との合体形だとすれば、キリスト・イスラム両教徒の融和を尊んだともとれる。しかし、それはバアル神やアスタルテ神のようにソドミックな集団オージーを見護っていた。では官能の神の像だったのか。

ところが一九八四年、暗号解読の専門家が、「バフォメット」に、ギリシアの叡智の女神ソフィアの名を読み取った。つまりアスタルテとソフィアの両面「官能と叡智」を兼ね備える神性が浮上する。ここでテンプル団員の幾人かが口にする「デウム・スペリオルム」「デウム・カエリ」を想い起こそう。

「上位の神、天上の神」とは、戦いの角度から見れば、テンプル騎士団を負かしたスルタンの神アッラーだ。だが、叡智という観点からすれば、近東で西欧が出会った「ダロル・ヒクメット（叡智の館）」はユダヤ・イスラム両教徒が協同で編み出したものであったし、それはまた「コーラン」の中で、サタンと呼ばれたバアル・アスタルテ的性向をもちながら、極めて高度な建築技術をもち、類い稀な数理的能力を備えたフェニキア人の性向だが、彼らはイスラムでもユダヤ教徒でもない。テンプル団員が口にした「デウム・スペリオルム」は、キリストの教えも、ユダヤもイスラムも、そしてバアルもアスタルテも数理も肯定し止揚する、この世界の一切の創造者なのだ。この神に縋れば、テンプル内部でイエスの赦しは無用だ。だが騎士団の外、ましてキリスト教圏ではそれは通用しない。この揺らぎが末期テンプルの姿であった。

とはいえ、この点をよくわきまえ、テンプル団員のなかでも、騎士従士ら戦闘要員とは別に、大城塞や城壁の築造、投石砲、攻撃用塔車の設計・製作に勤しんだ工務騎士は身につけた技術ゆえに生き延びたのだ。

ここで彼らにまつわる伝説をひとつ紹介しよう。

何とこれら工務騎士の祖先は、「創世紀」アダムの頃にまで遡るというのだ。紀元前一〇世紀には、ティールの王ヒラムが、エルサレムの「ソロモン聖堂」建立に際し、ソロモン王に香柏の材木を送り、優れたフェニキア人建築家を派遣した。のちに彼らはフランスに渡り、その秀でた建築技術を西欧にもたらした。紀元七〇年、ローマ皇帝ティトゥスが送った軍勢がユダヤ王国を平定して聖堂を破壊、工務技術の伝統をもつ彼らは、一〇〇〇年間、旧王国内を転々とした。一一二八年にテンプル騎士団が、ついでホスピタル騎士団が創設されると、この東方のフェニキア人工務技術者がこれら騎士団に合流し、トルトサやクラック・デ・シュヴァリエなどの大城塞築造にあたった。ホスピタル騎士団における工務騎士叙任式の細密画が現存し、テンプル騎士団でもかくありきと推定されるという。工務騎士と聖闘騎士の結合は、旧約新約両聖書世界の合体を物語るというわけだ。

イエス一辺倒の西欧キリスト教徒は、連帯した東方の相手から旧約聖書の故事やバアル・アタルガティス信仰や古今の近東事情を伝授されたのではないか。イングランド王太子エドワードが一二七二年にパレスティナからイングランド人を総引き揚げさせた際、テンプル騎士団の工務団員も一緒に引き連れて帰国し、以後、教会や城砦の築造にあたらせた。見返りに一二八六年、彼らは納税を免除され、「フリーメーソン（免税待遇の石工）」と称せられた。

さらに、フランスでテンプル騎士団員一斉逮捕のあった後、ラロシェルから一部の戦士と工務担当者がスコットランドのアーガイル地方に移動し、この地で選ばれた新総帥が工務担当者を「騎士」に叙任したといわれる。テンプル騎士団は、やがてスコットランド王に加勢してイングランド勢と戦い、その巧みな戦法を活かして勝利に貢献、スコットランドはお陰で以後三世紀の間、独立を保ったという。またアーガイルにある小教会に、テンプル騎士と思しき人物像が直角定規や水準器などの工務用具やガレー船とともに彫り込まれた石碑が現存、「フリーメーソン」と名を変えた旧テンプル工務騎士が、「ロッジ（屯所）」を拠点に工務に携った証しとされる。

一七世紀はじめに現れた「薔薇十字団」が、テンプルとフリーメーソンのつなぎ目をなすといわれる。テンプル騎士団が薔薇をイエス像に替えて十字架の中心につけたこと、薔薇がフリーメーソンの団員最高位の印とされたことが、この説の根拠だ。ただし、フリーメーソンは、薔薇の他にもテンプルとのつながりを示すいくつもの証憑を見せている。英仏各地での集まりで、フリーメーソンの推進者らによりこうした話が編み上げられた。

†

エピローグ

一二世紀半ば、ルイ七世の治下、パリに築造されたテンプル城郭は、騎士団廃絶後、ホスピタル騎士団に引き継がれた。城郭そのものは五〇〇年も存続し、城壁内側の建物のいくつかには、あたかも治外法権地区のように、訝しい人々が寝泊りしていた。一八世紀の啓蒙主義の時代には、文芸サロンが開かれる館もあり、ヴォルテールが出入りして諸々の変革を論じていた。J・J・ルソーは、ジュネーヴからロンドンに赴く旅の途中、城郭内に宿所を得ている。また定例の「四枚鏡のサロン」には、ウィーンから来た一六歳のモーツァルトが姿を見せていた。そして大革命期、王妃マリー・アントワネットは、処刑前の一年間、家族とともに、塔の一つに幽閉されていた。

テンプル城郭研究の碩学H・D・キュルソンは「騎士団の修道士・役職者からなるある団体が城郭内の建物に住み着いた」と書き記す。この「修道士・役職者」とは、テンプル騎士団の工務担当団員の後裔をさすのではないか。彼らは一つにまとまり、代々五〇〇年間、要請があれば教会建築、船舶建造に当たってきた。

彼らこそ「上位の神、天上の神」を唱えたテンプル人の末裔である。「上位の神」とは、聖地から西欧キリスト教徒を駆逐したイスラム教徒ではない。「創世記」の神エホヴァか。モーゼ、イエス、ムハンマドだけでなく、これら三者が打ち倒そうとしたバアル（欲望肯定と数理的叡智の神）の上に立つ創造主である。ここで思い起こされるのはフリーメーソンの世界観だ。それは各ロッジの床に敷かれた絨毯の図柄に表され、そこにはソロモン聖堂、諸々の設計用定規、そして太陽（バアル神）と月（女神アスタルテか）、五芒星や灯明台（ユダヤ教）、十字架（キリスト教）、三日月（イスラム教）などが描かれる。フリーメーソンはこれら総てを受け入れることを表す。

フリーメーソンの入団式。絨毯が敷かれている。

ちなみにフランス最初のフランマソンヌリー（フリーメーソン）のロージュ（ロッジ）は、テンプル城郭脇の「ブシュリー（屠畜場）街」に設けられた。一八世記後半、城郭やロージュを、フランス啓蒙思想に新たな国造りの糸口を求めてアメリカ人が多く来訪した(ベンジャミン・フランクリンもその一人だが、彼の自伝にこの点への言及はない)。

なおまたフリーメーソンの典礼書に、三騎士団に関連する文言があり、とくに「我ガ望ミハ神ノ内ニ」と唱えよとある一節は、火刑台でテンプル総師ジャック・ド・モレが吐いたものとされる。この「神」は、もはや一神教の神ではなかろう。「上位の神、天上の神」である。このいわば「祖神」のもとで、地上の異教はどれも絶対ではなく、たがいに寛容であるべきだという認識が導かれる。テンプル廃絶の理由は、キリストの非絶対化だったのかもしれない。

さて、パリのテンプル城郭は一九世紀の初めまで、あたかも西欧は聖地奪回の意思を棄てぬと言いたげにその姿を留め、最後は啓蒙・革命思想萌芽の場となった。処刑前のルイ一六世やマリー・アントワネットは、塔の一つに幽閉される。部屋に窓はなく、城壁の外側では二人を蔑む怒声が聞かれた。国王に遅れること一年、コンシエルジュリー監獄に移された王妃は、待ち受ける断頭台に怯える以上に、テンプル城郭に残した我が子の今後を憂い、おののいていたことであろう……。

一九世紀早々、ナポレオンは城郭を取り壊し、さらに半世紀後、パリ知事ジョルジュ・オスマンが総て撤去、跡地に広場や通りを造成し、それらにタンプルの名を与えた。

その一つ「タンプル通り」（通称「犯罪者通り」）は、芝居小屋が建ち並ぶ界隈となり、映画『天井桟敷の人々』の舞台となる。

†

仰げばなつかし――あとがきにかえて

一九六九年七月、留学先のパリへ向かう途中、ぜひ近東の大遺跡バアルベクを訪れるよう勧めて下さったのは、名古屋大学で教鞭をとるピエール・フォール先生であった。

当時ベイルートに在住する妹さん夫婦の案内で現地に降り立ち、視界におさめた光景は、終生忘れえぬものとなった。高大な石柱、石壁、石塊の群また群、それらが乾いた宇宙的静寂の中でゆらめいている。

その八年後、先生は数年来の難病に打ち勝てず、四十二歳の若さで他界なさった。江戸・明治の「粋」に心ひかれ、永井荷風、河竹默阿弥の仏訳書数編を遺された。

バアルベク逍遥から四十五年を経た今、原書房より本書上梓の運びとなり、誠に感無量である。

当初より綿密・適切な吟味、助言をおしまれなかった石毛力哉氏に、心より厚く感謝したい。

伊藤敏樹

三日月（イスラム教）そして設計・建築用具（フェニキア人の数理的叡智）と共に画かれている。太陽・月も昼・夜だけでなく、バアル・アスタルテ信教につながるのであろう。テンプル人の説く「上位／天の神」とは、結局「創世記」冒頭の「神＝エホヴァ」に帰すのだろうか。

39）M.Guinguand, *Chartres, les Templiers Architectes.*（1991）

夏至の午後1時、陽光が移行してシャルトル大聖堂舗床の一画にある「洗礼者ヨハネの釘」を徐々に緑色の円が囲む。ヨハネ特有の外套の色だ。ついで三角形の三頂点となる位置が赤く照映する（太陽による三位一体の現出）。そうなるように、ガラス絵図の色彩と舗床の釘や3点の位置そして陽光の通過時間を計算しつくして設計したわけだ（さらには矢や星や鷲の図柄も投影させる）。また著者は自ら推理確認したことを綴り、これこそテンプル騎士団でいわれる「バフォメット＝ソフィア」であろうと説く。まさに知恵工夫を授ける女神（上位の神）であり、根本は数理だ。

40）L.Picknett & C.Prince, *Templar Revelation.*（1998）

ピクネットはイエス磔刑後、マグダレーナのマリアが南フランスに渡ったという伝説を手掛かりにその足跡を追う。彼女はマリアが娼婦であったと記すが、あえて神殿娼婦とは言わない。また、現代暗号解読の専門家H. Shonfieldと、その著書《The Essene Odyssey》（1984年）の名を挙げ、「テンプル人は知恵工夫の探究を賛美した」と見なす（第5章）。ただ、「上位の神」には結びつけない。なおまた共同著者プリンスは「ヨハネ・キリスト」（第14章）のなかで、イエスの洗礼を行なったヨハネには信奉者がより多く、その流れは後世長く続いたという。異教徒との戦いで惨敗を重ねイエスを「エセの預言者」とまでいうに及んだテンプル戦士は、ヨハネの方に加護を求め、建てた教会に「洗礼者ヨハネ」の名を献じたのか。

35）-1. G.Legman, *La Culpabilite des Templiers.* -2. H.Ch.Lea, *L'Innocence des Templiers.* -3. Th.Wright.G.Witt.J.Tennent, *Les Templiers et le culte des forces génésiques...*（1987）

英文論考をフランス語訳し一書に編んだもの。「ダロ・ヒクメット」に言及（レグマン）。「バフォメット」の意味に幾つかの説があり、ドイツ人 Hammer Purgustall によればギリシア語「baphemeteos」=「知恵の洗礼」が原義でグノーシス・拝蛇派が出所という。「これぞ、あらゆる芽や花を生む有難き根球」、「信仰と訣別しすべての悦楽に身を投じよ」と、教えの方向を悦楽に導く（1818 年）。「上位の神」へは言及しない。十字軍時代、ユダヤ、イスラム、ギリシアなど異教異端世界が逸早く宗教と科学の相剋を超越、また西欧でもアイルランド教会は、日輪を十字架に組み入れた（レグマン）。とはいえ太陽神崇拝は、現代まで欧米の片隅で生々しく蠢き続けてきた（ライト他）。

36）J.Piquet, *Des Banquiers au Moyen-Age. Les Templiers. Etude de leurs opérations financières.*（1936）

経済史の一書。遠隔地間の送金つまり為替手形のはしり、帳簿による依頼者の資産管理、金融（利子でなく手数料で）を行なった。商取引における保証つまり信用の概念などが、僧であり大義に殉ずる戦士テンプル人からうまれたと説く。

37）*La Franc-Maçonnerie et les Templiers 13*（2012）

本書第 2 部第 15 章最終部分は、ほぼこの文献の内容に拠る。「工務騎士」の存在とその活動が真に興味深い。

38）D.Jardin, *Le Temple ésoterique des Francs-Maçons.*（2012）

フリーメーソンの各ロッジ（拠点）は、エルサレムにあったソロモン神殿（これ自体、宇宙を縮小して再現したもの）に倣い、敷物・掛物の絵図でそれを表そうとした。絵図には聖都エルサレムが、太陽・月・星やヤコブの梯子など（旧約聖書創世記）、シナゴーグの灯明台（ユダヤ教）、

30）S.Runciman, *A History of the Crusades*. t.3（1954）

著名イギリス人史家による十字軍史。テンプル集団ソドミーについては t.3,pp.435~436.

31）M.Alouf, *History of Baalbek*.（1890/1999）

バアルベク神殿の周辺地理。この土地におけるバアル教の歴史。コンスタンティヌス帝による教団撲滅と秘儀を行なう山中2カ所の社殿取り壊し。

32）Y. Hajjar, *La Triade d'Hèliopolis-Baalbek*. tt.1-2（1977）

イングランド、ドイツ、イタリアからシリア、パレスティナにかけ各地にのこる太陽神社殿の遺跡調査結果（t.1)、エウセビウスの「コンスタンティヌス帝伝記第三章」や「テオファニア第二章」など信者の「聖なる売色」を語る羅語文献（P.L. より抜粋）とフランス訳を併載し社殿神殿に祀られていた太陽神その他多数の石像を写真で紹介（t.2)。著者ユセフ・ハッジャールはカナダ在住のアラブ系研究者。

33）L. M. Nehme, *Baalbek la Phenicienne. Visite des Temples d'époque romaine.*（2005）

バアルベク神殿遺跡の調査報告書。現存する女神アタルガィス神殿写真や遺跡となったバアル神殿の復元図を掲載。著者はフェニキア人の後裔レバノン女性。32）の書と共に近東理解に欠かせぬフェニキア文化の重要性を浮き彫りにする。

34）J. B. Williamson, *The History of the Temple, London*.（1924）

テンプル創設提唱者のイングランドにおける騎士団設営活動。後年、フランスでのテンプル一斉取り潰しがイングランドのテンプル騎士団に及ぼした影響。

テンプル廃絶後はホスピタル騎士団の領有となり、治外特権も受け継がれた。職人たちの製品は免税扱いで、外部の同業者と軋轢を生じた。パリ市内で買収された家屋は、所在地の街名・番地と共に記録される。大革命前、城郭内の館を所有する貴族がいた。工務担当と思しき一団については p.264、モーツァルトやJ・J・ルソーらの逗留は pp.274~175、敷地面積6万843平方メートル（18世紀末期発行領有証）は p.144 に。

25）G.M.Diez, *Los Tempolarios en la Corona de Castilla.*（1993）

スペインとポルトガルにおけるテンプル騎士団。

26）R.Grousset, *Histoire des Croisades et du Royaume franc de Jerusarem.* tt.1-3（1934-36）

フランス語で書かれた膨大かつ詳細な内容を擁する「十字軍史」の大著。

27）J.Michelet, *Le Moyen Age. Histoire de France*. chps.3&4（1869）

テンプル内部集会でのソドミーにはほとんど触れず、団員の多数が行なったイエス否認と十字架への唾棄が、取り潰しの最大理由だという。

28）E.Renan, *Etudes sur la Politique religieuse du Règne du Philippe le Bel. Guillaume de Nogaret/Pierre du Bois/Bertrand le GOT*（*Pape Clément V*）.（1899）

表題にあるノガレやデュボワは、十字軍以後を導く注目すべき思想家。

29）J.P.Roux, *Histoire de l'Empire mongol.*（1993）

13世紀後半、キリスト・イスラム両教徒の対立に大きく絡むモンゴル帝国のキプチャク・ハーン勢、イル・ハーン勢の動きを扱う。

20）A.Olivier, *Les Templiers.*（1958）

古地図絵図のほかサラディン、ノガレ、総師モレの肖像など数多く挿入。キリスト教徒の劣勢はR・グルッセを引用し、賭け事、美食、安手の色事に耽溺した結果だとする。またとくにテンプル人が集会で礼拝したバフォメットなる像につき諸説あることを記し、単純にマフォメットそのもの、洗礼者 Baptist ヨハネと Maphomet の合成語とするものなど紹介、オリビエ自身はキプロスのバフォーに神殿が存在した女神アスタルテを示すという。「ソフィア」には言及しない。

21）G.Bordonove, *La Vie quotidienne des Templiers au 13e Siècle.*（1975/78）

現実の逆風にめげず聖なる想いに向かう一途さ。新騎士団称揚。戒律。入団審査の定式。食事など団員の日常諸事。

22）G.Bordonove, *Les Templiers.*（1977）

戒律集。ルトレ。エジプトの重要性。ライ王。総師リドフォール。リチャード獅子心王。第4～7(フランス王聖ルイ主導)回遠征を辿る。13世紀半ば、若干の規約が付け加わり、総本部や本部は原則年1回の総会を開いて最重要課題を討議すること、また各分団は毎日曜日例会を行なって身近な事案を検討すること、さらに贈賄による入団、敵前逃亡、棄教、機密漏洩、ソドミー等々は追放処分の対象となることが謳われる。なおまた巻末にヨーロッパ在の全城砦・全屯所の名が掲載されるが、とくに仏王国の場合、それらに付随する免税特権の領域はひろく、周辺領主の不満の高まりが窺われる。

23）G.Bordonove, *Histoire secrète de Paris.* t.2（1980）

パリにまつわる隠れた逸話集。

24）H.d.Curzon, *La Maison de Temple de Paris.*（2004）

城郭内には2つの大塔、教会、回廊付き僧院、幾棟もの館が建てられ、

16）マルセル・プルースト『失われた時を求めて 2〈第 2 篇〉花咲く乙女たちのかげに』井上究一郎訳註（ちくま文庫 1992）

17）ジャン・ド・ジョワンヴィル『聖王ルイ』伊藤敏樹訳注（ちくま学芸文庫 2006）

◉とくに参考とした近現代文献

18）M.Barber, *The New Knighthood. A History of the Temple.*（1994-2003）

諸々の詳細なテンプル情報。組織網図、城砦・屯所の写真、見取り図。史料につきまず寄進関係では、フランス王ルイ 7 世の「年間、小麦 10 ミュイ（1 万 8700 リットル）」提供が呼び水となり、ノルマンディー（当時イングランド王領）の一貴人が、イングランド本土にもつ年間収益 15 リーヴルの領地を寄進したり、中下位の領主らが土地・家屋を寄進してテンプルに入団したり、また世継ぎのない場合、全資産の遺贈を宣約し、名誉あるテンプル教会墓地への埋葬を請うたり、南伊シチリア王国の富める一領主が奥方と連名で 2 城市を、対異教徒防御を条件にエルサレムのテンプル総本部へ寄贈した例を記し、いっぽう近東では、騎士団がシドンやカエサレアの領有権に食い込み、徴税分の 1 割 7 分受領を権益として得、比率は年々増し、30 年後倍化したなどを挙げる。さらにイタリア中部モンテカシーノの修道院にテンプルの金融・通商・運輸活動を具体的に示す膨大な量の帳簿があったのに戦禍で焼失したと語る。

19）M.Melville, *La Vie des Templiers.*（1951/1978）

東フランス、トロワの宗教会議と初回遠征。テンプル騎士団結成、支援。「オムネ・ダトゥム・オプティムム」。「新騎士団称揚」。団内の諸事情。エジプトへの介入。金融・外交活動。「ルトレ」。イギリス人T・E・ローレンスの城砦考。エルサレム喪失。イングランド王とテンプル騎士。第 4 ～ 7 回遠征。「怒りと苦悩（惨敗つづきはジェノヴァとヴェネツィアなど西欧勢同士の抗争のせいとし、強力なマムルーク勢ゆえ、とか内なる頽廃ゆえにとは言わない）」、近東総撤退、常駐戦団テンプル取り潰し。

た100以上項目も付記、内46~73番が集会で拝礼された偶像に関連する。騎士団の廃絶と資産収奪を企てる仏王権は、その反キリスト性を団員に証言させた。なお「マグダラのマリア同様我々にも神（イエス）のお赦しが下るよう」云々はt.1,pp.398，516に、「上位の（天の／天にいます上位の）神 Deum superiorum/celi/s~c~」はt.2,p.384/388/404などに。これらは「イエスはエセ預言者 falsus prophetus」t.1,p.552という声を伴なう。従者ジアッコの証言と総帥モレの陳述はt.2，pp.289~290/305~306. 総帥モレの別の陳述はt.1,pp.32~35、ノガレとのやりとりはt.1,pp.44~45に。

10）Guillaume de Nangis, *Chroniques capetiennes*. tt.1-2（2002/04）

ギヨーム・ド・ナンジス『カペー王朝年代記』。F.Guizotによるラテン語のフランス語訳。カペー朝時代の欧州・近東での出来事を年毎に叙述。

11）Matthew Paris, *English History*. tt.1-3（1852/53/54）

マシュー・パリス著、J.A.Gillesによるラテン語英訳。イングランド、フランス、ドイツ、イタリア、ビザンツ、近東にまたがる諸国関係史。作者はロンドン南郊オバニー修道院の僧。ダマスカスのスルタンと交流するテンプル騎士を批判するドイツ帝の報告、ホラズム勢のエルサレム猛攻蹂躙やモンゴル勢の東欧・中東進攻などの経緯報告。英仏側の反応。

12）Philippe de Novare, *Geste des Chypriotes*.（1887）

フィリップ・ド・ノヴァール『キプロス武勲譚』。G.Renaudによる古フランス語校訂本。中世キプロス史。「第三書」は第6回十字軍を率いた独帝フリードリヒ2世の行状を辿る。

13）『聖書』日本聖書協会（1955）

14）『コーラン』井筒俊彦改訳（岩波文庫1957~1963）

15）ヘロドトス『歴史』松平千秋訳（岩波文庫2013）

7）Taki-Eddin-Ahmed-Makrizi, *Histoire des Sultans Mamlouks de l'Egypte.* Quatremère, tt.1-2（1837/1842）。

マクリズィ『エジプト・マムルーク朝スルタン史』。カトルメールによるアラビア語原典の編纂仏訳。編・訳者は『モンゴル史第二巻（イル・ハーン、フラグのバグダッド攻略）』を成した人。とりわけバイバルスやカラウンの、人となりとその活躍。西欧勢のアクレ総撤退。

8）Pierre de Dupuis, *Histoire de l'Ordre militaire des Templiers ou Chevaliers du Temple de Jerusalem.*（1751）

18世紀フランス人史家ピエール・ド・デュピュイ編纂『テンプル騎士団関係ラテン語古仏語史料集』。冒頭に28章（72頁）からなる「テンプル断罪の経緯」からは、近東で惨敗つづきを経験した者たちが、キリストに疑問を抱きつつ異教世界から未知の何かを掴みとろうとするいっぽうで、そんな心情には共感できぬ一途な西欧人は、彼らを異教の悪に染まった排除すべき存在としか捉えない皮肉な行き違いが浮上する。異教勢力に備えるためにも、西欧はキリスト教を主柱にすえねばならない。となれば教皇も世俗権力に寄りそわざるを得ない。文献としては、「戒律集（レグラ）72項目」「新騎士団称揚 De laudate Novae Militiae」、歴代教皇12人の対テンプル特典授与、イングランド王ヘンリー1世のロンドン・テンプル肩入れ、フランス王ルイ7世の宰相宛テンプル擁護指令二書簡、テンプル総帥の同王宛救援依頼書簡が掲載される。ハッティンの敗北、エルサレム喪失以後は、M・パリスと同様、近東・西欧の間で仏英独の君侯や騎士団幹部が、大事件発生前後に書き送る報告書簡の紹介、また仏テンプル断罪後、西欧中にある数多い拠点処理について各国各地の宗教会議で行なわれる討議の内容（仏英と違い苛酷な措置は皆無）。

9）Jules Michelet, *Le Procès des Templiers.* tt.1-2（1841/1851/1987）

ジュール・ミシュレ編纂『テンプル騎士裁判』。テンプル裁判における証言集。t.1は時代的に後の第二裁判、t.2はその続きと第一裁判を扱っている。延べ371人の証言は一大ドラマをなし、記録係フロリアモントの労は称賛に値する。それに加え、法廷で証人に質されるべく用意され

3）Foucher de Chartres, *Historia hierosolyminata Recueil des Historiens des Croisades, Historiens Occitentaux*,t.3,p468

フゥシェ・ド・シャルトルの『聖地史』。19）M・メルヴィル《*La Vie des Templiers*》p.21~22 にフランス訳引用。「西方の人間だった我々が東方人に、ローマ人・フランク人が、ガリレア人・パレスティナ人に、ランスやシャルトルの住人がティールやアンティオキアの住民になった。自国では貧しかった者を神は長者になされ、小作農にも一城市を授けられる。西方にはもう帰れない」。いわゆる「若駒」の誕生。

4）Jacques de Vitry, *Historia Orientalis*.（2005）

ジャック・ド・ヴィトリの『東方誌』。G.Grossel によるラテン語仏訳書。東方諸国の歴史・人物像さらに風物習慣を生々しく紹介。「強盗からの巡礼保護、道路の警備を聖都総大司教に、また騎士としての奉仕を国王に誓った。」サラディンには批判的で、直系子孫安泰のため兄弟の子（甥）の皆殺しをやってのけたと記す。

5）Roberti monachis remigii, *Historia hierosolyminata* Patrologie Latine, t.155. col. 670-

ランスの僧ロベールによる『聖地史』。聖地に滞在した僧の報告書簡。R・グルッセも言及。キリスト巡礼の増加に伴い、迫害が急増した。

6）Odonis de Dioglio, *De Ludovici vii Francorum Regis-Odonis Epistola ad venerandum abbatem suum Sugerium*. P.L.t.218.col.1221-

オドン・ド・ドゥユ『僧院長シュジェル宛仏王ルイ 7 世行状報告書簡』。第 2 回十字軍はビザンツの妨害で不発におわったと主張。末尾でコンスタンティノープルで出遭ったその度し難い頽廃ぶりに悲憤。

主要典拠史料

1）M.L.de Mas Latrie, *Chronique d'Ernoul et Bernard le tresorier.*（871/1974）

マスラトリ編の古仏語原典。パレスティナのフランク人名門イブラン（イブリン）家当主バリアンの秘書役エルヌゥルが綴った年代記録。13世紀、北フランスのコルビの教会経理ベルナールが編纂。テンプル騎士団の創設。エルサレム名所案内。聖地キリスト教徒の堕落。ハッティンの戦い。アスカロン（アシュケロン）、エルサレム明け渡し。エルサレム王アンリ2世にアルメニア王の説く近東の真実。アサシン団員の驚愕の行動。第5〜6回エジプト遠征。ドイツ帝フリードリヒ2世の動静。聖フランチェスコのエジプト・スルタン訪問。さらにエルサレム女王イザベル・ダンジューが赤子の頃、若きサラディンが子守したこと、トマス・ベケット誅殺を悔いたイングランド王ヘンリー2世が聖地の騎士団に毎年寄進したこと、ドイツ帝がアラブ人に領内一市居住を許可したこと、など逸話豊富。

2）Ibn al Athir, *The Chronicle.* tt.2-3.（2008/2010）

イブン・アラトヒルのアラビア語原典をD・S・ロバーツが英訳。シリア・ダマスカス寄りのイスラム側史書。「ジハド」の指導者ザンキ、シーア派支配のエジプトを制覇し全近東にスンニ派の覇権を進めるヌラディン、そしてサラディンらの活動。サラディンに臣従し割礼したエルサレム王国摂政。ハッティンの戦いにおけるサラディンの勝利。エルサレム奪還後のキリスト教色一掃処置と模様替え。サラディンとイングランド王リチャードの出会い。キプロス・パレスティナで顰蹙を買うドイツ帝フリードリヒ2世。

【著者】伊藤敏樹（いとう・としき）

1941年生まれ。東京外国語大学フランス語科卒。名古屋大学大学院修士課程修了。ソルボンヌ大学大学院で第三期博士号取得。パリ大学講師、日本大学教授等を歴任。著書に『モンゴル vs 西欧 vs イスラム』、訳書にジョワンヴィル『聖王ルイ』、ヴィルアルドゥワン『コンスタンチノープル征服記』、クラリ『コンスタンチノープル遠征記』など。

十字軍《じゅうじぐん》「聖戦《せいせん》」秘譚《ひたん》
対立《たいりつ》と融合《ゆうごう》の真実《しんじつ》

●

2015年5月29日　第1刷

著者…………伊藤敏樹《いとうとしき》

装幀…………伊藤滋章

発行者…………成瀬雅人
発行所…………株式会社原書房

〒160-0022 東京都新宿区新宿 1-25-13
電話・代表 03（3354）0685
http://www.harashobo.co.jp
振替・00150-6-151594

印刷・製本…………図書印刷株式会社

ISBN978-4-562-05166-3, Printed in Japan